L'œuvre ouverte

Umberto Eco

L'œuvre ouverte

Traduit de l'italien
par Chantal Roux de Bézieux
avec le concours
d'André Boucourechliev

Éditions du Seuil

Titre original : *Opera Aperta*

© original : 1962, Bompiani, Milan

ISBN 978-2-02-005327-3
(ISBN 2-02-002605-8, 1re publication)

© 1965, Éditions du Seuil, pour la traduction française.

Préface

Ce livre est né d'une communication *(Le problème de l'œuvre ouverte)* présentée en 1958 au XIIe Congrès international de Philosophie, reprise et approfondie par la suite dans la série d'essais ici réunis. Approfondir un problème n'est pas encore le résoudre : on a voulu simplement établir une sorte de répertoire de questions auxquelles seule une recherche collective et interdisciplinaire sera peut-être en état d'apporter une réponse.

Les essais qui constituent notre première partie sont précisément une invitation à la recherche : le même problème y est abordé de différents points de vue et à travers différentes techniques dont on espère montrer la convergence. La seconde partie, consacrée au développement de la poétique de Joyce, constitue en revanche une tentative d'étude complète : nous avons voulu suivre de bout en bout l'évolution d'un artiste chez lequel le projet d'une *œuvre ouverte* recouvre un effort pour résoudre un problème idéologique, la dialectique de deux visions du monde.

Pour définir l'objet de tous ces textes, nous recourrons à une notion sur laquelle la plupart des esthétiques contemporaines s'accordent : l'œuvre d'art est un *message* fondamentalement *ambigu,* une pluralité de signifiés qui coexistent en un seul signifiant. Que cette condition soit propre à *toute* œuvre d'art, c'est ce que nous essaierons de montrer dans le second essai (intitulé *Analyse du langage poétique*); dans le premier essai et dans les suivants, on verra comment cette ambiguïté devient aujourd'hui une *fin* explicite de l'œuvre, une valeur à réaliser de préférence à toute autre — et par-

9

fois, comme dans l'œuvre de Joyce, jusqu'en ses limites extrêmes.

Pour réaliser l'ambiguïté comme valeur, les artistes contemporains ont souvent recours à l'informel, au désordre, au hasard, à l'indétermination des résultats. On est ainsi tenté d'établir une dialectique entre *forme* et *ouverture*, qui déterminerait dans quelles limites une œuvre peut accentuer son ambiguïté et dépendre de l'intervention active du spectateur, sans perdre pour autant sa qualité d' « œuvre ». Il faut entendre ici par « œuvre » un objet doté de propriétés structurales qui permettent, mais aussi coordonnent, la succession des interprétations, l'évolution des perspectives.

Cherchant l'éclairage de l'histoire de la culture, nous avons encore essayé d'établir des rapports entre les programmes opératoires dont usent les artistes et ceux qui sont élaborés dans le cadre de la recherche *scientifique*. En d'autres termes, nous avons cherché à montrer qu'une certaine conception de l'œuvre d'art s'était formée en relation explicite avec l'évolution des méthodes dans le domaine des sciences de la nature, de la psychologie ou de la logique. D'une façon générale, ces essais (même s'ils présupposent des définitions philosophiques) sont des essais d'histoire de la culture. Ils tentent d'éclairer un moment du devenir de la civilisation occidentale, en choisissant comme point de vue et comme voie d'accès (comme *approach*) la description des poétiques de l'œuvre ouverte.

Que faut-il entendre par *poétique* ? Le courant qui va des formalistes russes et des structuralistes de Prague aux structuralistes français entend par « poétique » l'étude de l'œuvre littéraire au point de vue tout objectif des structures linguistiques intrinsèquement et exclusivement étudiées.

Nous donnerons quant à nous au mot « poétique » un sens plus proche de son acception classique : ce n'est pas un système de règles rigoureuses (l'Ars Poetica en tant que loi absolue) mais *le programme opératoire que l'artiste chaque fois se propose ; l'œuvre à faire, telle que l'artiste, explicitement ou implicitement, la conçoit.*

Explicitement ou *implicitement*, car toute recherche touchant la poétique repose soit sur les déclarations explicites des artistes (*l'Art poétique* de Verlaine par exemple, ou la préface à *Pierre et Jean* de Maupassant), soit sur une analyse partant (mais en la débordant) de la structure des œuvres : la manière dont l'œuvre *est faite* permettant de déterminer la manière dont *on voulait qu'elle fût faite*. Il est clair, par conséquent, que la notion de « poétique » telle que nous l'entendons, projet de formation et de structuration de l'œuvre, déborde celle (plus étroite) des structuralistes : l'étude du projet primitif se poursuit à travers l'analyse des structures définitives de l'objet artistique, considérées comme significatives d'une intention de communication.

Mais nous ne nous référerons pas seulement au projet du créateur. Nous ne croyons pas qu'une étude de l'œuvre, même en tant que structure, doive s'arrêter à la considération de l'objet, en excluant les façons dont il peut être *consommé*. Notre définition de la poétique doit envelopper ces deux facteurs. C'est un fait que production et consommation peuvent être à l'origine de deux objets étrangers l'un à l'autre ; mais c'est un fait aussi qu'au moment même où il projette une opération productive (et par conséquent, un objet, une œuvre), l'artiste projette également un type de consommation ; bien souvent, il projette *diverses possibilités de consommation,* qu'il a toutes présentes à l'esprit.

En d'autres termes, l'artiste qui produit sait qu'il structure à travers son objet un *message :* il ne peut ignorer qu'il travaille pour un *récepteur.* Il sait que ce récepteur interprétera l'objet-message en mettant à profit toutes ses ambiguïtés, mais il ne se sent pas pour autant moins responsable de cette *chaîne de communication.* Par suite, toute poétique explicite est déjà, comme projet opératoire, projet de communication, elle est *projet* sur un *objet* et sur ses *effets.* Parallèlement, identifier une poétique implicite revient à retrouver le projet à travers la manière dont nous jouissons — ou dont d'autres jouissent — de l'objet. Toute recherche sur les poétiques doit donc tenir compte des deux aspects ; à plus forte raison s'il s'agit des poétiques de l'*œuvre ouverte,* qui sont le *projet d'un message doté d'un large éventail de possibilités interprétatives.*

De telles enquêtes révèlent souvent une certaine disparité entre le projet et le résultat, entre la poétique et l'œuvre. Le résultat manqué d'un projet fascinant révèle à la fois son déséquilibre structural et cette *chance ratée* que fut l'intention initiale. La critique qui distingue les réussites des échecs et décide concrètement du beau et du laid s'appuie sur des confrontations de ce genre. Tel n'est pas ici notre propos : seul le projet nous intéresse, notre intention étant d'éclairer un épisode de l'histoire culturelle par une phénoménologie des poétiques, même lorsque celles-ci aboutissent à des œuvres manquées. Cela entendu, il va de soi que dans la plupart des cas, nous avons fait porter notre recherche sur des œuvres dans lesquelles projet et résultat nous semblaient coïncider.

1

La poétique de l'œuvre ouverte

Les notes du chapitre I se trouvent p. 38 à 40.

Parmi les compositions de musique instrumentale les plus récentes, il en est un certain nombre qui se caractérisent par l'extraordinaire liberté qu'elles accordent à l'exécutant. Celui-ci n'a plus seulement, comme dans la musique traditionnelle, la faculté d'interpréter selon sa propre sensibilité les indications du compositeur : il doit agir sur la structure même de l'œuvre, déterminer la durée des notes ou la succession des sons, dans un acte d'improvisation créatrice.

Donnons quelques exemples :

1. Dans le *Klavierstück XI* de Karlheinz Stockhausen, l'auteur propose, sur une même feuille, une série de structures musicales parmi lesquelles l'exécutant devra choisir librement la structure initiale, puis établir la succession des autres. La liberté de l'interprète agit ici sur l'enchaînement « narratif » du morceau; elle réalise un véritable « montage » des phrases musicales.

2. Dans la *Sequenza pour flûte seule* de Luciano Berio, l'interprète se trouve devant une trame musicale où la succession des sons et leur intensité sont indiquées, mais où la durée de chaque note est fonction de la valeur que lui attribue l'exécutant, à l'intérieur d'un cadre temporel général déterminé par les pulsations régulières du métronome.

3. A propos de sa composition *Scambi* (« Échanges »), Henri Pousseur explique que l'œuvre constitue moins un morceau qu'un champ de possibilités, une invitation à choisir. *Scambi* se compose de seize sections, dont chacune peut être reliée à deux autres sans que pour autant la continuité logique du devenir sonore soit compromise. En effet, deux sections commencent de façon iden-

tique, définies par des caractères communs, à partir desquels elles
évoluent de manière divergente; deux autres, en revanche, peuvent
aboutir à un même point. La possibilité de commencer et de finir
par n'importe quelle section permet un grand nombre de combinaisons chronologiques. Enfin, les sections qui commencent de
façon identique peuvent être superposées et donner naissance à
une polyphonie structurale plus complexe... Selon l'auteur, on
pourrait imaginer qu'un enregistrement sur bande magnétique des
seize sections soit mis dans le commerce; à condition de disposer
d'une installation acoustique relativement coûteuse, chaque amateur de musique pourrait exercer, en les combinant, une faculté
créatrice inédite, témoigner personnellement d'une nouvelle sensibilité à la matière sonore et au temps.

4. Dans sa *Troisième Sonate pour piano,* Pierre Boulez prévoit une
première partie (Formant 1 : « Antiphonie »), composée de dix sections réparties sur dix feuilles que l'on peut combiner comme
autant de fiches (même si toutes les combinaisons ne sont pas
admises). La deuxième partie (Formant 2 : « Trope ») se compose
de quatre sections dont la structure circulaire permet de commencer
par n'importe laquelle pourvu qu'on ait à la rattache aux suivantes de
façon à clore le cercle. Les possibilités d'interprétation à l'intérieur
de chaque section sont limitées. Cependant l'une d'elles — « Parenthèses » — par exemple, commence par une mesure dont le temps
est indiqué, et se poursuit par d'amples parenthèses à l'intérieur desquelles le temps reste libre; les indications précisant le mode de
liaison d'un passage à l'autre (*sans retenir, enchaîner sans interruption,* etc.) assurent le maintien d'une sorte de règle; de plus, toute
structure placée entre parenthèses *peut* ne pas être jouée.

Ces quatre exemples, choisis parmi beaucoup d'autres, révèlent
la distance considérable qui sépare de pareils modes de communication musicale de ceux auxquels nous avait habitués la tradition.
Une œuvre musicale classique — une fugue de Bach, *Aïda,* ou
le Sacre du Printemps — est un ensemble de réalités sonores que
l'auteur organise de façon immuable; il les traduit en signes
conventionnels pour permettre à l'exécutant de retrouver (plus
ou moins fidèlement) la forme qu'il a conçue. Au contraire, les
œuvres musicales dont nous venons de parler ne constituent pas
des messages achevés et définis, des formes déterminées une fois

pour toutes. Nous ne sommes plus devant des œuvres qui demandent à être repensées et revécues dans une direction structurale donnée, mais bien devant des œuvres « ouvertes », que l'interprète accomplit au moment même où il en assume la médiation [1].

Il convient d'observer, sous peine d'équivoque terminologique, que si nous allons parler d'œuvres « ouvertes », c'est en vertu d'une convention : nous faisons abstraction des autres acceptions du mot pour en faire l'expression d'une dialectique nouvelle entre l'œuvre et son interprète.

Les esthéticiens parlent parfois de « l'achèvement » et de l' « ouverture » de l'œuvre d'art, pour éclairer ce qui se passe au moment de la « consommation » de l'objet esthétique. Une œuvre d'art est d'un côté un objet dont on peut retrouver la forme originale, telle qu'elle a été conçue par l'auteur, à travers la configuration des effets qu'elle produit sur l'intelligence et la sensibilité du consommateur : ainsi l'auteur crée-t-il une forme achevée afin qu'elle soit goûtée et comprise telle qu'il l'a voulue. Mais d'un autre côté, en réagissant à la constellation des stimuli, en essayant d'apercevoir et de comprendre leurs relations, chaque consommateur exerce une sensibilité personnelle, une culture déterminée, des goûts, des tendances, des préjugés qui orientent sa jouissance dans une perspective qui lui est propre. Au fond, une forme est esthétiquement valable justement dans la mesure où elle peut être envisagée et comprise selon des perspectives multiples, où elle manifeste une grande variété d'aspects et de résonances sans jamais cesser d'être elle-même. (Un panneau de signalisation routière ne peut, au contraire, être envisagé que sous un seul aspect; le soumettre à une interprétation fantaisiste, ce serait lui retirer jusqu'à sa définition.) En ce premier sens, *toute* œuvre d'art, alors même qu'elle est forme achevée et « close » dans sa perfection d'organisme exactement calibré, est « ouverte » au moins en ce qu'elle peut être interprétée de différentes façons sans que son irréductible singularité en soit altérée. Jouir d'une œuvre d'art revient à en donner une interprétation, une exécution, à la faire revivre dans une perspective originale [2].

Il est clair cependant que des œuvres comme celles de Berio ou de Stockhausen sont « ouvertes » en un sens moins métaphorique et plus concret. Ce sont (à envisager le phénomène d'une façon grossière) des œuvres inachevées que l'auteur confie à l'interprète, un peu comme les morceaux d'un Meccano; on dirait qu'il se désintéresse de leur sort. Pour inexacte et paradoxale que soit cette dernière interprétation, il faut bien reconnaître que, vues de l'extérieur, les expériences musicales dont nous parlons se prêtent à des équivoques de ce genre. Ces équivoques ont au moins l'avantage de nous amener à chercher pourquoi les artistes poussent aujourd'hui dans ce sens, quels facteurs culturels les entraînent et quelle évolution de la sensibilité esthétique. Mieux : nous ne pouvons manquer de nous demander ce que deviennent des expériences aussi paradoxales au regard de la théorie esthétique.

La poétique de l'œuvre « ouverte » tend, dit Pousseur [3], à favoriser chez l'interprète « des actes de *liberté* consciente », à faire de lui le centre actif d'un réseau inépuisable de relations parmi lesquelles il élabore sa propre forme, sans être déterminé par une *nécessité* dérivant de l'organisation même de l'œuvre. On pourrait objecter (en se reportant au premier sens, au sens large, du mot « ouverture ») que toute œuvre traditionnelle, encore que matériellement achevée, exige de son interprète une réponse personnelle et créatrice : il ne peut la comprendre sans la réinventer en collaboration avec l'auteur. Remarquons cependant que l'esthétique a dû se livrer à une réflexion critique approfondie sur la nature du rapport interprétatif avant d'en venir à une telle conclusion. Il y a quelques siècles, l'artiste n'était nullement conscient de ce qu'apporte l'exécution. Aujourd'hui, non seulement il accepte « l'ouverture » comme un fait inévitable, mais elle devient pour lui principe de création.

L'importance de l'élément subjectif dans la jouissance esthétique — qui implique une interaction entre l'œuvre, donnée objective, et le sujet, qui la perçoit — n'avait certes pas échappé aux anciens. Ainsi, Platon, dans *le Sophiste,* note que les peintres représentent leurs personnages non pas exactement mais en fonction de l'angle sous lequel ils seront regardés; Vitruve distingue entre *symétrie* et *eurythmie,* cette dernière étant l'adaptation des proportions objectives aux exigences subjectives de la vision. Le développement d'une science et d'une pratique de la perspective montre bien l'importance reconnue à l'interprétation subjective de l'œuvre d'art :

le tableau doit être conçu en fonction d'un œil qui le regarde d'un point donné. Il est cependant incontestable que ces préoccupations ne favorisent nullement l' « ouverture » de l'œuvre. Au contraire. Les divers artifices de perspective sont autant de moyens pour amener l'observateur à voir l'objet représenté d'une seule façon, *de la seule façon qui soit juste* — celle que l'auteur a choisie.

Prenons un autre exemple. Le Moyen Age vit se développer la théorie de l'*allégorisme,* selon laquelle la Sainte Écriture (puis, par extension, la poésie et les arts figuratifs) peut être interprétée suivant quatre sens différents : littéral, allégorique, moral et anagogique. Cette théorie, avec laquelle Dante nous a familiarisés, trouve sa source chez saint Paul *(videmus nunc per speculum in ænigmate, tunc autem facie ad faciem).* Reprise par saint Jérôme, Augustin, Scot Erigène, Bède, Hugues et Richard de Saint-Victor, Alain de Lille, Bonaventure, Thomas, d'autres encore, elle constitue la clef de la poésie médiévale. Une œuvre conçue sur ce principe est incontestablement dotée d'une certaine « ouverture »; le lecteur sait que chaque phrase, chaque personnage, enveloppent des significations multiformes qu'il lui appartient de découvrir. Selon son état d'esprit, il choisira la clef qui lui semblera la meilleure et « utilisera » l'œuvre dans un sens qui peut être différent de celui adopté au cours d'une précédente lecture. Or, ici encore, « ouverture » ne signifie pas « indétermination » de la communication, « infinies » possibilités de la forme, liberté d'interprétation. Le lecteur a simplement à sa disposition un éventail de possibilités soigneusement déterminées, et conditionnées de façon que la réaction interprétative n'échappe jamais au contrôle de l'auteur. Dante le montre bien dans sa *Lettre 13 :* « Pour éclairer ce mode de développement, examinons les vers suivants : *In exitu Israel de Ægypto, domus Jacob de populo barbaro, facta est Judea santificatio ejus, Israel potestas ejus.* Pris dans leur sens littéral, ils signifient que les fils d'Israël sont sortis d'Égypte au temps de Moïse. Allégoriquement, ils expriment notre rédemption par le Christ. Leur sens moral est là conversion de l'âme passant de l'état du péché à celui de la grâce. Enfin, si nous considérons leur sens anagogique, ils disent la libération de l'âme sainte qui sort de l'esclavage de la corruption pour atteindre à la liberté de la gloire éternelle. » Il est évident qu'on a ainsi épuisé toutes les lectures licites : le lecteur peut choisir un sens plutôt qu'un autre, à l'intérieur de cette phrase qui se déroule sur quatre plans distincts, mais sans échapper pour autant à des règles d'interprétation préétablies et univoques. La signification des figures allégoriques et emblématiques qu'on trouve dans les textes médiévaux est déterminée par les encyclopédies, les bestiaires et les lapidaires de l'époque ; leur symbolique est objective et institutionnelle. Cette poétique de l'univoque et du nécessaire recouvre un monde ordonné, une hiérarchie des êtres et des lois qu'un même discours poétique peut éclairer à plusieurs niveaux mais que chacun doit entendre dans la seule perspective possible, qui est celle du Logos créateur. L'ordre de l'œuvre d'art se confond avec celui d'une société impériale et théocratique ; les lois qui président à la lecture sont celles-là même d'un gouvernement autoritaire qui guide l'homme dans chacun de ses actes en lui prescrivant les buts à atteindre et en lui offrant les moyens d'y parvenir.

Que les *quatre* interprétations du discours allégorique soient quantitativement limitées en comparaison des perspectives *nombreuses* qui s'ouvrent à l'œuvre d'art contemporaine, ce n'est pas là ce qui nous importe, mais bien que ces expériences recouvrent — comme nous essaierons de le montrer — des *visions du monde* profondément différentes.

Procédant par raccourcis historiques, nous pouvons trouver dans l'esthétique baroque une bonne illustration de la notion moderne d' « ouverture ». L'art baroque est la négation même du défini, du statique, du sans équivoque, qui caractérisait la forme classique de la Renaissance, avec son espace déployé autour d'un axe central, délimité par des lignes symétriques et des angles fermés, renvoyant les uns et les autres au centre, de façon à suggérer l'éternité « essentielle » plutôt que le mouvement. La forme baroque, elle, est dynamique ; elle tend vers une indétermination de l'effet — par le jeu des pleins et des vides, de la lumière et de l'ombre, des courbes, des lignes brisées, des angles aux inclinaisons diverses — et suggère une progressive dilatation de l'espace. La recherche du mouvement et du trompe-l'œil exclut la vision privilégiée, univoque, frontale, et incite le spectateur à se déplacer continuellement pour voir l'œuvre sous des aspects toujours nouveaux, comme un objet en perpétuelle transformation. Si la spiritualité baroque apparaît comme la première manifestation clairement exprimée de la culture et de la sensibilité modernes, c'est que pour la première fois l'homme échappe à la norme, au canonique (garanti par l'ordre cosmique et par la stabilité des essences) et se trouve, dans le domaine artistique aussi bien que scientifique, en face d'un monde en mouvement, qui exige de lui une activité créatrice. Les poétiques de la « maraviglia », de l'*esprit*, du *wit*, de l'*ingenium*, de la métaphore, tendent, au delà de leurs apparences byzantines, à mettre en valeur cette nouvelle fonction inventive de l'homme. L'œuvre d'art n'est plus un objet dont on contemple la beauté bien fondée mais un mystère à découvrir, un devoir à accomplir, un stimulant pour l'imagination. Toutefois, ce sont là conclusions de la critique moderne, et c'est seulement aujourd'hui que l'esthétique peut les ériger en lois. Il serait par conséquent téméraire de voir dans la poétique baroque une formulation *consciente* de l'œuvre « ouverte ».

Autre exemple : entre l'illuminisme et le romantisme s'élabore la théorie de la « poésie pure ». L'empirisme anglais, avec son refus des idées générales et des lois abstraites, proclame la « liberté » du poète et annonce déjà une thématique de la « création ». Des affirmations de Burke sur le pouvoir émotionnel des mots, on passe à celles de Novalis sur le pouvoir purement évocateur de la poésie, devenue l'art du sens indéterminé et de la signification imprécise. Dans cette perspective, une idée est d'autant plus personnelle et stimulante « qu'un plus grand nombre de pensées, de mondes, de réactions s'y croisent et s'y mêlent. Lorsqu'une œuvre se présente avec des intentions et des significations diverses, lorsqu'elle a plusieurs visages, et qu'elle peut être comprise et aimée de différentes manières, elle devient intéressante comme l'expression même d'une personnalité [4] ».

Mais il faut attendre la fin du romantisme et la deuxième partie du XIXe siècle, il faut attendre le symbolisme pour voir esquissée de façon délibérée une théorie de l'œuvre « ouverte ». L'*Art poétique* de Verlaine est à cet égard parfaitement explicite :

De la musique avant toute chose,
et pour cela préfère l'impair
plus vague et plus soluble dans l'air
sans rien en lui qui pèse et qui pose.

Les affirmations de Mallarmé vont plus loin dans le même

sens : « Nommer un objet c'est supprimer les trois quarts de la jouissance du poème, qui est faite du bonheur de deviner peu à peu : le suggérer... Voilà le rêve... » *Il faut éviter qu'une interprétation unique ne s'impose au lecteur :* l'espace blanc, le jeu typographique, la mise en page du texte poétique contribuent à créer un halo d'indétermination autour du mot, à le charger de suggestions diverses.

Cette fois, l'œuvre est intentionnellement ouverte à la libre réaction du lecteur. Une œuvre qui « suggère » se réalise en se chargeant chaque fois de l'apport émotif et imaginatif de l'interprète. Si toute lecture poétique suppose qu'un monde personnel tend à coïncider fidèlement avec celui du texte, un texte fondé sur le pouvoir de suggestion vise, lui, directement le monde intérieur du lecteur afin qu'en surgissent des réponses neuves, imprévisibles, des résonances mystérieuses. Au delà de ses intentions métaphysiques, de l'origine précieuse ou décadente de ses conceptions, le symbolisme comporte l' « ouverture » de la perception esthétique.

Une grande part de la production littéraire contemporaine est basée sur cette utilisation du symbole comme expression de l'indéfini, ouverte à des réactions et à des interprétations toujours nouvelles. Ainsi l'œuvre de Kafka apparaît-elle comme le type même de l'œuvre « ouverte » : procès, château, attente, condamnation, maladie, métamorphose, torture ne doivent pas être pris dans leur signification littérale. Et chez Kafka, contrairement à ce qui se passe dans les constructions allégoriques du Moyen Age, les sens sous-jacents demeurent polyvalents : ils ne sont garantis par aucune encyclopédie, et ne reposent sur aucun ordre du monde. Les interprétations existentialiste, théologique, clinique, psychanalytique des symboles kafkaïens n'épuisent chacune qu'une partie des possibilités de l'œuvre. Celle-ci demeure inépuisable et ouverte parce qu'ambiguë. Elle substitue à un monde ordonné selon des lois universellement reconnues, un monde privé de centres d'orientation, soumis à une perpétuelle remise en question des valeurs et des certitudes.

Une partie de la critique s'attache à considérer la littérature contemporaine comme structurée de symboles — même lorsqu'il est difficile de déterminer s'il y a vraiment chez l'auteur une intention symbolique et une tendance à l'indétermination. Dans son livre sur le symbole littéraire, W. Y. Tindall, à travers une analyse des œuvres essentielles de la littérature d'aujourd'hui, cherche à démontrer, théoriquement et expérimentalement, cette affirmation de Paul Valéry : « Il n'y a pas de vrai sens d'un texte. » Tindall va jusqu'à dire qu'une œuvre d'art est un appareil que chacun, l'auteur y compris, peut « utiliser » comme bon lui semble. Ce type de critique envisage donc l'œuvre littéraire comme une continuelle possibilité d'ouvertures, comme une réserve inépuisable de significations. Les travaux sur la structure de la métaphore et sur les divers « types d'ambiguïté » qu'offre le discours poétique, vont dans le même sens [5].

Faut-il enfin rappeler que l'œuvre de James Joyce fournit l'exemple limite d'une création « ouverte », entendue précisément comme image de la condition existentielle et ontologique du monde contemporain ? Dans *Ulysse,* un chapitre comme celui des *Wandering Rocks* constitue un petit univers que l'on peut regarder sous divers angles, qui échappe totalement aux lois d'une poétique aristotélicienne et par conséquent au déroulement irréversible du temps dans un espace homogène. Comme l'a écrit Edmund Wilson [6], « la force (d'*Ulysse*), au lieu de suivre une direction déterminée, se répand dans toutes les dimensions (y compris celle du temps) autour d'un même point. Le monde d'*Ulysse* est animé d'une vie complexe et inépuisable. On le découvre comme une ville où l'on revient souvent pour retrouver des visages, comprendre des caractères, établir des relations et des courants d'intérêt. Joyce a déployé une grande habileté technique pour nous présenter les éléments de cette histoire dans un ordre tel qu'il nous permette de nous y retrouver par nous-mêmes. Je doute qu'une mémoire humaine puisse, après une première lecture, satisfaire à toutes les exigences d'*Ulysse*. Et lorsqu'on le relit, on peut prendre le récit n'importe où comme si l'on se trouvait devant quelque chose d'aussi cohérent qu'une ville réelle dans laquelle on pourrait pénétrer de toute part. Joyce lui-même affirme avoir travaillé simultanément aux différentes parties de son livre. »

Avec *Finnegans Wake,* nous nous trouvons devant un véritable univers einsteinien recourbé sur lui-même (le dernier mot du livre s'identifie avec le premier), univers donc *achevé,* et en même temps *illimité.* Chaque événement, chaque mot peut être mis en relation avec tous les autres, et l'interprétation sémantique d'un terme rejaillit sur l'ensemble. Cela ne veut pas dire que l'œuvre soit privée de sens : si Joyce y introduit des clefs, c'est précisément parce qu'il souhaite la voir lue dans un certain sens. Mais ce « sens » a la richesse de l'univers et l'auteur prétend qu'il implique la totalité de l'espace et du temps — de tous les espaces et de tous les temps possibles. L'élément fondamental de cette ambiguïté intégrale est le *pun* : le calembour; deux, trois, dix racines différentes s'enchevêtrent pour faire d'un seul mot un nœud de significations dont chacune peut déboucher sur, ou se rattacher à, d'autres centres d'allusions, eux-mêmes ouverts à de nouvelles constellations, à de nouvelles interprétations.

Nous reviendrons longuement sur Joyce. Mais dès à présent, il nous paraît significatif qu'on décrive parfaitement la situation du lecteur de *Finnegans Wake* par ces lignes, que Pousseur consacre à l'auditeur d'une musique sérielle post-dodécaphonique : « Les phénomènes n'étant plus enchaînés les uns aux autres par un déterminisme de terme à terme, c'est à l'auditeur de se placer volontairement au milieu d'un réseau de relations inépuisables, de choisir pour ainsi dire lui-même ses dimensions d'approche, ses points de repère, son échelle de référence, de tendre à utiliser simultanément le plus grand nombre d'échelles et de dimensions possibles, de dynamiser, de multiplier, d'écarquiller à l'extrême ses instruments de saisie [7]. » Cette citation vient souligner, s'il en était besoin, la convergence de notre propos et l'unité de la problématique de l'œuvre « ouverte » dans le monde contemporain.

Il serait faux de croire que cette tendance à l'ouverture se manifeste sur le seul plan de la suggestion indéfinie et de la sollicitation émotive. Examinons la poétique théâtrale de Brecht : l'action dramatique y est conçue comme une exposition problématique de certains états de tension, pour lesquels le dramaturge — suivant en cela la technique du jeu « épique » qui se contente de présenter au spectateur, avec détachement, et comme de l'extérieur, les faits à observer — ne propose pas de solutions. C'est au spectateur de tirer les conclusions critiques de ce qu'il a vu. Les drames de Brecht s'achèvent effectivement de façon ambiguë (*Galilée* en est un remarquable exemple). Seulement, il ne s'agit plus de l'ambiguïté morbide d'un infini entrevu ou d'un mystère vécu dans l'angoisse, mais de celle, très concrète, de l'existence sociale en tant qu'affrontement de problèmes auxquels il convient de trouver une solution. Dès lors, l'œuvre est « ouverte » au sens où l'est un débat : on attend, on souhaite une solution mais elle doit naître d'une prise de conscience du public. L' « ouverture » devient instrument de pédagogie révolutionnaire.

Dans les exemples précédents, la catégorie de l' « ouverture » s'appliquait à plusieurs types d'œuvres d'art, mais qui toutes restaient très éloignées des compositions post-weberniennes que nous avons citées en commençant. Du baroque au symbolisme, il s'agit toujours d'une « ouverture » basée sur une collaboration *théorétique, mentale,* du lecteur qui doit interpréter librement un fait esthétique *déjà organisé* et doué d'une structure donnée (même si cette structure doit permettre une infinité d'interprétations). Dans une œuvre comme les *Scambi* de Pousseur, en revanche, le lecteur-exécutant organise et structure le discours musical, dans une collaboration *quasi matérielle* avec l'auteur. Il contribue à *faire* l'œuvre.

Cela ne signifie pas qu'il faille tenir une œuvre de ce type pour supérieure ou inférieure à celles qui sont « déjà faites ». Notre objet est de comparer diverses poétiques en fonction de la situation culturelle dont elles sont à la fois le reflet et la matière, non de porter un jugement sur la valeur esthétique des créations. Il reste qu'une œuvre comme *Scambi* (ou les autres compositions déjà citées) pose un problème nouveau, et nous incite à considérer dans le cadre de l'œuvre « ouverte », une catégorie plus restreinte de créations, susceptibles d'assumer des structures imprévues et matériellement inachevées : on peut les qualifier d'*œuvres en mouvement.*

Le phénomène ne se limite pas au domaine musical; il s'étend également aux arts plastiques. Il existe aujourd'hui des objets d'art doués d'une mobilité qui leur permet de se recomposer comme en un kaléidoscope sous les yeux du spectateur.

Ce sont, à un niveau élémentaire, les Mobiles de Calder, structures qui ont le pouvoir de se déplacer dans l'air et d'y adopter diverses compositions, engendrant continuellement leur propre espace et leurs propres dimensions.

A un niveau plus élevé, citons la Faculté d'Architecture de l'Université de Caracas, définie comme une « école à inventer chaque jour » : les salles y sont constituées par des panneaux mobiles de façon que professeurs et élèves adaptent leurs conditions de travail au problème d'architecture ou d'urbanisme qu'ils sont en train d'étudier, modifiant donc continuellement la structure interne de l'édifice.

Citons encore le procédé pictural mis au point par Bruno Munari, dont les effets sont étonnants. On projette au moyen d'une lanterne magique un collage d'éléments plastiques — composition abstraite de feuilles minces, plissées ou superposées, toutes de matière incolore — et on fait passer les rayons lumineux à travers une lentille « polaroïd ». On obtient sur l'écran, une composition d'une intense beauté chromatique. On fait ensuite tourner lentement la lentille : la figure projetée change de couleur, passe par toutes celles de l'arc-en-ciel, et la réaction chromatique des diverses matières plastiques superposées détermine une série de métamorphoses qui agissent sur les formes mêmes. En réglant à volonté la lentille, le spectateur collabore effectivement à la création de l'objet esthétique dans les limites ménagées par la gamme des couleurs et la disposition plastique des diapositives.

Dans un domaine plus modeste, le dessin industriel est à l'origine de toute une gamme d'œuvres en mouvement : fauteuils et lampes démontables, bibliothèques par éléments qui permettent à l'homme d'aujourd'hui de créer et de disposer les formes parmi lesquelles il vit, selon son goût et ses besoins.

Dans le domaine littéraire enfin, il existe une étonnante anticipation de l'*œuvre en mouvement* : le *Livre* de Mallarmé, cette œuvre colossale et totale, cette Œuvre par excellence, qui devait constituer l'aboutissement de l'activité du poète, mieux : l'accomplissement du monde entier (« *Le monde existe pour aboutir à un livre* »). Bien qu'il y ait travaillé toute sa vie, Mallarmé ne devait jamais le réaliser. Seules des ébauches nous en sont parvenues, et depuis peu, au terme d'une délicate recherche philologique [8]. Les intentions métaphysiques qui justifient cette entreprise mallarméenne peuvent sembler discutables, mais nous nous bornerons ici à considérer la structure dynamique de l'œuvre, laquelle entendait réaliser un principe poétique très précis : « Un livre ne commence ni ne finit; tout au plus fait-il semblant. »

Le *Livre* devait être un édifice « ouvert » et mobile et pas seulement au sens où l'était déjà une composition comme le *Coup de dés,* dans laquelle grammaire, syntaxe et disposition typographique introduisaient une pluralité d'éléments polymorphes dont les rapports restaient indéterminés.

Les pages du *Livre* devaient non pas se succéder selon un ordre déterminé, mais se prêter à plusieurs groupements réglés par un système de permutation. L'œuvre se serait composée d'une série de fascicules non reliés entre eux; la première et la dernière page de chaque fascicule auraient été rédigées sur une même grande feuille pliée en deux, marquant le début et la fin du fascicule; à l'intérieur, un jeu de feuilles simples, mobiles, aurait permis toutes les combinaisons possibles, sans qu'aucune soit privée de sens. Il est bien évident que le poète n'entendait pas obtenir de chaque combinaison une valeur syntactique, ou une signification discursive. La structure même des phrases et des mots — considérés comme doués d'un pouvoir de suggestion, et comme aptes à entrer en relation suggestive avec d'autres phrases et d'autres mots — autorisait toutes les permutations, s'offrant à de nouvelles relations, par conséquent à de nouveaux horizons suggestifs. « Le volume, malgré l'impression fixe, devient, par ce jeu, mobile — de mort il devient vie. » Une analyse combinatoire, à mi-chemin entre les jeux de la scolastique finissante (ceux du Lullisme en particulier) et les techniques des mathématiques modernes, permettait ainsi au poète d'offrir, à partir d'une quantité limitée d'éléments mobiles, un nombre astronomique de combinaisons. La présentation de l'œuvre sous forme de fascicules, en imposant aux permutations certaines limites, devait ancrer le *Livre* dans un champ de suggestion déterminé, que d'ailleurs l'auteur visait déjà par le choix des éléments verbaux et l'accent mis sur leur aptitude à se combiner.

Le fait que cette mécanique combinatoire soit ici au service d'une révélation de type « orphique » n'influe pas sur la réalité structurale du livre comme objet mobile et ouvert. En rendant possible la permutation des éléments d'un texte déjà destiné par lui-même à évoquer les relations ouvertes, le *Livre* prétendait être un monde en fusion continue, qui ne cesserait de se renouveler aux yeux du lecteur. Il montrerait sans cesse des aspects nouveaux de cette « polyédricité » de l'absolu qu'il entendait nous ne dirons pas exprimer, mais remplacer et réaliser. Dans une telle structure, il était impossible de concevoir un seul passage doté d'un sens défini et univoque, fermé aux influences du contexte; ç'aurait été bloquer le mécanisme tout entier.

L'entreprise utopique de Mallarmé, qui s'assortissait d'aspirations et de naïvetés vraiment déconcertantes, ne devait jamais aboutir. Il est bien difficile de savoir si l'expérience achevée aurait eu quelque valeur, ou si elle serait apparue comme l'incarnation équivoque, mystique et ésotérique d'une sensibilité décadente parvenue au terme de sa parabole. Nous penchons vers la seconde hypothèse. Il n'en est pas moins intéressant de trouver, à l'aube de notre époque, une ébauche aussi significative d'*œuvre en mouvement :* elle est le signe que certaines exigences se faisaient jour, dont l'existence est à elle seule une justification, et qui font partie intégrante du panorama culturel de l'époque.

On court toujours grand risque — et Mallarmé n'avait pas su éviter ce risque-là — à considérer la métaphore ou le symbole poétique, la réalité sonore ou la forme plastique, comme des instruments de connaissance permettant une meilleure saisie du réel que les procédés logiques. La connaissance du monde a dans la science son canal autorisé, et toute aspiration de l'artiste à la voyance, même si elle est féconde sur le plan poétique, reste en soi des plus hasardeuses. L'art a pour fonction non de *connaître* le monde, mais de produire des *compléments* du monde : il crée des formes autonomes s'ajoutant à celles qui existent, et possédant une vie, des lois, qui leur sont propres.

Mais si une forme artistique ne peut fournir un substitut de la connaissance scientifique, on peut y voir en revanche une *métaphore épistémologique :* à chaque époque, la manière dont se structurent les diverses formes d'art révèle — au sens large, par similitude, métaphore, résolution du concept en figure — la manière dont la science ou, en tout cas, la culture contemporaine voient la réalité.

L'œuvre de l'artiste médiéval reflète sa conception du cosmos comme hiérarchie d'ordres établis une fois pour toute. Si elle est un message pédagogique, une structuration monocentrique et nécessaire (jusque dans la rigueur des mètres et des rimes), c'est qu'elle reflète une science syllogistique, une logique de la nécessité, une conscience déductive, selon lesquelles le réel se manifeste peu à peu, sans imprévu et dans une seule direction, à partir de principes qui sont à la fois ceux de la science et de la réalité.

L'ouverture et le dynamisme baroque rappellent l'avènement d'une nouvelle étape dans la connaissance scientifique. La substitution de l'élément visuel à l'élément tactile, l'importance donnée du même coup à la subjectivité, l'intérêt quittant l'*être* pour l'*apparence,* en architecture comme en peinture, renvoient aux nouvelles philosophies et psychologies de l'impression et de la sensation, à l'empirisme qui réduit en une série de perceptions la réalité de la substance aristotélicienne. D'autre part, l'abandon du point de vue privilégié, du centre dans la composition, accompagne la vision copernicienne de l'univers et l'élimination définitive du géocentrisme, avec tous ses corollaires métaphysiques. Dans l'univers scientifique moderne comme dans l'architecture ou la peinture baroques, les parties ont valeur égale, le tout aspire à se dilater à l'infini, l'homme ne se laisse plus limiter par aucune loi idéale du monde et tend à une découverte, à un contact toujours renouvelé avec la réalité.

L' « ouverture », telle qu'on la rencontre chez les symbolistes décadents, reflète à sa manière un nouvel effort de la culture pour élargir ses horizons. Les projets mallarméens de livre à plusieurs dimensions (le bloc unique se divisant en plans susceptibles de basculer pour créer de nouvelles perspectives, et de se décomposer eux-mêmes en blocs secondaires aussi mobiles et décomposables que le premier) évoquent l'univers des géométries non-euclidiennes.

Il n'est donc pas surprenant de retrouver dans la poétique de l'œuvre « ouverte » (et plus encore de l'*œuvre en mouvement*) l'écho plus ou moins précis de certaines tendances de la science contemporaine. C'est devenu un lieu commun de se référer au continuum espace-temps pour décrire la structure de l'univers joycien. Et ce n'est pas par hasard que Pousseur parle, pour définir une de ses œuvres, de « champ de possibilités », usant ainsi de deux concepts particulièrement révélateurs de la culture contemporaine : la notion de « champ », empruntée à la physique, implique une vision renouvelée des rapports classiques (univoques et irréversibles) de cause à effet, que remplacent un système de forces réciproques, une constellation d'événements, un dynamisme des structures ; la notion philosophique de « possibilité » reflète, elle, l'abandon par la culture d'une conception statique et syllogistique de l'ordre, l'attention à ce qu'ont de ductile décisions personnelles et valeurs, remis en situation dans l'histoire.

Le fait que dans une structure musicale ne soit pas nécessairement déterminée la succession, le fait même que dans la musique sérielle déjà il n'existe plus un centre tonal permettant de déduire à partir des prémisses les mouvements successifs du discours, tout cela répond à une crise du principe de causalité. La logique « à deux valeurs » (l'opposition classique entre le *vrai* et le *faux*, entre un fait et sa contradiction) n'est plus l'unique instrument possible de connaissance, et l'on voit apparaître des logiques à plusieurs valeurs pour lesquelles l'*indéterminé,* par exemple, est une catégorie du savoir : dans ce contexte culturel surgit une poétique nouvelle où l'œuvre d'art n'est plus dotée d'une fin nécessaire et prévisible ; où la liberté de l'interprète devient une forme de cette même *discontinuité* qui, pour la physique moderne, représente non plus le moment de l'échec mais la situation inévitable et foncière, du moins au niveau intra-atomique.

Dans le *Livre* de Mallarmé et dans les compositions musicales déjà citées, on trouve le refus de faire coïncider une exécution quelconque de l'œuvre avec sa définition ultime. Chaque exécution développe bien l'œuvre mais sans l'épuiser, et les différentes exécutions sont autant de réalisations complémentaires. Bref, l'œuvre qui nous est restituée chaque fois dans sa totalité, n'en reste pas moins chaque fois incomplète. Est-ce un hasard si de telles poétiques sont contemporaines de la loi physique de *complémentarité,* selon laquelle on ne peut montrer simultanément les différents comportements d'une particule élémentaire et doit, pour les décrire, utiliser divers *modèles* qui « sont justes lorsqu'on les utilise à bon escient, mais se contredisent entre eux et dont on dit, par suite, qu'ils sont réciproquement complémentaires [9] » ? Ne peut-on dire pour ces œuvres d'art, comme fait le savant pour la situation expérimentale, que la connaissance incomplète d'un système est une composante essentielle de sa formulation ? Et que « les données obtenues dans des conditions expérimentales diverses ne peuvent être réunies en une seule image, mais doivent être considérées comme complémentaires, puisque, seule, la totalité des phénomènes épuise la possibilité d'information [10] » ?

Nous avons parlé plus haut de l'ambiguïté comme disposition morale et catégorie théorique. La psychologie et la phénoménologie désignent, elles, par *ambiguïtés perceptives* la possibilité que nous avons de nous placer en-deçà des conventions du savoir, pour saisir le monde dans sa fraîcheur, avant toutes les stabilisations de l'accoutumance et de l'habitude.

Husserl notait déjà que « chaque état de conscience possède un « horizon » variant conformément à la modification de ses connexions avec d'autres états et avec ses propres phases d'écoulement... Ainsi, par exemple, dans chaque perception extérieure, les côtés de l'objet qui sont « réellement perçus » renvoient aux côtés qui ne le sont pas et ne sont qu'anticipés dans l'attente d'une façon non intuitive, comme aspects « à venir » dans la perception. C'est là une « prétention » continuelle qui, pour chaque nouvelle phase perceptive, prend un sens nouveau. De plus, la perception possède des horizons qui embrassent d'autres possibilités perceptives, j'entends les possibilités que nous pourrions avoir si, activement, nous donnions au cours de la perception une autre direction, si, par exemple, au lieu de tourner les yeux de cette manière, nous les tournions autrement, si nous faisions un pas en avant ou sur le côté et ainsi de suite [11]. »

Sartre, de son côté, montre que l'existant ne peut se réduire à une série finie de manifestations du fait que chacune d'elles est en rapport avec un sujet qui ne cesse de se modifier. Non seulement l'objet présente diverses *Abschattungen* (ou profils), mais, encore, il peut exister divers points de vue sur une même *Abschattung*. Pour définir l'objet, il faut le replacer dans la série complète dont il fait partie. On substitue ainsi au dualisme traditionnel de l'être et du paraître, une polarité de l'infini et du fini qui situe l'infini au cœur même du fini. Ce mode d' « ouverture » est à la base de tout acte de perception et caractérise tout moment de notre expérience cognitive : chaque phénomène est dès lors « habité » par un certain *pouvoir*, « le pouvoir de se dérouler en une série d'apparitions réelles ou possibles ». Le problème du rapport du phénomène à son fondement ontologique devient, dans cette perspective de l'ouverture perceptive, le problème du rapport du phénomène à la polyvalence des perceptions que nous pouvons en avoir [12].

Merleau-Ponty va plus loin encore dans ce sens : « Comment aucune chose peut-elle jamais se présenter à nous pour de bon, puisque la synthèse n'en est jamais achevée ? (...). Comment puis-je avoir l'expérience du monde comme d'un individu existant en acte, puisqu'aucune des vues perspectives que j'en prends ne l'épuise (et) que les horizons sont toujours *ouverts* ? (...). La croyance à la chose et au monde, ne peut signifier que la présomption d'une synthèse achevée et, cependant, cet achèvement est rendu impossible par la nature même des perspectives à relier, puisque chacune d'elles renvoie indéfiniment par ses horizons à d'autres perspectives... La contradiction que nous trouvons entre la réalité du monde et son inachèvement, c'est la contradiction entre l'ubiquité de la conscience et son engagement dans un champ de présence (...). Cette ambiguïté n'est pas une imperfection de la conscience ou de l'existence, elle en est la définition (...). La conscience qui passe pour le lieu de la clarté est, au contraire, le lieu même de l'équivoque [13]. »

Tels sont les problèmes que la phénoménologie découvre à la base même de notre situation d'hommes dans le monde. Elle propose, non seulement au philosophe et au psychologue, mais à l'artiste, des affirmations qui ne peuvent manquer d'être stimulantes pour son activité créatrice : « Il est donc essentiel à la chose et au monde de se présenter comme *ouverts* (...), de nous promettre toujours *autre chose à voir* [14]. »

On pourrait penser que ce refus de la nécessité sûre et solide, cette tendance à l'ambigu, à l'indéterminé, reflètent un état de crise de notre temps; on peut aussi considérer que les poétiques de l'œuvre ouverte expriment les possibilités positives d'un homme ouvert à un perpétuel renouvellement des schèmes de sa vie et de sa connaissance, engagé dans une découverte progressive de ses facultés et de ses horizons. Sans nous arrêter à ce dilemme quelque peu manichéen, nous avons préféré noter certaines concordances, ou à tout le moins certaines consonances qui révèlent une unité entre divers secteurs de la culture contemporaine et fournissent les éléments d'une nouvelle vision du monde. Cette convergence passe dans l'art sous forme de ce qu'on pourrait appeler des *analogies de structure* [15].

Mais qui dit convergence, ne dit pas parallèle. C'est ainsi que l'œuvre en mouvement peut être simultanément le reflet non d'une mais de plusieurs situations épistémologiques opposées, contradictoires, ou jusqu'ici inconciliées. Et de fait, si l'ouverture et le dynamisme se rattachent, comme nous venons de le voir, à l'indétermination et à la discontinuité de la physique quantique, ils vont maintenant nous apparaître comme des illustrations de certaines situations einsteiniennes.

Le monde multidirectionnel d'un morceau de musique sérielle [16] — dans lequel l'auditeur doit constituer lui-même son système de rapports, à partir d'un ensemble d'éléments sonores sans pôle, où toutes les perspectives sont également valables — semble, effectivement, très proche de l'univers spatio-temporel conçu par Einstein : un univers où « tout ce qui pour chacun de nous constitue le passé, le présent et l'avenir, est donné en bloc et tout l'ensemble des événements, pour nous successifs, dont est formée l'existence d'une particule matérielle, est représenté par une ligne, la ligne d'Univers de la particule... Chaque observateur, au fur et à mesure que son temps propre s'écoule, découvre, pour ainsi dire, de nouvelles tranches de l'espace-temps qui lui apparaissent comme les aspects successifs du monde matériel, bien qu'en réalité l'ensemble des événements constituant l'espace-temps préexistent à cette connaissance [17] ».

La vision d'Einstein se différencie de l'épistémologie quantique précisément par sa confiance en une totalité de l'univers. Dès lors, discontinuité et indétermination ne sont qu'en apparence déconcertantes : en réalité, et pour employer les mots mêmes d'Einstein, elles supposent, non pas un Dieu qui joue aux dés, mais le Dieu de Spinoza qui gouverne le monde selon des lois rigoureuses. Dans cet univers, la relativité est constituée par l'infinie variabilité de l'expérience, par l'infinité des mensurations et des perspectives possibles. L'objectivité de l'ensemble réside dans l'invariance des simples descriptions formelles (des équations différentielles) qui établissent, précisément, la relativité des mensurations empiriques.

Sans porter de jugement sur la valeur scientifique de la métaphysique impliquée par la pensée einsteinienne, on peut constater qu'il existe une analogie suggestive entre cet univers et celui de l'*œuvre en mouvement*. Le Dieu de Spinoza, qui dans la métaphysique d'Einstein n'est qu'une hypothèse extra-expérimentale, devient, dans l'œuvre d'art, une réalité de fait et coïncide avec l'action ordonnatrice de l'auteur : l'œuvre est bien *ouverte*, mais dans le cadre d'un *champ* de relations. Comme dans l'univers einsteinien, le refus d'une expérience privilégiée n'implique pas le chaos des relations, mais la règle qui permet leur organisation. L'*œuvre en mouvement* rend possible une multiplicité d'interventions personnelles, mais non pas de façon amorphe et vers n'importe quelle intervention. Elle est une invitation, non pas nécessitante ni univoque mais orientée, à une insertion relativement libre dans un monde qui reste celui voulu par l'auteur.

En somme, l'auteur offre à l'interprète une œuvre *à achever*. Il ignore de quelle manière précise elle se réalisera, mais il sait qu'elle restera *son* œuvre; au terme du dialogue interprétatif, se concrétisera une forme organisée par un autre, mais une forme *dont il reste l'auteur*. Son rôle consiste à proposer des possibilités déjà rationnelles, orientées et dotées de certaines exigences organiques qui déterminent leur développement.

La *Sequenza* de Berio exécutée par deux flûtistes différents, le *Klavierstück XI* de Stockhausen ou le *Mobile* de Pousseur interprétés par divers pianistes (ou plusieurs fois par le même), ne seront jamais identiques, sans être pour autant jamais gratuits. Il faut les considérer comme les réalisations effectives d'un pouvoir *formateur* fortement individualisé par les données qu'a originalement proposées l'auteur.

Il en va de même pour les créations plastiques dont nous avons parlé plus haut : les œuvres se modifient mais dans le cadre d'un goût, de tendances formelles déterminées, et dans la mesure où s'y prêtent les articulations du matériau.

Dans un autre ordre d'idées, le drame brechtien tout en attendant du spectateur une libre réponse, n'en est pas moins construit (sur le plan rhétorique et dans l'argumentation) de façon à orienter cette réponse : il présuppose finalement une logique de type dialectique et marxiste.

Aucune des œuvres *ouvertes* et *en mouvement* que nous avons envisagées ne nous est apparue comme un aggloméré d'éléments occasionnels, prêts à émerger du chaos pour prendre n'importe quelle forme; il s'agit toujours d'une œuvre véritable. Le dictionnaire comporte des milliers de mots avec lesquels chacun a toute liberté de composer des poèmes, des traités de physique, ou des lettres anonymes. Il est en ce sens « ouvert » à toutes les compositions possibles du matériau qu'il propose : mais il n'est précisément pas une *œuvre*. L' « ouverture » et le dynamisme d'une œuvre sont tout autre chose : son aptitude à s'intégrer des compléments divers, en les faisant entrer dans le jeu de sa vitalité organique; une vitalité qui ne signifie pas achèvement, mais subsistance au travers de formes variées.

Cette dernière analyse s'imposait parce que, dans notre perspective d'Occidentaux, seule mérite le nom d' « œuvre » une production qui est due à une personne et qui, à travers la diversité des interprétations, demeure un organisme cohérent — conservant, de quelque façon qu'on l'entende ou la prolonge, cette empreinte personnelle à quoi elle doit son existence, sa valeur et son sens. Et l'esthétique, si elle tient compte de la diversité des poétiques, aspire finalement à des généralisations — pas forcément dogmatiques et éternelles — qui lui permettent de considérer comme « œuvre d'art » à la fois les compositions électroniques basées sur la permutation de structures sonores et la *Divine Comédie*. Elle tend, légitimement, à retrouver par delà l'évolution des goûts et des conceptions de l'art, une constance et des structures fondamentales.

Nous l'avons vu, les œuvres « ouvertes » *en mouvement* se caractérisent par une invitation à *faire l'œuvre* avec l'auteur. A un niveau plus vaste, nous avons signalé (en tant que *genre* de l'*espèce* « œuvre en mouvement ») un type d'œuvres qui, bien que matériellement achevées, restent ouvertes à une continuelle germination de relations internes, qu'il appartient à chacun de découvrir et de choisir au cours même de sa perception. Plus généralement encore, nous avons vu que toute œuvre d'art, même si elle est explicitement ou implicitement le fruit d'une poétique de la nécessité, reste ouverte à une série virtuellement infinie de lectures possibles : chacune de ces lectures fait revivre l'œuvre selon une perspective, un goût, une « exécution » personnelle.

Voilà donc trois aspects d'un même problème. Mais la réflexion esthétique, même contemporaine, s'est surtout attachée au troisième : à l'*infinité*, donc, de l'œuvre pourtant *achevée*. Voici par exemple ce qu'écrit Pareyson en des pages qui sont parmi les meilleures qu'on ait consacrées à la phénoménologie de l'interprétation : « L'œuvre d'art (...) est une forme, c'est-à-dire un mouvement arrivé à sa conclusion : en quelque sorte, un infini inclus dans le fini. Sa totalité résulte de sa conclusion et doit donc être considérée non comme la fermeture d'une réalité statique et immobile, mais comme l'ouverture d'un infini qui s'est rassemblé dans une forme. L'œuvre a, de ce fait, une infinité d'aspects qui ne sont pas des « fragments » ou des « parties » mais dont chacun la contient tout entière et la révèle dans une perspective déterminée. La diversité des exécutions a son fondement dans la complexité tant de l'individu qui l'interprète que de l'œuvre même (...). Les innombrables points de vue des interprètes et les innombrables aspects de l'œuvre se répondent, se rencontrent et s'éclairent mutuellement, en sorte que l'interprète doit, pour révéler l'œuvre dans son intégralité, la saisir sous l'un de ses aspects particuliers, et qu'inversement un aspect particulier de l'œuvre doit attendre l'interprète susceptible de le capter et de donner ainsi de l'intégralité une vision renouvelée. » Pareyson va jusqu'à affirmer que « toutes les interprétations sont définitives en ce sens que chacune d'elles est pour l'interprète l'œuvre même; mais elles sont en même temps provisoires puisque l'interprète sait qu'il devra indéfiniment approfondir sa propre interprétation. Dans la mesure où elles sont définitives, ces interprétations sont parallèles, en sorte que l'une exclut les autres sans pour autant les nier [18]... »

Ces affirmations — faites au niveau de l'esthétique théorique — sont applicables à toutes les formes d'art et à l'art de tous les temps. Ce n'est pourtant pas par hasard qu'il a fallu attendre notre époque pour voir naître et se développer une véritable problématique de l'« ouverture ». Ce que l'esthétique fait ici valoir sur un plan général reprend certaines exigences plus explicites et plus rigoureuses propres à la poétique de l'œuvre « ouverte ». Cela ne signifie pas, inversement, que la notion d'œuvre « ouverte » et d'*œuvre en mouvement* n'ajoute rien à une expérience séculaire, tout étant dans l'art depuis toujours, et toute découverte ayant déjà été faite (au moins) par les Chinois : il convient de distinguer soigneusement entre le plan théorique de l'*esthétique* en tant que discipline philosophique, et le plan pratique de la *poétique* en tant que programme de création. L'esthétique, en faisant valoir une exigence particulièrement vive à notre époque, découvre la possibilité d'un certain type d'expérience applicable à toute œuvre d'art, indépendamment des critères opératoires qui ont présidé à sa création. Mais les poétiques (et la pratique) de l'*œuvre en mouvement* voient dans cette même possibilité leur vocation spécifique en synchronisation avec tout le courant de la culture contemporaine. Ce qui est, pour l'esthétique, la condition générale de toute interprétation, devient ici un véritable programme d'action. L' « ouverture » constitue dès lors *la* possibilité fondamentale de l'interprète et de l'artiste contemporains. A son tour, l'esthétique reconnaîtra, dans leurs expériences, une confirmation de ses intuitions, la manifestation extrême d'une situation interprétative susceptible de se réaliser à divers degrés d'intensité.

En fait, ces considérations ne relèvent pas seulement de l'esthétique mais de la sociologie et de la pédagogie. La poétique de l'*œuvre en mouvement* (et en partie aussi, celle de l'œuvre « ouverte ») instaure un nouveau type de rapports entre l'artiste et son public, un nouveau fonctionnement de la perception esthétique; elle assure au produit artistique une place nouvelle dans la société. Elle établit enfin un rapport inédit entre la *contemplation* et l'*utilisation* de l'œuvre d'art.

Ainsi éclairée dans ses racines historiques, et dans le jeu de références ou d'analogies qui l'apparentent à d'autres aspects du monde contemporain, la forme nouvelle d'art que nous avons analysée reste en pleine évolution. Loin d'être parfaitement expliquée et cataloguée, elle instaure une problématique, sur plusieurs plans : il s'agit, en somme, d'une situation ouverte et en mouvement.

NOTES

1. Il convient d'éliminer tout de suite une équivoque : l'intervention de cet interprète qu'est l'*exécutant* (le musicien qui joue une partition ou l'acteur qui récite un texte) ne peut évidemment se confondre avec l'intervention de cet autre interprète qu'est le *consommateur* (celui qui regarde un tableau, lit en silence un poème ou écoute une œuvre musicale que d'autres exécutent). Cependant, au niveau de l'analyse esthétique, les deux opérations peuvent être considérées comme des modalités différentes d'une même attitude *interprétative* : la « lecture », la « contemplation », la « jouissance » d'une œuvre d'art représentent une forme individuelle et tacite d' « exécution ». La notion de *processus interprétatif* englobe l'ensemble de ces comportements. Nous nous référons pour tout ceci à la pensée de Luigi Pareyson, *Estetica-Teoria della formatività*, Turin, 1954, en particulier au ch. VIII. Il faut ajouter que certaines œuvres qui se présentent à l'exécutant (au musicien, à l'acteur) comme « ouvertes » sont reçues par le public comme le résultat désormais univoque d'un choix définitif; dans d'autres cas, le choix de l'exécutant laisse subsister la possibilité d'un choix second auquel le public est convié.

2. L'attention à cette forme générale de l' « ouverture » apparaît clairement dans la méthodologie critique de Roland Barthes : « Cette disponibilité n'est pas une vertu mineure; elle est bien au contraire l'être même de la littérature, porté à son paroxysme. Écrire, c'est ébranler le sens du monde, y disposer une interrogation *indirecte*, à laquelle l'écrivain, par un dernier suspense, s'abstient de répondre. La réponse c'est chacun de nous qui la donne, y apportant son histoire, son langage, sa liberté; mais comme histoire, langage et liberté changent infiniment, la réponse du monde à l'écrivain est infinie : on ne cesse jamais de répondre à ce qui a été écrit hors de toute réponse : affirmés, puis mis en rivalité, puis remplacés, les sens passent, la question demeure... Mais pour que le jeu s'accomplisse (...) il faut respecter certaines règles : il faut d'une part que l'œuvre soit vraiment une forme, qu'elle désigne vraiment un sens tremblé, et non un sens fermé. » (Avant-propos à *Sur Racine*, Paris, Seuil, 1963). En ce sens, donc, la littérature (mais le problème se pose pour tous les arts) *désignerait de façon certaine un objet incertain*.

38

3. *La nuova sensibilità musicale* in « Incontri musicali », nº 2, mai 1958, p. 25; repris sous le titre *Vers un nouvel univers sonore* in « Esprit », janvier 1960, p. 52.

4. Sur cette évolution des poétiques préromantiques et romantiques, cf. L. Anceschi, *Autonomia ed eteronomia dell'arte*, 2e éd., Florence, Vallecchi, 1959.

5. W. Y. Tindall, *The Literary Symbol*, Columbia Un. Press, New York, 1955. Pour une analyse de l'importance qu'a en esthétique la notion d'ambiguïté, cf. les importantes remarques et références bibliographiques de G. Dorfles, *Il divenire delle arti*, Turin, Einaudi, 1959, p. 51.

6. Edmund Wilson *Axel's Castle*, London-New York, Scribner's Sons, 1931, p. 210 de l'éd. 1950.

7. Pousseur, *op. cit.*, p. 60.

8. Jacques Scherer, *le « Livre » de Mallarmé* (Premières recherches sur des documents inédits), Paris, Gallimard, 1957 (cf. en particulier le ch. III, *Physique du Livre*).

9. Werner Heisenberg, *Das Naturbild der Heutigen Physik*, Hambourg, Rowohlt, II 3. Et *Physics and Philosophy*, London, Allen L. Nerwin, 1958, ch. 3. Sur tout cela, consulter également Louis de Broglie, *Matière et lumière* (Albin Michel, 1937), *Continu et discontinu* (Albin Michel, 1941), *la Physique nouvelle et les Quanta* (Flammarion, 1937).

10. Niels Bohr dans sa polémique avec Einstein in *Albert Einstein : Philosopher-Scientist* (Schilpp, éd.) 1949. Les épistémologues ont dénoncé à juste titre toute transposition naïve des catégories physiques dans le domaine éthique ou psychologique (l'identification de l'indéterminisme et de la liberté morale, etc. Cf. par exemple Philipp Frank, *Present Role of Science*, rapport au XIIe Congrès intern. de Philosophie, Venise, septembre 1958). Il ne faudrait de même pas considérer que nous établissons ici une analogie entre les structures de l'œuvre d'art et les structures présumées du monde. Indétermination, complémentarité, non-causalité ne sont pas des *manières d'être* du monde physique mais des *systèmes de description* commodes pour qui veut agir sur lui. Par suite, ce qui nous intéresse n'est pas un rapport — présumé — entre une situation « ontologique » et une qualité morphologique de l'œuvre; nous rapprochons seulement une manière d'expliquer les processus physiques et une manière d'expliquer les processus de la création et de la jouissance esthétiques, valables l'une et l'autre sur le plan de l'efficacité opératoire : bref, une *méthodologie scientifique* et une *poétique* (explicite ou implicite).

11. Edmund Husserl, *Méditations cartésiennes*, Méd. 2, § 19, Paris, Vrin, 1953, p. 39. On trouve de façon très claire chez Husserl la référence

à l'objet comme forme achevée, identifiable en tant que telle, et cependant « ouverte » : « ainsi le cube — vu d'un côté — ne « dit » rien sur la détermination concrète de ses côtés non visibles; néanmoins il est d'avance « saisi » comme cube, puis en particulier comme coloré, rugueux, etc., chacune de ces déterminations laissant toujours d'autres particularités dans l'indétermination. Le « laisser dans l'indétermination » des particularités — antérieurement aux déterminations effectives plus précises qui, peut-être, n'auront jamais lieu, — est un moment contenu dans la conscience perceptive elle-même; il est précisément ce qui constitue l' « horizon » (*op. cit.*, p. 39).

12. J. P. Sartre, *l'Être et le Néant*, ch. i, Paris, Gallimard, 1943. Sartre note même l'équivalence entre cette situation perceptive, où se constituent toutes nos connaissances, et notre rapport cognitif-interprétatif à l'œuvre d'art : « Le génie de Proust, même réduit aux œuvres produites, n'en équivaut pas moins à l'infinité des points de vue possibles qu'on pourra prendre sur cette œuvre et qu'on nommera « l'inépuisabilité » de l'œuvre proustienne. » (p. 14).

13. M. Merleau-Ponty, *Phénoménologie de la perception*, Paris, Gallimard, 1945, p. 381-383.

14. *Ibid.*, p. 384.

15. On peut à bon droit estimer qu'il y a quelque danger à établir de simples *analogies*. Mais nous parlons ici de l'analogie comme point de départ d'une recherche ultérieure. Le problème sera de réduire les différents phénomènes (en esthétique comme dans les autres disciplines) à des *modèles structuraux*, pour y relever non plus des analogies mais des *similarités de structure*. A ce point de la recherche, on voudrait rappeler une phrase de Jakobson : « A ceux qu'effraient facilement les analogies risquées, je répliquerai que, moi aussi, je déteste les analogies dangereuses; mais j'aime les analogies fécondes. » (in *Essais de linguistique générale*, Paris, éd. de Minuit, 1963, p. 38).

16. Sur « l'éclatement multidirectionnel des structures », Cf. A. Boucourechliev, *Problèmes de la musique moderne*, N.R.F., décembre 1960-janvier 1961.

17. Louis de Broglie, *l'Œuvre scientifique d'A. Einstein* in *A. E. : Philosopher-Scientist*, *op. cit.*

18. Luigi Pareyson, *Estetica-Teoria della formatività*, *op. cit.*, p. 204-209 et l'ensemble du ch. VIII (*Lettura, interpretazione e critica*).

2

Analyse
du langage poétique

Les notes du chapitre II se trouvent p. 63 à 66.

Des structures *qui se meuvent* aux structures *à l'intérieur desquelles nous nous mouvons,* les poétiques contemporaines nous proposent toute une gamme de formes faisant appel à la mobilité des perspectives et à la multiplicité des interprétations. Mais nous avons vu qu'aucune œuvre d'art n'est vraiment « fermée », que chacune d'elles comporte, au delà d'une apparence définie, une infinité de « lectures » possibles.

Il convient maintenant d'analyser en son fond ce qui fait de toute œuvre d'art une ouverture — et de chercher comment s'y rapporte ou s'en distingue l'ouverture intentionnelle d'aujourd'hui.

Nous allons, autrement dit, tenter de comprendre pourquoi l'œuvre d'art est « ouverte », comment cette ouverture est inscrite dans sa structure, et à quelles différences de structure correspondent les différences d'ouverture.

L'OBJET ESTHÉTIQUE COMME TOTALITÉ
ET COMME LIEU D'UNE TRANSACTION

Toute œuvre d'art, depuis les peintures rupestres jusqu'à *la Chartreuse de Parme,* est un objet ouvert à une infinité de dégustations. Non qu'elle soit un simple prétexte à tous les exercices d'une subjectivité qui ferait converger sur elle ses humeurs du moment; mais parce qu'elle se définit en elle-même comme une source inépuisable d'expériences qui, l'éclairant diversement, en font émerger chaque fois un aspect nouveau.

Le concept d'*universalité* qu'on applique habituellement à l'expérience esthétique est, en définitive, lié à ce phénomène. Quand on dit que « le carré de l'hypoténuse est égal à la somme des carrés des deux autres côtés », on pose une loi valable sous toutes les latitudes mais qui concerne une seule propriété, et bien déterminée, du réel. Au contraire, lorsqu'on récite un vers ou un poème, les mots prononcés ne sont pas immédiatement traduisibles dans un *denotatum* réel qui épuiserait leurs possibilités de signification; ils appellent une série de signifiés qui s'approfondissent sans cesse, au point qu'ils fournissent comme une image réduite de l'univers entier. Tel est en tout cas le sens que nous croyons pouvoir donner à la théorie (souvent équivoque par ailleurs) proposée par Croce, de l'expression artistique comme *totalité*.

Selon Croce, la représentation donnée par l'art embrasserait le tout et enfermerait le reflet du cosmos : « En elle, chaque chose palpite de la vie du tout et le tout est dans la vie de chaque chose; la simple représentation artistique est à la fois elle-même et l'univers, l'univers dans une forme individuelle et une forme individuelle en tant qu'univers. Dans chacun des accents du poète, dans chacune des créatures nées de son imagination, il y a tout le destin de l'humanité, toutes les espérances, toutes les illusions, les douleurs et les joies, les grandeurs et les misères humaines, tout le drame du réel qui ne cesse de devenir et de se développer, en souffrant et en jouissant [1]. »

Voilà qui traduit bien une sensation confuse qu'on éprouve souvent à la lecture d'un poème; mais s'il *enregistre* le phénomène, le philosophe ne l'*explique* pas réellement et ne fournit pas les catégories susceptibles de le justifier. Lorsqu'il affirme encore que « donner... au contenu sentimental une forme artistique, c'est lui donner l'empreinte de la totalité, le souffle cosmique [2] », Croce fait ressortir la nécessité de fonder de façon rigoureuse l'équation forme artistique = totalité, mais sans nous indiquer les instruments philosophiques qui permettraient d'établir ce rapport. Lorsqu'il affirme enfin que la forme artistique est le fruit d'une *intuition lyrique du sentiment,* cela revient tout juste à poser que n'importe quelle intuition sentimentale peut devenir lyrique à condition précisément qu'elle revête un caractère de totalité : nous sommes dès lors en pleine pétition de principe, et la réflexion esthétique fait place à un verbalisme suggestif.

Croce ne fut pas le seul à enregistrer les conditions de la jouissance esthétique sans en expliquer le mécanisme. Dewey parle pour sa part du « *sens du tout,* implicitement inclus » dans l'expérience ordinaire et dont les symbolistes ont demandé à l'art de se faire l'expression par excellence. « Autour de chaque objet explicite et focal, il y a une récession dans l'implicite qu'on ne peut saisir par l'intellect. C'est ce qu'on appelle dans la réflexion : l'indistinct, le vague. »

Dewey est d'ailleurs conscient du fait que l'indistinct et le vague de l'expérience première — en deçà de la rigidité des catégories imposées par la réflexion — sont fonction de sa nature globale. (« Au crépuscule, l'envahissement progressif de l'obscurité est une qualité agréable du monde entier. Elle est sa manifestation. Elle ne prend un caractère particulier et nuisible que si elle nous empêche de percevoir distinctement tel objet particulier que nous souhaiterions distinguer. ») Si la réflexion nous oblige à faire un choix et à n'amener à la lumière que certains éléments, « ce qui fait (au contraire) la richesse indéfinie d'une expérience, c'est qu'elle relie entre eux tous les éléments définis, tous les objets dont nous sommes focalement conscients, c'est qu'elle en fait un tout ». La réflexion ne fonde pas la richesse ; c'est elle, au contraire, qui est fondée dans une richesse originaire où il lui est loisible d'opérer une sélection.

Or, pour Dewey, le propre de l'art serait précisément d'évoquer et d'accentuer « cette faculté d'être un tout, d'appartenir à un tout plus grand qui inclut toute chose et qui n'est autre que l'univers dans lequel nous vivons [3] » ; de là l'émotion religieuse que provoque en nous la contemplation esthétique. Le thème de la totalité est au moins aussi clair chez Dewey que chez Croce, bien qu'il se situe dans un contexte philosophique différent ; c'est même un des traits les plus intéressants d'une esthétique qui pourrait sembler, au premier abord, vouée par ses origines philosophiques (naturalistes) à un positivisme rigide. En fait, le naturalisme et le positivisme de Dewey sont d'essence romantique; chaque analyse, fût-elle inspirée par la science, y aboutit inexorablement à un moment d'émotion devant le mystère du cosmos, et ce n'est pas pour rien que l'organicisme de Dewey, s'il porte la marque de Darwin, dérive plus ou moins consciemment de Coleridge et de Hegel [4].

Cela explique qu'au seuil du mystère cosmique, Dewey semble brusquement redouter de faire le pas qui lui permettrait de décomposer l'expérience de l'indéfini et de la ramener (comme il fait pour les autres expériences) à ses coordonnées psychologiques; inexplicablement, il déclare forfait. « Je ne trouve aucun fondement psychologique à ces propriétés particulières de l'expérience, si ce n'est que, d'une certaine façon, l'œuvre d'art parvient à approfondir et à clarifier la sensation d'un tout indéfini qui nous entoure, sensation qui accompagne toute expérience normale [5]. »

Une telle démission se justifie d'autant plus difficilement qu'il y a dans la philosophie de Dewey les prémisses d'une clarification et que ces prémisses sont réexposées précisément dans *Art as experience,* quelques pages avant les déclarations que nous venons de citer.

On trouve en effet chez Dewey une conception *transactionnelle* de la connaissance qui, mise au contact de la définition qu'il donne d'autre part de l'objet esthétique, se montre riche en suggestions.

L'œuvre d'art est le fruit, chez le *créateur*, d'un processus d'organisation en vertu duquel expériences personnelles, faits, valeurs, significations s'incorporent à un matériau pour ne plus faire qu'un avec lui, s'*assimiler* à lui. (L'art est, en somme, « le pouvoir de transformer en un médium défini une idée vague, une émotion [6] ».) Si une œuvre peut devenir expressive aux yeux d'un spectateur, c'est, de même, grâce à « l'existence de significations et de valeurs issues de ses expériences antérieures, et susceptibles de se fondre avec les qualités présentées par l'œuvre d'art [7] ». Le matériau de nos expériences doit se *mêler* aux qualités du poème ou de la toile pour que ceux-ci cessent d'être devant nous comme des objets étrangers. Mais alors « la valeur expressive de l'objet artistique est déterminée par une absolue et totale compénétration des matériaux de la phase passive et de la phase active, cette dernière incluant une réorganisation complète du matériau apporté par nos précédentes expériences... La valeur expressive de l'objet est le signe et la manifestation de la fusion totale de ce que nous subissons et de ce que notre acte de perception attentive ajoute à ce qui nous est communiqué au moyen des sens [8] ». Par suite, *donner forme* « correspond à une manière de considérer, de sentir et de présenter la matière utilisée, de telle sorte qu'elle devienne rapidement et efficacement un matériau pour l'élaboration d'une expérience semblable chez ceux qui sont moins doués que le créateur original [9] ».

A défaut d'une explication psychologique parfaitement claire de ce qui donne à l'expérience esthétique une allure de « totalité », il y a incontestablement là les prémisses philosophiques d'une explication. C'est si vrai qu'à partir des textes de Dewey s'est constituée une psychologie — dite transactionnelle — selon laquelle la connaissance est un difficile travail de négociation : à la perception actuelle d'un stimulus, le sujet incorpore le souvenir de ses perceptions précédentes; c'est par là seulement qu'il peut donner forme à l'expérience en cours. Cette expérience ne s'arrête dès lors pas à l'enregistrement d'une *Gestalt* préexistante comme configuration autonome du réel (non plus qu'à la position idéale de l'objet par notre libre activité); elle est le résultat de notre insertion active au monde, et le monde est lui-même le résultat de cette activité d'insertion [10]. L'expérience de la *totalité* (l'expérience du moment esthétique comme moment « ouvert » de la connaissance) se prête donc bien à une explication *psychologique* — dont l'absence rendait quelque peu suspects les comptes rendus de Croce et même, pour une part, de Dewey.

Ce que nous avons été ainsi amenés à poser, c'est le problème des conditions psychologiques de la connaissance en général, qui déborde largement celui de l'expérience esthétique (à moins qu'on ne fasse de cette dernière la condition liminaire de toute connaissance, sa phase première et essentielle, ce qui n'est pas de soi impensable, mais ne peut être envisagé qu'à un stade ultérieur de la recherche, et en guise sans doute de conclusion). Or, notre but, plus limité, est seulement d'examiner le processus de transaction entre le sujet percevant et le stimulus *esthétique*. Et pour rendre cette analyse plus simple encore et plus claire, nous allons la faire porter tout entière sur la réaction du sujet au *langage*.

Le langage n'est pas une organisation de stimuli naturels comme le faisceau de photons qui excite la vue ; c'est une organisation de stimuli réalisée par l'homme et, comme la forme artistique, un fait artificiel. En conséquence, sans aller jusqu'à identifier art et langage, on pourra, en procédant par analogie, appliquer à l'un les observations faites à propos de l'autre. Aussi bien, comme l'ont compris les linguistes [11], le langage n'est-il pas *un* moyen de communication parmi d'autres, mais « ce qui fonde *toute* communication ». Mieux encore : « le langage c'est réellement les fondations même de la culture. Par rapport au langage, tous les autres systèmes de symboles sont accessoires et dérivés [12] ».

L'analyse des réactions de l'auditeur à trois propositions nous permettra d'accomplir un premier pas dans l'étude des réponses — divergentes ou semblables, c'est à voir — à un champ linguistique ordinaire et à ce champ particulier que l'on qualifie généralement d'esthétique. Au cas où nous devrions reconnaître qu'il existe deux schémas de réaction différents devant deux utilisations différentes du langage, nous tiendrions les moyens de préciser ce qui fait le caractère *propre* du langage esthétique [13].

ANALYSE DE TROIS PROPOSITIONS :
DE LA RÉFÉRENCE A LA SUGGESTION DIRIGÉE

Comment fait-on converger sur une expérience le souvenir d'expériences passées ? Et comment ce processus se réalise-t-il dans le rapport de communication déclenché par un stimulus linguistique ?

1. *La référence*.
Devant une proposition telle que *Cet homme vient de Milan,* il

s'établit dans notre esprit un rapport vérifiable entre le signe et son denotatum : pronom, nom, verbe et complément de lieu (représenté ici par la préposition « de » suivie d'un nom de ville) se réfèrent chacun à une réalité très précise ou à une action déterminée. Cela ne signifie pas que l'expression possède par elle-même toutes les qualités requises pour signifier abstraitement la situation qu'elle signifie en fait lorsqu'elle est comprise; elle n'est qu'une juxtaposition de termes conventionnels qui pour être compris requièrent ma collaboration : il faut précisément que je fasse converger sur chacun d'entre eux une somme d'expériences antérieures permettant d'éclairer l'expérience en cours. Il suffirait que je n'aie jamais entendu prononcer le nom de Milan, que je ne sache pas qu'il désigne une ville, pour que la communication reçue s'appauvrisse infiniment.

Admis que l'auditeur comprenne, et intégralement, la signification de tous les termes employés, il n'est pas dit encore que la somme d'information ainsi reçue égale celle dont pourrait bénéficier un autre auditeur, à partir des mêmes termes : il est évident que si j'attends des nouvelles importantes de Milan, la phrase signifiera plus pour moi et me frappera davantage [14]. Si Milan se trouve lié dans mon esprit à une somme de souvenirs, de regrets, de désirs, la même phrase fera naître en moi une vague d'émotions auxquelles un autre ne serait pas en mesure de prendre part. La phrase *Cet homme vient de Paris* aurait éveillé chez Napoléon, exilé à Sainte-Hélène, une émotion difficilement imaginable pour nous. Bref, devant une expression strictement référentielle, qui implique un schéma de compréhension à peu près uniforme, chaque auditeur complique cependant sa compréhension de références conceptuelles ou émotives qui personnalisent le schéma et lui confèrent une coloration particulière.

Inversement, pour nombreuses que soient les solutions « pragmatiques » liées à la pluralité des interprétations, on pourrait sans difficulté et dans un but de contrôle, réduire la compréhension diverse des auditeurs à un *pattern* unitaire. Ainsi de la proposition *Le train en direction de Rome part à 17 heures 45 de la gare centrale, voie 7* : elle peut, incontestablement, provoquer des réactions très différentes chez dix personnes, suivant que l'auditeur, partant pour Rome, entreprend un voyage d'affaires, se rend au chevet d'un mourant, va toucher un héritage, ou poursuit une femme infidèle. Qu'il reste néanmoins un schéma de compréhension unitaire, réduit aux termes minimaux, on peut le vérifier de façon pragmatique : avant 17 heures 45, chacune des dix personnes a réussi, par différentes voies, à prendre place dans le train désigné. Cette réaction commune établit clairement l'existence d'une commune base référentielle, celle-là même qu'aurait perçue un cerveau électronique convenablement équipé; ce qui échappe au cerveau électronique, c'est le reste, ce halo d' « ouverture » qu'a toute phrase, même aussi référentielle que la nôtre, et qui est inséparable de toute communication humaine.

2. *La suggestion.*

Examinons maintenant une phrase telle que *Cet homme vient de Bassora.* Si elle s'adresse à un habitant de l'Irak, elle aura sur lui à peu près le même effet que sur un Italien la phrase concernant Milan. Si elle s'adresse à un homme inculte, ignorant de la géographie, elle le laissera indifférent, ou tout au plus curieux de ce lieu imprécis, qu'il entend nommer pour la première fois et qui provoque dans son esprit une sorte de vide, un schéma référentiel incomplet. Chez un troisième auditeur, le nom de Bassora pourra éveiller non pas un souvenir géographique, mais celui d'un « lieu » imaginaire, découvert à travers les *Mille et une nuits.* Bassora cessera alors d'être un stimulus qui renvoie immédiatement à une réalité signifiée, dont on peut immédiatement déterminer les coordonnées; il deviendra le centre d'un « champ linguistique », d'un « réseau associatif » de souvenirs et de sentiments, il introduira, dans une atmosphère d'exotisme, Ali Baba, le haschich, les tapis volants, les odalisques, les aromates et les épices, les paroles mémorables des mille Khalifes, les sonorités de la musique orientale, la méfiance levantine et l'habileté du commerçant asiate, Bagdad...

Plus la culture de l'auditeur sera imprécise ou vive son imagination, plus sa réaction sera fluide et indéterminée, avec des contours flous et estompés. Nous verrons plus loin ce qu'une affiche publicitaire au nom de « Agendath Netaim » peut faire surgir dans l'esprit de Léopold Bloom monologuant, au chapitre IV d'*Ulysse* (le *stream of consciousness* reconstitué par le narrateur valant ici, comme en bien d'autres cas, un précieux document psychologique).

Ces divagations de l'esprit sous l'effet d'un stimulus vague sont telles que l'imprécision d'un mot (tel Bassora) rejaillit sur ceux qui précèdent; une expression comme *cet homme* renvoie dès lors à une réalité chargée de mystère, et parait soudain plus digne d'intérêt; de même, le verbe *vient* ne désigne plus seulement un changement de lieu, mais un voyage, le plus riche et le plus fascinant, celui d'un pèlerin qui vient de loin par des chemins de légende : le voyage en son archétype.

Qu'est-ce donc qui change dans la phrase selon qu'elle s'adresse à un Irakien ou à l'auditeur européen que nous venons d'imaginer ? Du point de vue de la structure, rien. La différence référentielle (et par suite la valeur de la proposition) ne réside pas dans l'expression mais *dans le récepteur*.

La possibilité de variation n'est pas pour autant étrangère à la proposition elle-même : car prononcée par l'employé d'un bureau de renseignements ou par un narrateur qui voudrait rendre intéressant son personnage, la phrase devient, en fait, tout autre; on a là comme deux phrases différentes. Il est évident que le second orateur, en choisissant le nom de « Bassora », obéit à une intention suggestive précise; et que la réaction imprécise de l'auditeur, loin d'être accidentelle, correspond, au contraire, à l'*effet* de communication recherché.

En disant « Bassora », le narrateur n'entend pas seulement se référer à une ville déterminée, mais à tout un monde de souvenirs qu'il prête à son auditeur. Il sait aussi qu'il ne doit pas compter sur une sphère de réaction identique chez chacun des auditeurs présents; ou s'il les a choisis de façon qu'ils se trouvent dans les mêmes conditions psychologiques et culturelles, c'est qu'il entend précisément réaliser une communication dont l'effet sera à la fois indéfini et délimité selon ce qu'on pourrait appeler un « champ de suggestion ». Le lieu et le moment où il prononce la phrase, l'auditoire auquel elle s'adresse, assurent une certaine unité de champ. Il est aisément prévisible que prononcée avec les mêmes intentions, mais dans le bureau du président d'une compagnie pétrolière, la phrase n'entraînerait pas le même champ suggestif. Il devient donc nécessaire pour l'orateur de se prémunir contre les *dispersions* du champ et d'orienter ses auditeurs dans la direction souhaitée. Si la phrase était rigoureusement référentielle, l'entre-

prise serait simple; mais puisqu'elle entend précisément provoquer une réponse tout à la fois indéfinie et inscrite dans un certain
cadre, l'une des solutions possibles consistera à mettre l'accent sur
un ordre de suggestions, à réitérer le stimulus en recourant à des
références analogues.

3. *La suggestion dirigée* (ou *la double organisation de l'objet esthé-*
tique).

« *Cet homme vient de Bassora par Bisha et Dam, Shibam, Tarib et*
Hofuf, Anaiza et Buraida, Medina et Khaibar, il a remonté tout le cours
de l'Euphrate jusqu'à Alep. » Voilà une façon de réitérer l'effet : les
moyens en sont quelque peu primitifs, mais capables cependant
d'enrichir par des suggestions phoniques l'imprécision des références, de matérialiser l'imaginaire par l'auditif [15]. Or, le fait d'étayer
ainsi une référence imprécise et un jeu de souvenirs par un recours
plus direct à la sensibilité, sous forme d'artifices sonores, nous
amène incontestablement au bord d'un type de communication
particulier qu'on peut qualifier d' « esthétique » au sens large de
ce mot [16].

Qu'est-ce qui détermine ce passage à l'esthétique ? C'est le fait
que l'on tente délibérément d'unir une donnée *matérielle* à une
donnée *conceptuelle,* le son aux réalités que l'on veut signifier. Cette
tentative reste ici maladroite et élémentaire : les termes en sont
encore mal liés, l'association du son et du signifié presque accidentelle, conventionnelle en tout cas, et fondée sur l'habitude qu'on
prête à l'auditeur d'entendre prononcer des noms semblables en
référence à l'Arabie et à la Mésopotamie.

Prenons un nouvel exemple, plus riche en possibilités celui-là.
Hippolyte décide de quitter sa patrie pour se lancer à la recherche
de Thésée; mais Théramène sait que la véritable raison de ce
départ est ailleurs, il devine une douleur plus secrète. Les lieux de
son enfance ont perdu, répond Hippolyte, leur douceur depuis qu'ils
sont infestés par la présence de Phèdre. Pas seulement parce que
Phèdre lui est hostile; sa méchanceté est plus qu'un trait de caractère :
quelque chose fait d'elle un être odieux; c'est précisément ce qui la
constitue en personnage tragique et c'est ce que Racine veut exprimer dès maintenant, de façon que le « caractère » soit défini une fois
pour toutes et que l'action apparaisse comme l'approfondissement

d'une fatalité inéluctable. Le mal, en Phèdre, est celui même de sa race. Un simple énoncé généalogique doit emplir le spectateur d'horreur : Minos est son père, et sa mère, Pasiphaé. Prononcée devant un guichet d'état civil, cette phrase aurait une valeur strictement référentielle; prononcée devant le public, son effet est infiniment plus puissant en même temps qu'indéfini.

Minos est redoutable de par son caractère infernal, et Pasiphaé repoussante de par l'acte bestial qui la rendit célèbre. Phèdre, au début de la tragédie, n'est rien encore, mais déjà ces noms créent autour d'elle un halo d'horreur. Plantés devant un décor baroque, Hippolyte et Théramène s'expriment en élégants alexandrins du XVIIe siècle; mais la seule mention des deux personnages mythiques ouvre à l'imagination un nouveau champ de suggestions. Avec l'énoncé de ces deux noms, Racine a donc obtenu un premier effet de *suggestion*. Seulement, Racine veut plus : il entend créer une *forme*, il recherche un effet *esthétique*. Les deux noms ne doivent dès lors pas se présenter comme une communication quelconque, et jouer de la seule force des suggestions désordonnées qu'ils comportent. Si la référence généalogique doit fixer les coordonnées tragiques de ce qui va se dérouler, la communication devra s'imposer au spectateur de façon que la suggestion opère à coup sûr et ne s'épuise pas dans le jeu de références auquel l'auditeur a été convié; il faut que chacun puisse revenir aussi souvent qu'il le veut sur la forme de l'expression proposée, pour y trouver le stimulus de nouvelles suggestions. Une expression telle que *Cet homme vient de Bassora* fait un certain effet à la première audition; elle appartient ensuite au répertoire du déjà entendu; une fois la première surprise et la première divagation passée, l'auditeur ne se sent convié à aucun nouvel itinéraire imaginatif. Il en ira tout autrement si chaque fois qu'on retourne à l'expression, on y trouve de nouvelles raisons de plaisir et de satisfaction, si l'invitation à un itinéraire mental est enveloppée dans le stimulus matériel, si la formulation du propos est réussie au point qu'elle ne cesse d'étonner par son efficacité, si elle se donne comme un miracle d'équilibre et d'organisation au point qu'il devient impossible de séparer le référé conceptuel du stimulus sensible. On goûtera alors tout à la fois la référence indéfinie et la manière dont cet indéfini est suggéré, la précision du mécanisme qui invite à l'imprécision.

C'est ainsi que Racine enferme la généalogie de Phèdre en un seul alexandrin que sa force incisive et sa symétrie portent au comble de la virtuosité, avec la répartition des deux noms dans les deux moitiés du vers, et l'énonciation en second rang du nom plus profondément suggestif, plus atroce, de la mère :

> Depuis que sur ces bords les Dieux ont envoyé
> La fille de Minos et de Pasiphaé.

Désormais, ce dernier nom, avec le cortège de réalités vagues auxquelles il se réfère, a cessé de s'appartenir; il n'appartient pas davantage au spectateur auquel il permettrait de suivre des rêves imprécis (considérations morbides ou moralisantes sur la bestialité, sur la puissance de la passion incontrôlée, sur la barbarie de la mythopoétique classique ou sur sa sagesse archétypale...). Désormais, le nom de Pasiphaé appartient au vers, à sa mesure indiscutable, au contexte de sons dans lequel on l'a introduit, au rythme irrépressible du discours théâtral, à la dialectique de l'action tragique. Les suggestions sont voulues, provoquées, appelées dans les limites déterminées par l'auteur ou plus exactement par la machine esthétique qu'il a mise en mouvement. Cette machine n'ignore pas les capacités personnelles de réaction des spectateurs; au contraire, elle les fait intervenir, elle y voit même la condition de son fonctionnement et de sa réussite : mais elle les oriente et les domine.

LE STIMULUS ESTHÉTIQUE : DOUBLE ORGANISATION ET TRANSACTION

Parvenus à ce point, nous pouvons noter que si la division du langage en *référentiel* et *émotionnel* nous a permis d'aborder le problème de l'utilisation esthétique du langage, ce n'est pas elle, en revanche, qui le résout. Nous avons vu que la différence entre référentiel et émotionnel ne concerne pas tant la *structure* de l'expression que son *utilisation* (et, par conséquent, la situation dans laquelle la phrase est prononcée). Nous avons vu une série de phrases référentielles acquérir, dans des circonstances données, une valeur émotionnelle. On pourrait faire l'expérience inverse avec des expressions à l'origine *impératives,* donc émotionnelles, et qui, dans certaines situations, deviennent référentielles : sur une autostrade italienne, la signalisation « Attention » indique sans équivoque possible la proximité d'une voie d'entrée ou de sortie. En réalité, l'utilisation d'une expression dans *un* but déterminé (référentiel ou émotionnel) joue toujours sur les *deux* possibilités à la fois. A cet égard, le cas de certaines communications suggestives est significatif : le halo émotionnel y résulte précisément de ce que le signe utilisé pour son ambiguïté est en même temps reçu comme une référence précise. Le signe « Minos » manie la réalité culturelle et mythologique à laquelle il se réfère sans équivoque, en même temps que la vague d'émotions qui s'associe au souvenir du personnage et la réaction instinctive aux suggestions phoniques qu'il suscite (lesquelles sont à leur tour mêlées de références confuses et oubliées, d'hypothèses concernant des significations possibles, et de significations arbitraires [17]).

Au seuil de l'expression artistique, on s'aperçoit donc que la valeur esthétique n'est pas davantage du côté du langage émotionnel que du côté du langage référentiel; la théorie de la métaphore, par exemple, fait un ample usage des références. L'usage esthétique du langage (le langage poétique) implique en fait une utilisation *émotionnelle des références,* et une utilisation *référentielle des émotions* : la réaction sentimentale a précisément pour but de diriger l'attention sur une zone de signification; on prévoit et suscite des références qui ne sont pas absolument univoques, et des émotions qui ont une précision, liée au terme qui les supporte.

Tout cela s'opère à travers une identification, dans le matériau, du *signifiant* et du *signifié,* du « véhicule » et de la « teneur ». En d'autres termes, le signe esthétique est ce que Morris appelle un *signe iconique :* le renvoi sémantique ne s'épuise pas dans la référence au denotatum, mais s'enrichit chaque fois que l'on jouit de la manière irremplaçable dont il fait corps avec le matériau qui lui donne sa structure; *la signification revient continuellement sur le signe et s'enrichit ainsi d'échos nouveaux* [18].

Tout ceci ne résulte d'ailleurs pas d'un miracle impossible à expliquer en termes de psychologie transactionnelle. Le stimulus esthétique semble organisé de telle sorte que celui qui le reçoit ne peut se borner à accomplir la simple opération d'une communication à usage purement référentiel et qui consiste à diviser les composants de l'expression pour identifier chacune des réalités signifiées. Lorsqu'il s'agit d'un stimulus esthétique, le bénéficiaire ne peut isoler un signe pour le relier de manière univoque à sa signification traditionnelle : il doit saisir le denotatum dans son ensemble. Chaque signe se présentant comme lié à un autre et recevant des autres sa physionomie complète, ne fournit plus qu'une indication vague. Chaque denotatum, étant forcément lié à d'autres denotata, ne peut être perçu que comme ambigu [19].

Ce qui, dans le « chant stimulant » esthétique, lie ainsi les signes, ce sont des habitudes enracinées chez le récepteur (et formant ce qu'on nomme son goût) : la rime, le mètre, les proportions conventionnelles, les références au réel, au vraisemblable, les habitudes stylistiques. La forme se présente alors comme un tout nécessaire et justifié que nous sentons ne pouvoir morceler.

Devant ce signifié multiforme, non univoque, la première phase du processus de compréhension nous laisse à la fois satisfaits et insatisfaits, du fait de sa variation même. Il s'ensuit un retour à l'expression initiale, retour que nous faisons enrichis de références complexes qui, inévitablement, mettent en jeu le souvenir d'expériences antérieures; la seconde de compréhension se nourrira de ces souvenirs mêlés aux référents (ou signifiés) apparus avec cette deuxième prise de contact. De leur côté, ces référents seront différents de ceux du premier contact, la complexité du champ stimulant s'offrant tout naturellement à une nouvelle perspective, selon une nouvelle hiérarchie des stimuli : en reportant notre attention une nouvelle fois sur l'ensemble des stimuli, nous faisons passer au premier plan des signes que nous avions d'abord vus en raccourci et vice versa. Dans l'acte transactif qui combine la masse des souvenirs convoqués, le système des référents surgi pendant la seconde phase et celui qui provient de la première (qui intervient à titre de souvenir, d' « harmonique » pendant la deuxième), la signification s'enrichit. Plus la compréhension se complique, plus l'expression originelle — dans la matière qui la constitue — loin de s'épuiser, se renouvelle, se prête à des « lectures » approfondies. Il se produit ainsi une véritable réaction en chaîne, caractéristique du champ stimulant esthétique et de cette organisation des stimuli qu'on appelle généralement la « forme ».

Théoriquement, cette réaction est illimitée; en fait, elle ne s'interrompt que lorsque la forme cesse d'être pour nous stimulante; et ce recul a évidemment parmi ses causes un relâchement de l'attention, une sorte d'accoutumance aux stimuli : d'une part, les signes qui les composent, à force d'être mis au point — comme un objet trop regardé ou un mot dont on s'est représenté le signifié jusqu'à l'obsession — engendrent une sorte de satiété et semblent émoussés (mais au vrai, c'est la sensibilité seule qui est momentanément émoussée); d'autre part, les souvenirs qui viennent s'intégrer à la perception, au lieu de rester les produits spontanés d'une excitation de la mémoire, se présentent, avec l'habitude, comme des schémas tout faits, des résumés depuis longtemps élaborés. Le processus de la jouissance esthétique se trouve ainsi bloqué, et la forme contemplée se réduit à un schéma conventionnel, où notre sensibilité trop longtemps excitée se repose. C'est ce qui se produit lorsqu'on a écouté pendant des années une œuvre musicale. Il arrive un moment où l'œuvre ne nous semble encore belle que parce que nous nous sommes habitués à la considérer comme telle; nous ne jouissons plus en l'écoutant que du souvenir des émotions jadis éprouvées; nous n'éprouvons plus en fait aucune émotion, et la sensibilité, n'étant plus stimulée, cesse d'entraîner imagination et intelligence dans de nouvelles aventures de la compréhension. La forme s'est pour un temps épuisée.

Pour donner à la sensibilité une fraîcheur nouvelle, il faut lui imposer une longue quarantaine. Nous retrouverons alors notre étonnement devant les suggestions de l'œuvre. Nous ne nous serons pas seulement déshabitués de l'effet produit par les stimuli et leur organisation; la plupart du temps, notre intelligence a mûri, notre mémoire s'est enrichie, notre culture s'est approfondie dans l'intervalle et il n'en faut pas davantage pour que la forme originelle puisse éveiller certaines zones de l'intelligence ou de la sensibilité qui ne jouaient pas auparavant et qui reconnaissent maintenant une provocation dans le champ stimulant de base.

Il peut advenir aussi que le temps soit impuissant à faire renaître l'étonnement et le plaisir d'autrefois, et qu'une forme soit pour nous définitivement morte : soit que notre développement intellectuel se soit atrophié, soit que l'œuvre, en tant qu'organisation de stimuli, s'adresse à un auditeur différent de celui que nous sommes aujourd'hui. Cette dernière expérience peut signifier plus généralement qu'une forme née dans un milieu culturel déterminé devient inutile dans le nôtre, ses stimuli pouvant garder d'ailleurs un pouvoir de référence et de suggestion pour les hommes d'une troisième époque, mais non pour ceux d'aujourd'hui. Nous participons alors à l'aventure collective du goût et de la culture, et faisons l'expérience de cette perte de connaturalité entre l'œuvre et le public qui caractérise les époques culturelles et introduit dans la critique le chapitre consacré à la « fortune » des œuvres. Il serait inexact d'affirmer en pareil cas que l'œuvre est morte, ou que notre époque est incapable de comprendre la véritable beauté ; autant d'expressions naïves et aventurées qui renvoient à une imaginaire objectivité et immutabilité de la valeur esthétique, supposée indépendante du processus transactif. La vérité est que pour une période déterminée de l'histoire de l'humanité (ou de notre histoire personnelle), certaines possibilités de transaction (donc de compréhension) se trouvent bloquées. Lorsqu'il s'agit de phénomènes relativement simples, de la compréhension d'un alphabet par exemple, ce blocage des possibilités transactives est aisément explicable : si aujourd'hui nous ne comprenons plus la langue étrusque, c'est que nous avons perdu la clef de son alphabet, le *code,* et n'avons pas le système d'équivalence qu'a été la pierre de Rosette pour les hiéroglyphes égyptiens. Lorsqu'il s'agit de phénomènes complexes, tels que la compréhension d'une forme esthétique, dans laquelle entrent en jeu des facteurs matériels, des conventions sémantiques, des références linguistiques et culturelles, des dispositions de la sensibilité et des décisions de l'intelligence, les raisons du blocage deviennent bien moins saisissables : on est ainsi amené à considérer l'impossibilité de comprendre comme un phénomène mystérieux, ou à la valoriser comme un signe de plus grande maturité — ainsi qu'il est arrivé aux hommes du XVIIIe siècle à propos de l'art du Moyen Age. Il s'agit en réalité de phénomènes esthétiques que l'esthétique elle-même — si elle peut établir de manière générale leur possibilité — est incapable d'expliquer dans le détail. Une telle entreprise touche à la fois à la psychologie, à la sociologie, à l'anthropologie, à l'économie et à toutes ces sciences qui ont précisément pour tâche d'étudier les changements à l'intérieur des cultures.

Ce qui précède a permis d'établir que si nous croyons trouver dans toute œuvre d'art une profondeur toujours renouvelée, une totalité inclusive, bref une « ouverture », *cette expérience a pour fondement et la double organisation de la forme esthétique et la nature transactionnelle du processus de compréhension.* L'ouverture et la « totalité » ne tiennent pas aux stimuli *objectifs,* qui sont en eux-mêmes matériellement déterminés; elles ne dépendent pas davantage du sujet qui par lui-même est disposé à toutes les ouvertures et à aucune : elles résident dans le *rapport de connaissance,* au cours duquel se réalisent les ouvertures suscitées et dirigées par les stimuli, eux-mêmes organisés selon l'intention esthétique.

LA VALEUR ESTHÉTIQUE ET LES DEUX « OUVERTURES »

Maintenant, nous le savons : *l'ouverture* est la condition même de la jouissance esthétique, et toute forme dont on peut jouir pour ce qu'elle est dotée d'une valeur esthétique, est « ouverte ». Elle l'est, nous l'avons vu, alors même que l'artiste tend à une communication univoque et non ambiguë.

Reste que l'étude des œuvres ouvertes contemporaines met en lumière autre chose, une intention d'ouverture *explicite* et portée à son extrême limite; cette ouverture ne se base plus seulement sur les caractères propres de l'objet esthétique, sur sa composition, mais sur les *éléments* mêmes qui y entrent. En d'autres termes, le fait qu'une phrase de *Finnegans Wake* puisse prendre une infinité de significations ne témoigne pas seulement de son accomplissement esthétique, comme ce serait le cas pour un vers de Racine : Joyce veut quelque chose de plus, quelque chose de différent; il organise esthétiquement *un appareil référentiel qui est déjà, par lui-même, ouvert et ambigu.* Comme, d'autre part, l'ambiguïté référentielle des signes ne peut être séparée de leur organisation esthétique, l'une et l'autre se soutiennent et se justifient mutuellement.

Pour éclairer ce qui vient d'être dit, nous comparerons quelques vers de la *Comédie* à un passage de *Finnegans Wake.*

Dante veut expliquer la nature de la Trinité, donc communiquer le concept le plus élevé et le plus difficile de tout son poème; ce concept, par ailleurs, a déjà été éclairé de manière univoque par la spéculation théologique et est, du moins selon l'idéologie dantesque, passible d'une seule interprétation, l'interprétation orthodoxe. Le poète utilise donc des mots dont chacun correspond à une réalité précise :

> O Luce eterna, che sola in Te sidi,
> Sola t'intendi,e, da te intelletta
> Ed intendente te, ami ed arridi [20]!

Ainsi que nous venons de le dire, le concept trinitaire a pour la théologie catholique un contenu univoque. Et Dante lui-même n'en accepte et n'en propose qu'une seule et unique interprétation. Néanmoins, il en donne une formulation entièrement originale, lie les idées au matériau phonique et rythmique, en sorte que celui-ci exprime, avec le concept, l'élan de contemplation joyeuse qui accompagne sa compréhension [21]. Valeurs référentielles et valeurs émotionnelles se fondent en une forme matérielle désormais indissociable. La notion théologique s'associe si étroitement à la manière dont elle est exposée qu'il devient impossible de lui attribuer une formulation plus efficace ou plus dense. Corrélativement, chaque fois que l'on relit ce tercet, l'idée du mystère trinitaire s'enrichit de nouvelles émotions et de suggestions nouvelles et, à chaque lecture, sa signification, bien qu'univoque, semble s'approfondir un peu plus.

Au ve chapitre de *Finnegans Wake*, Joyce veut décrire une mystérieuse lettre trouvée dans un tas de fumier et dont la signification est indéchiffrable parce que multiforme; cette lettre est l'image même de *Finnegans*, ou mieux, l'image de l'univers, tel que *Finnegans* en donne le reflet linguistique. La définir, c'est donc définir la nature même du cosmos : définition aussi importante que l'est pour Dante celle de la Trinité. Mais, tandis que la *Comédie* donne de la Trinité un seul concept, l'ensemble cosmos-*Finnegans Wake*-lettre est un « chaosmos » et le définir équivaut à en indiquer, à en suggérer l'ambiguïté fondamentale. L'auteur doit parler d'un objet non univoque, en utilisant des signes non univoques reliés entre eux par des rapports non univoques. La définition s'étend sur des pages et des pages, mais chaque phrase ne fait au fond que proposer à nouveau dans une perspective différente la même idée de base ou plutôt le même champ d'idées. Nous reviendrons sur tout cela à la fin de ce livre. Voici pour le moment un exemple, choisi au hasard :

« *From quiqui quinet to michemiche chelet and a jambebatiste to a brulobrulo ! It is told in sounds in utter that, in signs so adds to, in universal, in polygluttural, in each ausiliary neutral idiom, sordomutics, florilingua, sheltafocal, flayflutter, a con's cubane, a pro's tutute, strassarab, ereperse and anythongue athall.* »

Le caractère chaotique, la polyvalence, les multiples sens de ce *chaosmos* rédigé dans toutes les langues, le fait qu'il reflète l'histoire entière (Quinet, Michelet), à l'intérieur des cycles de Vico (jambebatiste), la dispersion d'un glossaire barbare (polygluttural), l'évocation du supplice de Bruno (brulobrulo), les deux allusions obscènes qui unissent étymologiquement le péché à la maladie : voilà tout ce qui nous est ici suggéré — et nous sommes restés à la première ébauche d'interprétation — à partir de l'ambiguïté des racines sémantiques et du désordre de la construction syntactique.

Cette pluralité *sémantique* ne détermine pas encore la valeur *esthétique*. Mais c'est bien la multiplicité des racines qui provoque la hardiesse et la richesse suggestive des phonèmes, et inversement une racine nouvelle est souvent suggérée par le rapport de deux sons, si bien que le *matériau* auditif et le *répertoire* des références sont indissolublement liés. D'un côté, le souci de rendre la communication ambiguë et ouverte influe sur l'organisation concrète du discours et détermine sa densité sonore, sa valeur de provocation ; de l'autre côté, l'organisation formelle de ce matériau, le calibrage des rapports sonores et rythmiques, réagissent sur le jeu des références et des suggestions, l'enrichissent : le résultat est un équilibre organique, qui interdit désormais de rien arracher à l'ensemble, fût-ce la plus vague étymologie.

Le tercet de Dante et la phrase de Joyce procèdent finalement de manière analogue : un ensemble de valeurs intellectuelles et émotionnelles se mêlent à des valeurs matérielles pour constituer une forme organique. L'une et l'autre de ces formes, considérée sous son aspect esthétique, se révèle « ouverte » à une jouissance toujours renouvelée et toujours plus profonde. Mais dans le cas de Dante, on goûte d'une manière toujours nouvelle la communication d'un message *univoque*. Dans le cas de Joyce, en revanche, l'auteur entend faire goûter de manière toujours différente un message qui, en lui-même (et grâce à la forme qui le réalise), est *plurivoque*.

Cette valeur que l'art contemporain recherche intentionnellement et que nous avons tenté d'identifier chez Joyce est celle-là même que la musique sérielle entend réaliser en libérant l'écoute des voies traditionnelles de la tonalité et en multipliant les paramètres à partir desquels organiser et goûter le matériau sonore. C'est cette même valeur encore que poursuit la peinture informelle, lorsqu'elle entend proposer pour un tableau non plus une, mais plusieurs directions de lecture ; il en va de même pour le roman lorsqu'il ne se borne plus à raconter une seule aventure, une seule intrigue, mais veut amener le lecteur à identifier dans un seul texte plusieurs aventures et intrigues.

Théoriquement, cette valeur ne se confond pas avec la valeur esthétique : pour être efficace, le projet de communication plurivoque doit, comme tout autre, s'incorporer à une forme réussie ; mais en fait il ne se réalise même pas comme plurivoque sans cette « ouverture » fondamentale qui fait une œuvre artistique réussie. Réciproquement, la valeur de plurivocité caractérise les formes qui la réalisent, à tel point que leur réussite esthétique ne peut être goûtée, évaluée et expliquée que par référence à elle. Autrement dit, on ne peut apprécier une composition atonale sans prendre en considération le fait qu'elle entend réaliser une sorte d'« ouverture » face aux rapports fermés de la grammaire tonale : et elle n'est valable que si elle y parvient.

Cette valeur, cette espèce d'« ouverture » au second degré à laquelle aspire l'art contemporain, pourrait se définir en termes de *signification,* comme l'accroissement et la multiplication des sens possibles du message. Mais le mot lui-même prête à équivoque : certains se refusent à parler de signification à propos d'un tableau non figuratif ou d'une constellation de sons. Nous définirons donc plutôt la nouvelle ouverture comme un accroissement d'information.

Mais avec une telle définition, notre recherche passe sur un nouveau plan et engage un nouveau détour ; pour saisir les poétiques contemporaines, il nous faut à présent déterminer si et dans quelle mesure on peut utiliser en esthétique la *théorie de l'information*.

NOTES

1. *Breviario di Estetica,* Bari, Laterza, 9ᵉ éd., 1947, p. 134.

2. *Op. cit.,* p. 137.

3. JOHN DEWEY, *Art as Experience,* New York, Minton, Balch & Cº, 1934, ch. IX.

4. DEWEY a même été accusé d'idéalisme par S. C. Pepper (*Some Questions on Dewey's Aesthetics,* in *The Philosophy of J. D.,* Evanston and Chicago, 1939, p. 371 et suiv.). Selon Pepper, l'esthétique de Dewey réunit les deux tendances incompatibles de l'organicisme et du pragmatisme.

5. DEWEY, *op. cit.,* ch. IX.

6. *Op. cit.,* ch. IV.

7. *Op. cit.,* ch. V.

8. *Op. cit.,* ch. VI. Il suit de là que « la portée d'une œuvre d'art se mesure au nombre et à la variété des éléments provenant d'expériences antérieures qui sont absorbés dans la perception actuelle ».

9. *Op. cit.,* ch. VI. On peut dire que « le Parthénon ou toute autre œuvre d'art est universelle dans la mesure où elle peut continuellement inspirer de nouvelles réalisations personnelles dans l'expérience qu'on en fait ».

10. Pour une série de preuves expérimentales, Cf. *Explorations in Transactional Psychology,* F. P. Kilpatrick, New York Un. Press, 1961. Voir également dans notre prochain chapitre le paragraphe « Information et interaction psychologique ».

11. NICOLAS RUWET, *Préface* aux *Essais de linguistique générale* de Roman Jakobson, *op. cit.,* p. 21.

12. R. JAKOBSON, *op. cit.,* p. 28.

13. Dans l'analyse suivante nous aurons recours, comme à des instruments de travail commodes, aux notions d'usage *référentiel* et d'usage *émotionnel* du langage (Cf. C. K. Ogden et I. A. Richards, *The Meaning of*

Meaning, London 1923, en particulier au ch. VII). L'usage référentiel d'un mot suppose : 1. qu'il existe une réalité correspondante, 2. que la correspondance entre le symbole linguistique et le référent est vérifiable. L'usage émotionnel exploite, lui, le pouvoir qu'a le symbole d'évoquer des sentiments, des comportements, des intentions. Ceci ne signifie pas que nous assimilions purement et simplement l'usage émotionnel avec l'usage esthétique du langage, ni même que nous distinguions radicalement entre l'usage émotionnel et l'usage référentiel : les pages qui suivent en feront foi. Enfin, nous emploierons, à l'occasion, pour désigner le symbole et le référent les termes, proposés par Ch. Morris, de *signe* et de *denotatum.*

14. La signification d'un mot peut être déterminée par la réaction psychologique de l'auditeur : c'est son aspect *pragmatique.* Sous l'aspect *sémantique,* on envisage le rapport entre le symbole et la réalité signifiée, entre le signe et son denotatum. L'aspect *syntaxique,* enfin, concerne l'organisation réciproque des mots à l'intérieur du discours. Pour toute cette classification, Cf. Ch. Morris, *Foundations of the Theory of Signs* in *Int. Encyclopedia of Unified Science,* I, 2, Chicago, 1938.

15. Toute cette analyse tient pour admise la décomposition de l'acte de parole en quatre facteurs : l'*émetteur,* le *récepteur,* le *message,* et le *code* (qui, comme nous l'avons vu, ne recourt pas seulement à une *koinè* de définitions logiques et abstraites, mais également à des dispositions émotionnelles, des goûts, des habitudes culturelles, en un mot à un « fichier de représentations préfabriquées, de possibilités déjà prévues et préparées »).

16. Les états de contemplation esthétique doivent leur plénitude et leur richesse à l'action de la mémoire; la mémoire dont il s'agit en l'occurrence n'est pas limitée et spécialisée comme celle que requiert le rapport référentiel; c'est une mémoire qui agit plus librement, pour donner à la sensibilité de l'ampleur. Cette situation détermine chez nous une ouverture à des stimuli plus nombreux et hétérogènes, par la disparition des inhibitions qui canalisent généralement nos réponses ». (Ogden et Richards, *op. cit.,* p. 157.)

17. On atténuera la rigidité des premières distinctions de Ogden et Richards en recourant aux conclusions de Ch. Stevenson (*Ethics and Language,* Yale Un. Press, 1944, ch. III, 8). Selon Stevenson, accroître les possibilités descriptives (référentielles) du langage et accroître ses possibilités émotionnelles ne constituent pas deux phénomènes distincts : dans l'expression métaphorique, les aspects cognitifs influent sur les aspects émotionnels du discours. Par suite, signification descriptive et émotionnelle sont ici « des *aspects* distincts d'une même situation et non des *parties* de cette situation qui seraient susceptibles d'être étudiées séparément ». Examinant ensuite un type de signification qui n'est ni descriptif ni purement émotionnel mais dérive d'une incohérence grammaticale et détermine une sorte de « perplexité philosophique », la

« signification confuse » (on pensera ici aux mots ouverts et ambigus de Joyce), Stevenson conclut en disant qu' « il peut exister non seulement une signification émotionnelle liée à une signification descriptive, mais également une signification émotionnelle liée à une signification confuse ».

Les polémiques de l'école formaliste russe ont abouti à des résultats analogues. Aux environs de 1920, Chklovski et Iakoubinski avaient assimilé la poésie à la *fonction émotionnelle* du langage. Mais on corrigea bientôt ce point de vue. D'abord par une formalisation toujours plus grande de l'expression poétique : en 1925, Tomachevski reléguait au second plan la fonction de communication du langage poétique pour conférer une autonomie absolue aux *structures verbales* et aux *lois immanentes* qui régissent la poésie. Puis, aux alentours des années trente, les structuralistes du cercle de Prague tentèrent — en reprenant avec plus d'ampleur les thèmes de l'école formaliste — de voir dans l'œuvre poétique une *structure multidimensionnelle* où le niveau sémantique est, entre autres, intégré. « Les Formalistes authentiques avaient nié la présence d'idées et d'émotions dans l'œuvre poétique ou s'étaient bornés à déclarer dogmatiquement qu'il est impossible de tirer aucune conclusion d'une œuvre littéraire; les structuralistes, eux, ont mis l'accent sur l'inévitable ambiguïté de la proposition poétique qui se situe de façon précaire à différents niveaux sémantiques. » (Victor Erlich, *Russian Formalism*, La Haye, 1955.)

18. Selon CH. MORRIS (*Signs, Language and Behavior*, New York, Prentice-Hall, 1946) « un signe est *iconique* dans la mesure où il a lui-même les propriétés de ses denotata ». Cette définition est plus restrictive qu'on ne pourrait le croire : Morris remarque qu'un portrait ne peut être rigoureusement iconique « puisque la toile peinte n'a ni la structure de la peau ni la faculté du modèle de parler et de bouger ». En réalité, Morris corrige lui-même l'étroitesse de sa définition en reconnaissant que l'iconicité est une question de degré. L'onomatopée serait ainsi un excellent exemple de caractère iconique au sein du langage; on pourrait trouver également des caractéristiques iconiques à ces manifestations poétiques dans lesquelles style et contenu, matière et forme sont parfaitement accordés. Le caractère iconique devient ici synonyme de cette fusion organique des éléments de l'œuvre que tout notre chapitre cherche à élucider. Morris tentera plus tard de définir le caractère iconique propre à l'art en indiquant que « le signe esthétique est un signe iconique qui désigne une valeur » (*Science, Art and Technology* in « Kenyon Rev. », 1, 1939); ce que recherche le consommateur dans le signe esthétique, c'est précisément sa forme sensible, la manière dont il se présente. Wellek et Warren (in *Theory of Literature*, New York, Harcourt Brace and Cº, 1942) caractérisent le signe esthétique de la même façon : « La poésie organise un schéma de mots uniques et impossible à reproduire, chacun de ces mots étant à la fois objet et signe et étant utilisé d'une manière originale qu'aucun système extérieur à la poésie ne pouvait prévoir. »

19. STEVENSON (*op. cit.*, ch. III, 8) rappelle qu'il n'existe pas seulement ici une ambiguïté *(vagueness) sémantique* comme pour les termes éthiques, par exemple, mais de plus une ambiguïté *syntaxique* — et par suite une ambiguïté sur le plan pragmatique de la *réaction psychologique*. En termes structuralistes, Jakobson affirme que : « L'ambiguïté est une propriété intrinsèque, inaliénable, de tout message centré sur lui-même, bref, c'est un corollaire obligé de la poésie » (ceci renvoie naturellement à Empson, et à ses sept types d'ambiguïté). « La suprématie de la fonction poétique sur la fonction référentielle n'oblitère pas la référence (la dénotation), mais la rend ambiguë » (Essais, *op. cit.*, p. 238). Sur la parole poétique en tant qu'accompagnée de *tous les sens possibles*, voir l'essai de Roland Barthes, *Y a-t-il une écriture poétique ?* in *le Degré zéro de l'écriture*, Paris, Seuil, 1953. Ce sont les mêmes problèmes que se posaient les formalistes russes lorsqu'ils affirmaient que « le but de la poésie est de faire devenir perceptible la texture du mot dans tous ses aspects » (Eikhenbaum, *Lermontov*, Léningrad, 1924). En d'autres termes, l'essence du discours poétique consistait pour eux non dans l'absence, mais dans la multiplicité des significations.

20. *Ô lumière en toi-même assise, éterne, qui t'entends seule, et de toi entendue et te pensant ris à toi-même et t'aimes !* Paradis, XXXIII, 124-126 (trad. André Pézard, Bibl. de la Pléiade, Gallimard éd.)

21. On remarquera dans le texte de Dante l'accumulation progressive des « i » qui atteint son point culminant dans le « arridi » final; ce mot est par là renforcé et devient le principal véhicule de l'exultation qui caractérise tout le tercet. Disons avec Jakobson que « une accumulation, supérieure à la fréquence moyenne, d'une certaine classe de phonèmes, ou l'assemblage contrastant de deux classes opposées, dans la texture phonique d'un vers, d'une strophe, d'un poème, joue le rôle d'un *courant sous-jacent de signification,* pour reprendre la pittoresque expression de Poe. » (*Essais, op. cit.*, p. 241.)

3

Ouverture, information, communication

Les notes du chapitre III se trouvent p. 109 à 114.

En nous proposant des œuvres dont la structure exige de nous une intervention particulière, souvent même une reconstruction continuelle, les poétiques de l' « ouverture » reflètent l'attrait exercé sur toute notre culture par le thème de l'indéterminé : nous sommes fascinés par les processus au cours desquels s'établit, au lieu d'une série d'événements univoque et nécessaire, un champ de probabilité, une situation apte à provoquer des choix opératoires ou interprétatifs toujours renouvelés.

Cette situation esthétique singulière, ainsi que la difficulté de définir exactement l' « ouverture » à laquelle aspirent les créateurs, va nous amener à examiner une construction scientifique, la théorie de l'information, dans laquelle il nous semble pouvoir découvrir des indications utiles à notre recherche. Cet examen a deux raisons : d'une part, nous pensons que certaines poétiques reflètent à leur manière la situation culturelle dont sont sorties les recherches sur l'information ; d'autre part, nous croyons que certains instruments révélés par les recherches sur l'information peuvent être utilisés, avec des transpositions nécessaires, dans le domaine esthétique (d'autres l'ont fait avant nous, nous le verrons). On objectera sans doute qu'il ne peut exister de rapports effectifs entre les recherches de la *science* et les opérations de l'*art,* et que tout parallèle est ici gratuit. Afin, donc, d'éviter des transpositions hâtives et superficielles, nous examinerons au préalable les principes généraux de la théorie de l'information ; nous verrons ensuite quels rapports peuvent exister entre information et esthétique, et à quelle condition on peut utiliser les méthodes de l'une dans le champ de l'autre.

LA THÉORIE DE L'INFORMATION

La « théorie » cherche à évaluer la quantité d'information contenue dans un message.

Si, par exemple, le bulletin météorologique en date du 4 août communique : « Demain il ne neigera pas », l'information reçue est très pauvre ; il s'agit d'une donnée si prévisible que la quantité de mon savoir, et ma capacité de prévoir les événements du lendemain, ne s'en trouvent pas accrues. Si, en revanche, le bulletin météorologique annonce : « Demain 5 août, il neigera », je reçois une quantité d'information considérable, vu l'improbabilité du phénomène annoncé.

La quantité d'information d'un message est également fonction de la conscience que j'ai de pouvoir faire plus ou moins confiance à qui me renseigne : quand je demande à un agent immobilier si la maison qu'il me présente est ou non humide, je tire de sa réponse négative une information peu considérable et reste tout aussi incertain quant à la vérité du fait. Mais si l'agent me répond affirmativement, contre toute attente et contre son propre intérêt, je reçois une quantité d'information importante et je sais véritablement quelque chose de plus sur le sujet qui m'intéresse.

L'information est donc une quantité *additive :* quelque chose qui s'ajoute à ce que je sais déjà, et qui se présente à moi comme une acquisition originale. La quantité d'information peut être évaluée par des procédés mathématiques [1] et s'exprimer en chiffres : tel est précisément le rôle de la théorie de l'information, et ses calculs s'adaptent à des messages de tous genres : symboles numériques ou linguistiques, séries de sons, etc.

Pour calculer la quantité d'information, il faut tenir compte du fait que le maximum de probabilité qu'a un événement de se produire est 1, et le minimum 0. La probabilité mathématique d'un événement oscille donc entre un et zéro. Une pièce de monnaie lancée en l'air a autant de chances de retomber sur le côté pile que sur le côté face : la probabilité d'une retombée sur le côté pile est de 1/2. S'il s'agit d'un dé, la probabilité d'une retombée sur le 3, par exemple, est de 1/6. La probabilité que deux événements indépendants se produisent simultanément est le produit de leurs probabilités individuelles : ainsi la probabilité que deux dés tombent l'un sur le 1 et l'autre sur le 6 est de 1/36.

Cela posé, la définition mathématique de l'information s'obtiendra par l'utilisation des logarithmes. La relation qui existe entre une série d'événements susceptibles de se produire et la série des probabilités relatives à ces mêmes événements s'établit comme un rapport entre une progression arithmétique et une progression géométrique; ce rapport s'exprime précisément par un logarithme, la seconde série étant le logarithme de la première. L'expression la plus simple d'une quantité donnée d'information est la suivante :

$$\text{information} = \log. \frac{\text{probabilité qu'a le récepteur après réception du message}}{\text{probabilité qu'avait le récepteur avant réception du message.}}$$

Si l'on m'annonce que la pièce de monnaie est tombée côté pile, on aura :

$$\text{Log} \frac{1}{1/2} = 2$$

Étant donné qu'après réception du message, la probabilité est toujours un, du moins en l'absence du *bruit* de fond dont nous parlerons plus bas, on peut écrire :

information = — log (probabilité pour le récepteur avant réception du message)

Dans le cas de la pièce de monnaie :

$$- \log (1/2) = \log 2$$

La théorie de l'information, qui procède par choix binaires, utilise des logarithmes de base 2, et désigne l'unité d'information par le terme de *bit* (ou *binit*), contraction des deux mots *binary digit* (signal binaire). L'emploi du logarithme de base 2 présente un avantage : comme $\log_2 2 = 1$, un *bit* d'information nous apprend laquelle des deux possibilités d'un événement se trouve réalisée.

Prenons un autre exemple. Soit un échiquier de 64 cases. Dans l'une de ces cases, on va poser un pion. Si un informateur annonce que le pion se trouve dans la case n° 48, l'information reçue peut être évaluée comme suit : étant donné qu'initialement les possibilités de deviner le numéro de la case étaient de 1/64, on pose l'expression :

$$-\log_2 (1/64) = \log_2 64 = 6$$

L'information reçue correspond par conséquent à 6 *bit*[2].

On peut en conclure que *la quantité d'information transmise par un message est le logarithme binaire du nombre d'alternatives susceptibles de définir le message sans ambiguïté*[3].

Pour mesurer la diminution ou l'augmentation de cette quantité, les théoriciens ont recours à un concept emprunté à la thermodynamique, et qui fait maintenant officiellement partie du bagage terminologique propre à la théorie de l'information : le concept d'*entropie*. Concept assez connu pour que tout le monde en ait entendu parler, concept suffisamment répandu pour que chacun l'entende à sa façon et l'utilise avec une certaine désinvolture. Il ne sera pas inutile de s'y arrêter un instant pour le dépouiller des interprétations qu'il doit à son origine thermodynamique et qui ne sont pas toujours légitimes.

En vertu du second principe de thermodynamique énoncé par Clausius, si une quantité déterminée de travail peut (conformément au premier principe) se transformer complètement en chaleur, chaque fois en revanche qu'une certaine quantité de chaleur se transforme en travail, on se trouve devant certaines limites qui empêchent le phénomène de se réaliser de manière complète. Pour qu'il y ait transformation de chaleur en travail, il faut qu'une machine détermine des échanges de chaleur entre deux corps placés à des températures différentes : la source de chaleur et le réfrigérant. La machine emprunte à la source une certaine quantité de chaleur, mais ne la transforme que partiellement en travail, puisqu'elle en cède une partie au réfrigérant. La chaleur Q se transforme donc en travail Q_1, plus la chaleur $Q - Q_1$ cédée au réfrigérant.

Soit une transformation de travail en chaleur (1er principe); lorsqu'on transforme à nouveau cette chaleur, on n'obtient plus la quantité de travail qui existait au départ. Il s'est produit une *dégradation* — ou comme on dit une *consommation* d'énergie qui ne sera plus récupérée. Certains procédés naturels ne sont donc pas entièrement réversibles. « Ces procédés ont une *direction* unique : avec chacun d'eux, le monde fait un pas en avant dont il est absolument impossible d'effacer la trace [4]. » Pour obtenir une mesure générale de l'irréversibilité, il faut prendre garde que la nature manifeste une sorte de préférence pour certains états (ceux vers lesquels évoluent les procédés irréversibles); il faut donc trouver une grandeur physique permettant d'évaluer quantitativement la préférence de la nature pour un état déterminé. Cette grandeur aura la propriété de croître dans tous les processus irréversibles. C'est l'*entropie*.

Le second principe de thermodynamique, qui affirme la « consommation » de l'énergie, est ainsi devenu le principe de l'entropie; de là qu'on associe l'idée d'entropie à celle de « consommation », et au corollaire en vertu duquel l'évolution de tout processus naturel vers une consommation croissante et une progressive dégradation de l'énergie annonce la « mort thermique » de l'univers.

Or, il faut souligner une fois pour toutes que l'entropie, si elle permet en thermodynamique de définir une « consommation » (et si, par conséquent, elle prend inévitablement une coloration pessimiste, en admettant que l'on soit autorisé à donner une « tonalité » aux réflexions scientifiques), est en réalité une *mesure statistique* et, par conséquent, un instrument mathématiquement neutre. En d'autres termes, l'entropie est la mesure d'un état d'*équiprobabilité maximum* auquel tendent les procédés naturels. C'est en ce sens qu'on dit que la nature a des préférences : la nature préfère un état plus uniforme à un état moins uniforme, et la chaleur passe d'un corps dont la température est plus élevée à un corps dont la température est plus basse, parce que l'état d'égale répartition de la chaleur est plus vraisemblable qu'un état d'inégale répartition. Autrement dit, la vitesse réciproque des molécules tend à un état d'uniformité plutôt qu'à cet état de différenciation dans lequel, certaines molécules se déplaçant plus rapidement que d'autres, se produisent les variations thermiques. Les recherches de Boltzmann sur la théorie cinétique des gaz ont mis en valeur le fait que la nature tend de préférence à un *désordre élémentaire,* dont l'entropie serait la mesure [5].

Il convient d'insister encore sur le caractère *purement statistique* du concept d'entropie, aussi purement statistique que l'est en définitive le principe d'irréversibilité : ainsi que l'a démontré Boltzmann, le processus de réversion à l'intérieur d'un système clos n'est pas impossible; il est seulement improbable. La collision des molécules d'un gaz est régie par des lois statistiques qui tendent vers une *uniformisation moyenne* des vitesses. Lorsqu'une molécule plus rapide heurte une molécule plus lente, il peut se faire que la seconde communique une part de sa vitesse à la première; mais il est statistiquement plus probable qu'à l'inverse, la molécule rapide ralentira sa course et réglera sa vitesse sur celle de la molécule lente, réalisant ainsi une plus grande uniformisation et, par suite, un accroissement du désordre élémentaire : « La loi de l'augmentation de l'entropie est donc garantie par la loi des grands nombres, familière à toute espèce de statistique; mais elle n'appartient pas à la catégorie des lois strictement physiques, telles les lois de la mécanique, qui n'admettent pas d'exceptions [6]. »

Reichenbach explique par un raisonnement fort simple comment on passe de la théorie de la « consommation » de l'énergie à l'utilisation du concept d'entropie par la théorie de l'information. La tendance *générale* à l'augmentation de l'entropie au cours des processus physiques, n'exclut pas qu'on puisse rencontrer (comme on le fait, au vrai, tous les jours) des processus physiques au cours desquels se produit une organisation, au cours desquels, donc, les événements se disposent selon une certaine *improbabilité* (il en va ainsi de tous les processus organiques), bref selon une *entropie décroissante.* Étant donné la courbe universelle de l'entropie, ces phases décroissantes sont ce que Reichenbach nomme des *Branch Systems* — c'est-à-dire des espèces de déviations, de ramifications à partir de la courbe — où l'interaction de certains événements conduit à une organisation d'éléments.

Prenons un exemple : dans la tendance générale au désordre et, par suite, à l'uniformité de disposition, que détermine l'action du vent sur les milliers de grains de sable qui constituent une plage, le brusque passage d'un être humain imprimant son pied sur la surface du sable représente un ensemble d'interactions qui aboutit à la configuration statistiquement très improbable de l'empreinte. Cette configuration qui est une *forme,* un fait d'organisation, va, évidemment, tendre à disparaître; en d'autres termes, si elle représente une ramification à partir de la courbe générale de l'entropie (ramification à l'intérieur de laquelle l'entropie elle-même décroît pour laisser place à un *ordre improbable*), ce système latéral tendra à être réabsorbé dans la courbe universelle de l'entropie croissante.

Auparavant, cependant, on a vu apparaître dans le cadre de ce système — en raison précisément de la régression du désordre élémentaire et de l'établissement d'un ordre — des rapports de cause à effet : la cause étant l'ensemble des faits qui ont agi sur les grains de sable (ici, le pied humain), et l'effet l'organisation qui en est résultée (ici, l'empreinte).

L'existence de rapports de cause à effet dans les systèmes organisés à entropie décroissante entraîne l'existence du « souvenir »; matériellement parlant, un souvenir est un enregistrement, « une disposition dont l'ordre demeure préservé, un ordre figé pour ainsi dire [7] ». Il nous aide à établir les chaînes causales, à reconstruire le fait. Et si la deuxième loi de la thermodynamique nous permet de découvrir et de fonder l'existence du souvenir, comme le souvenir n'est à son tour rien d'autre qu'un emmagasinement d'information, *il s'établit une étroite relation entre entropie et information* [8].

Aussi ne faut-il pas s'étonner de voir les théoriciens de l'information utiliser fréquemment le terme d'entropie. Mesurer la quantité d'information revient à mesurer l'ordre ou le désordre avec lesquels un message est organisé.

LE CONCEPT D'INFORMATION SELON WIENER

Selon Norbert Wiener — dont les recherches « cybernétiques » sur les possibilités de contrôle et de communication au niveau des hommes et des machines recourent fréquemment à la théorie de l'information — la quantité d'information que contient un message est déterminée par son degré d'organisation; l'information est la mesure d'un ordre; la mesure du désordre, autrement dit l'entropie, est le contraire de l'information.

Cela revient à dire que l'information contenue dans un message est déterminée par le pouvoir qu'il a de s'organiser selon un ordre particulier, échappant ainsi, à travers une organisation improbable, à cette équiprobabilité, à cette uniformité, à ce désordre élémentaire auxquels les événements naturels tendent de préférence.

Supposons que je jette en l'air, au hasard, un certain nombre de cubes sur les côtés desquels sont dessinées les lettres de l'alphabet; selon toute probabilité, ils retomberont en donnant une série de lettres privée de toute signification, par exemple AAASQMFLLN-SUHOI, etc. Cette série ne m'apprend rien de particulier; pour qu'elle m'apprenne quelque chose, il faudrait qu'elle soit organisée selon les règles orthographiques d'une langue déterminée, soumise à certains critères de grammaire; en un mot qu'elle possède l'organisation propre à une langue. Une langue est un fait humain, le type même du *branch system* dans lequel un grand nombre de faits sont intervenus pour créer un ordre et des rapports précis. Puisqu'elle est une organisation — puisqu'elle échappe à l'équiprobabilité du désordre —, la langue est un événement *improbable,* qui va contre la courbe générale de l'entropie. Mais cette organisation improbable pour la nature détermine à son tour, à l'intérieur des règles qui la régissent, *sa propre chaîne de probabilités :* si l'on rencontre par exemple au milieu d'un mot français deux consonnes qui se suivent, on peut prédire avec un taux de probabilité quasi absolu que la lettre suivante sera une voyelle. Dans le domaine musical, le système tonal est un exemple typique de langue (et par conséquent de *branch system*); il est extrêmement improbable par rapport aux faits acoustiques naturels (qui se répartissent sous forme de bruits blancs); mais à l'intérieur du système organisé qu'il constitue, il détermine des critères de probabilité en vertu desquels on peut prédire avec une quasi-certitude, au moins dans les grandes lignes, la courbe mélodique d'une suite de notes, par exemple la place de la tonique en tel point de la séquence.

La théorie de l'information, dans son étude de la transmission, considère précisément les messages comme des systèmes organisés,

76

régis par des lois fixes de probabilité, mais dans lesquels peut s'introduire, sous forme de perturbation venant de l'extérieur ou d'atténuation du texte même (tous ces éléments entrant dans la catégorie du « bruit »), un pourcentage de désordre, donc d'usure de la communication et d'augmentation de l'entropie. Si la signification est l'organisation du message selon des lois de probabilité (il s'agit ici des lois du système linguistique, et non de l'équiprobabilité statistique que l'entropie évalue de façon positive), le danger qui menace le message lui-même est le désordre dont l'entropie est la mesure. *L'entropie est ainsi la mesure négative de la signification d'un message* [9].

Pour que le message échappe à la « consommation »; pour faire en sorte que, malgré le bruit qui s'insinue et tend à troubler la réception, la signification (l'ordre) reste inaltéré dans ses lignes essentielles — bref, pour qu'une partie au moins du message survive au bruit — il faudra comme envelopper le message de réitérations de l'ordre conventionnel, d'une surabondance de probabilités bien déterminées. Cette surabondance de probabilités, c'est la *redondance*. Supposons que nous ayons à transmettre le message « je t'aime ». Admettons que cette phrase soit lancée sur une ligne de téléphone encombrée ou confiée à un télégraphiste inexpérimenté. Tous ces obstacles et accidents sont, du point de vue de l'information, des *bruits*. Pour être certain que le message sera reçu correctement et que la distance, ou les parasites, ne réduiront pas les traits distinctifs en sorte qu'on entende « je te hais », je puis prendre la précaution de dire : « je t'aime, mon amour ». A partir de ces éléments, et si mal qu'aillent les choses, la personne qui recevra le message aura la possibilité de le reconstituer. Selon les usages de la vie civilisée et le système de probabilités qui règle les rapports affectifs, lorsqu'on appelle quelqu'un « mon amour », c'est qu'on ne lui adresse pas des injures; la première moitié de la phrase sera éclairée du même coup.

En termes plus rigoureux, la redondance est, à l'intérieur d'un système linguistique donné, déterminée par l'ensemble des règles phonologiques, orthographiques et grammaticales. L'usage des pronoms, des particules, des flexions sont autant d'éléments aptes à compliquer l'organisation d'un message et à le faire mieux adhérer à une probabilité en écartant toutes les autres. Les voyelles elles-

77

mêmes sont, dans les mots, des éléments de redondance, qui rendent plus probable et compréhensible la disposition des consonnes (lesquelles déterminent le mot en question). Un ensemble de consonnes tel que CHVL peut suggérer le mot « cheval » mieux que ne le feraient les voyelles E A ; celles-ci s'insèrent néanmoins entre les consonnes pour rendre le mot complet et compréhensible : ce sont des traits *distinctifs* mais *redondants*. Lorsque les théoriciens de l'information établissent que la redondance de la langue anglaise est de cinquante pour cent, ils entendent que lorsqu'on parle anglais, 50 % de ce qu'on dit tient à ce qu'on veut communiquer, le reste étant déterminé par la structure de la langue et intervenant comme moyen supplémentaire de clarification. Un texte en style « télégraphique » est, au fond, un message dans lequel on a éliminé une partie des redondances (pronoms, articles, adverbes) — tout ce qui peut être supprimé sans que la signification disparaisse. La redondance ainsi éliminée se trouve d'ailleurs compensée par l'introduction de tournures conventionnelles, d'expressions stéréotypées, qui facilitent la compréhension du télégramme et constituent une *nouvelle forme* d'ordre et de probabilité.

Des lois de probabilité gouvernent si bien la récurrence des éléments d'une langue, qu'après avoir effectué une recherche statistique sur la structure morphologique des mots, on peut adopter d'avance un nombre x de lettres (choisies selon les critères de plus grande récurrence) et construire avec, au hasard, des séries de lettres qui auront beaucoup de points communs avec la langue sur laquelle on l'expérimente [10].

Seulement, de tout cela on doit conclure que l'ordre qui règle l'*intelligibilité* d'un message détermine également son caractère prévisible, en d'autres termes sa *banalité*. Plus un message est ordonné et compréhensible, plus il est prévisible : les messages de vœux et de condoléances, qui se plient à des critères de probabilités extrêmement limités, ont une signification très claire, mais nous apprennent fort peu de choses que nous ne sachions déjà.

DISTINCTION NÉCESSAIRE ENTRE SIGNIFICATION
ET INFORMATION

Devant une conclusion aussi peu satisfaisante, il paraît impossible d'accepter l'équivalence, communément admise depuis Wiener, entre la *signification* d'un message et l'*information* qu'il apporte.

Wiener disait en somme que signification et information sont des synonymes, liés l'un comme l'autre à l'*ordre* et au *système de probabilité,* opposés l'un comme l'autre à l'entropie et au désordre.

Or, nous avons déjà remarqué que l'information dépend également de la source dont provient le message. Si un message de vœux nous était envoyé par le président du conseil de l'URSS, son caractère imprévisible serait à l'origine d'un accroissement inattendu d'information. Voilà de quoi nous rappeler que l'*information,* en tant qu'additive, est liée à l'originalité et à la *non-probabilité.*

Mais comment concilier cela avec cet autre fait qu'un message est d'autant plus *significatif* qu'il est *probable* et prévisible dans chaque élément de sa structure ? Il est clair qu'une phrase telle que « au printemps les fleurs poussent » a une signification simple et sans équivoque; elle a le maximum de signification et de pouvoir de communication; mais elle n'ajoute rien à ce que nous savons déjà.

Pour revenir à la terminologie de l'information, cette phrase *ne nous informe guère.* Faut-il en conclure qu'*information et signification sont deux réalités différentes ?*

Tel n'est pas le point de vue de Wiener. Pour lui, information signifie encore ordre et son contraire reste mesuré par l'entropie. Mais Wiener recourt à la théorie de l'information pour étudier les possibilités de communication d'un cerveau électronique, et il lui importe seulement de déterminer ce qui rend compréhensible une communication. Il ne peut sur ces bases établir aucune différence entre information et signification. Toutefois, il fait en passant une remarque importante : « Un élément d'information, pour contribuer à l'information générale de la communauté, doit dire quelque chose de substantiellement différent du patrimoine d'information déjà mis à la disposition de la communauté. » Et il cite l'exemple des grands artistes, dont le mérite est d'avoir imposé certaines manières inusitées de dire ou de faire; il voit même dans l'usure de leurs œuvres la conséquence du fait que le public s'est habitué à considérer comme un patrimoine commun, par suite banal, ce qui, chez eux, apparaissait pour la première fois et relevait de l'originalité la plus absolue [11].

En y réfléchissant, on s'aperçoit que la communication quotidienne aussi est pleine d'expressions qui s'opposent aux habitudes grammaticales ou syntaxiques et qui, précisément pour cette raison, communiquent quelque chose de nouveau, alors même qu'elles éludent les règles en vertu desquelles la signification est généralement transmise. Une fois posée la langue comme système de *probabilités,* certains éléments de *désordre* accroissent l'information du message prononcé.

L'art est par excellence le domaine de ces phénomènes : nous l'avons dit au chapitre précédent, le verbe poétique est celui qui établit dans un rapport absolument nouveau son et concept, sons et paroles, et qui unit les phrases de manière inusuelle, communiquant ainsi, en même temps qu'une signification déterminée, une émotion insolite — au point que l'émotion naît alors même que la signification n'est pas immédiatement saisie.

Imaginons un amant qui voudrait se plier à toutes les règles de probabilité que lui impose le langage; il dirait : « Parfois, comme je cherche à me rappeler des événements qui se produisirent voici bien longtemps, il me semble revoir un cours d'eau; l'eau en était froide et limpide. Le souvenir de ce cours d'eau est resté gravé en moi de façon particulière, du fait que, près de lui, venait s'asseoir la femme que j'aimais alors et que j'aime encore. Je suis épris de cette femme au point que, par une déformation commune à tous les amoureux, je suis porté à ne considérer qu'elle parmi toutes les personnes de sexe féminin qui existent dans le monde. Je dois ajouter, si je puis m'exprimer ainsi, que ce cours d'eau, du fait qu'il demeure associé dans ma mémoire au souvenir de la femme que j'aime (et je dois dire que cette femme est très belle), fait naître

dans mon âme une certaine douceur; et voici que, selon un procédé commun à tous les amoureux, j'attribue ce sentiment de douceur en moi au cours d'eau lui-même qui l'a provoqué : j'attribue
la douceur au cours d'eau comme si elle était l'une de ses qualités.
C'est ce que je voulais dire. J'espère m'être fait comprendre. »
Ainsi se présenteraient les phrases de notre amoureux soucieux de
communiquer une signification indiscutable et prêt à respecter
toutes les lois de la redondance. Nous comprendrions son discours;
encore au bout de quelque temps aurions-nous peut-être oublié
tant d'explications.

Qu'au contraire, l'amoureux se nomme Pétrarque, il se moquera
des règles habituelles de la construction, utilisera des métaphores
audacieuses, éliminera les transitions logiques, allant jusqu'à négli-
ger de préciser qu'il s'agit d'un souvenir et se contentant de le
laisser deviner par l'emploi du passé simple :

> *Chiare, fresche, e dolci acque*
> *Dove le belle membra*
> *Pose colei che sola a me par donna* [12].

En seize mots, Pétrarque réussit à dire qu'il se souvient, d'une
part, et que, d'autre part, il aime encore, et avec quelle intensité —
par le mouvement de ce souvenir jailli comme un cri et avec
l'immédiateté d'une vision au présent. On ne saurait saisir avec
plus d'intensité la violence et la douceur de l'amour, le pouvoir
déchirant du souvenir. Cette communication nous permet d'accumuler un capital d'information immense sur l'amour de Pétrarque,
sur l'essence de l'amour en général. Or, du point de vue du *signifié*,
les deux textes que nous venons de citer ne diffèrent en rien; seule,
par conséquent, l'originalité de l'organisation, son caractère inattendu, *par rapport au système de probabilités établi*, la désorganisation
qu'elle entraîne dans ce système, déterminent un taux maximum
d'*information*.

Prévenons tout de suite une objection facile : ce n'est pas la
seule augmentation de l'imprévisible qui fait le pouvoir du discours
poétique. Dans le cas contraire, une comptine — Am-stram-gram-
pique et pique et colegram — serait plus poétique encore que les
vers de Pétrarque. Nous nous bornons à affirmer qu'*une certaine
manière* [13] inhabituelle d'utiliser le langage aboutit au poème, alors

que l'utilisation la plus probable du système linguistique ne donnerait rien. A supposer, bien sûr, que la nouveauté ne réside pas
ailleurs que dans les expressions — ou dans une certaine façon de
revivre des sentiments très ordinaires —, qu'elle ne réside pas dans
les choses dites ; un bulletin radiophonique annonçant, conformément à toutes les règles de la redondance, le lancement d'une
bombe atomique sur Rome, serait certes riche d'information. Mais
un tel type de nouveauté nous entraînerait fort loin de l'examen
que nous tentons des structures d'un système linguistique et très
loin du discours esthétique, ce qui prouve bien que l'esthétique
doit s'intéresser davantage aux *manières de dire* qu'à *ce qui est dit*.
Et puis, les vers de Pétrarque véhiculent une information pour
quiconque est en mesure d'en saisir la signification, y compris
pour Pétrarque lui-même ; le bulletin atomique, au contraire,
n'apprendrait rien au pilote qui aurait effectué le lancement et
n'apprendrait plus rien à l'auditeur qui l'écouterait une seconde
fois.

Nous voici donc amenés à considérer la possibilité de *véhiculer
une information,* qui ne serait pas « signification » habituelle, *à travers un emploi des structures conventionnelles de la langue qui s'opposerait
aux lois de probabilité la régissant de l'intérieur.*

L'*information* serait en pareil cas liée non à l'ordre, mais au
désordre, ou du moins à *un certain type de négation de l'ordre habituel
et prévisible.*

On a parfois conclu de là que la mesure positive d'une telle
information (distincte de la signification) est l'entropie. Mais si
l'entropie est le désordre au degré le plus élevé et — au sein de
celui-ci — la coexistence de *toutes* les probabilités et d'*aucune,*
l'information donnée par un message intentionnellement organisé
(message poétique ou message vulgaire) est une forme très particulière de désordre ; un désordre qui n'apparaît tel qu'à l'intérieur
d'un ordre préexistant. Parler encore, à ce propos, d'entropie, le
peut-on ?

Revenons pour un instant à l'exemple classique de la théorie cinétique des gaz et à l'image d'un récipient plein de molécules qui se déplacent à une vitesse uniforme. Le mouvement de ces molécules étant régi par des lois purement statistiques, l'entropie du système est très élevée, et s'il est possible de prévoir le comportement du système dans son ensemble, il est difficile de prévoir les positions successives d'une molécule déterminée. En d'autres termes, la molécule peut avoir les comportements les plus variés; elle est, en quelque sorte, grosse de toutes les possibilités; et nous savons qu'elle peut occuper une grande quantité de positions, mais sans savoir lesquelles. Pour mieux déterminer le comportement individuel des molécules, il faudrait différencier leur vitesse, introduire — en un mot — un ordre dans le système et en diminuer l'entropie; nous aurions ainsi accru la possibilité qu'a une molécule de se comporter d'une manière déterminée, mais en limitant la multiplicité de ses possibilités initiales.

Donc, si l'on veut être renseigné sur le comportement *réel* de chaque particule, l'information recherchée *s'opposera* à l'entropie. Mais si l'on veut connaître *tous* les comportements dont chaque particule est capable, l'information recherchée sera *directement proportionnelle* à l'entropie. Mettre de l'ordre dans le système et diminuer son entropie, c'est en savoir davantage dans un sens et moins dans l'autre.

Il en va de même pour la transmission d'une information.

Essayons d'éclaircir ce point en nous référant à la formule par laquelle s'exprime normalement la valeur d'une information :

$$I = N \log h$$

ou h représente le nombre des éléments sur lesquels peut porter le choix et N le nombre des choix possibles (soit, dans le cas des deux dés, h = 6 et N = 2; ou dans le cas de l'échiquier, h = 64 et N = tous les mouvements autorisés par la règle du jeu).

A présent, dans un système d'entropie élevée (où toutes les combinaisons peuvent se vérifier), les valeurs de N et de h sont très élevées : et du même coup est très élevée la valeur de l'information qui *pourrait* être transmise concernant le comportement d'un (ou de plusieurs) éléments du système. Mais il est *en réalité* très difficile de communiquer autant de choix binaires qu'il en faudrait pour isoler l'élément choisi et définir ses combinaisons avec les autres éléments.

Comment donc est-il possible de communiquer sans trop de peine une information ? En réduisant le nombre des éléments en jeu et le nombre des choix possibles : en introduisant par conséquent un système de règles qui propose un nombre fixe d'éléments, exclut certaines combinaisons et n'en autorise que quelques autres. Dès lors, on pourra véhiculer une information à travers un nombre raisonnable de choix binaires. Mais, évidemment, les valeurs de N et de h auront diminué, et avec elles la valeur de l'information reçue.

En somme, *plus élevée est l'information, plus il est difficile de la communiquer ; et plus le message se communique clairement, moins il informe.*

Tout cela explique que Shannon et Weaver, dans leur livre classique sur la théorie de l'information [14], considèrent celle-ci comme directement proportionnelle à l'entropie. Le rôle accordé par Shannon — l'un des fondateurs de la théorie — à cet aspect de l'information a été plus d'une fois remarqué par ses successeurs [15]. Tous, cependant, rappellent que, si on l'entend en un sens aussi étroitement statistique, l'information, n'étant plus que mesure d'une possibilité, n'a rien à voir avec le contenu vrai ou faux d'un message.

Le fait devient plus clair encore si l'on tient compte de certaines affirmations de Weaver, dans un essai destiné à une large diffusion des mathématiques de l'information [16] : « Dans cette théorie nouvelle, le terme d'information ne se réfère pas tant à ce qu'on dit qu'à ce qu'on pourrait dire; en d'autres termes, l'information est la mesure de notre liberté dans la sélection d'un message... Il faut reconnaître que dans la théorie mathématique de la communication, ce qui nous intéresse, ce n'est pas la signification des messages individuels, mais la nature statistique globale de la source d'information...

« Le concept d'information développé par cette théorie semble au premier abord bizarre et assez peu satisfaisant; peu satisfaisant parce qu'il n'a rien à voir avec la signification, et bizarre parce qu'il ne se réfère pas seulement à un message, mais plutôt au caractère statistique d'un ensemble de messages; bizarre encore parce qu'en langage statistique, les termes d'information et d'incertitude sont étroitement liés. »

Mais parvenu à ce point, Weaver fait une distinction extrêmement utile. L'*incertitude souhaitable* a pour origine la liberté de choix de l'auteur du message; en revanche, l'*incertitude* résultant de la présence des bruits de fond est *indésirable*. L'incertitude qui contribue à l'information n'est donc pas liée à la présence d'un chaos à l'état pur, à l'immixtion dans la zone du message d'éléments aptes à en dissoudre l'ordre fixe; elle est le fruit d'une organisation de possibilités plutôt que d'une détermination univoque; elle est l'incertitude d'une situation « ouverte » parce que telle est son organisation et non parce qu'elle serait fortuitement désorganisée.

... Ce long exposé sur la théorie de l'information nous ramène ainsi au problème central de notre livre. Avant de le retrouver, cependant, il nous reste à nous demander s'il était bien légitime d'utiliser des concepts d'origine scientifique dans une recherche sur l'esthétique. Ne venons-nous pas de constater qu' « information » a sur le plan *statistique* un sens beaucoup plus vaste que sur le plan de la *communication* ?

Du point de vue statistique, j'ai une information quand — en deçà de tout ordre — je saisis dans une coprésence, à la fois, toutes les probabilités.

Du point de vue de la communication, au contraire, j'ai une information quand : 1. au sein du désordre originaire, j'ai taillé et construit un ordre comme système de probabilité; 2. au sein de ce système, et sans retourner *en deçà* (avant lui), j'introduis des éléments de désordre qui établissent une tension dialectique avec l'ordre qui leur sert de fond.

En étudiant l'emploi, au sein du discours poétique, d'un désordre orienté vers la communication, il faudra donc tenir bien présent que pareil désordre ne peut pas être identifié au concept statistique d'entropie, sinon *en un sens détourné* : le désordre qui communique est désordre-par-rapport-à-un-ordre-antérieur.

II

DISCOURS POÉTIQUE ET INFORMATION

La citation que nous avons faite de Pétrarque dans un contexte tout scientifique a pu paraître singulière. Elle nous a au moins fait entendre que l'une des sources de l'originalité du discours esthétique réside dans la rupture de l'ordre probable de la langue, fait pour véhiculer des significations établies, et que cette rupture permet d'accroître le nombre des significations possibles. C'est là le type même d'information propre au message esthétique; il coïncide avec cette « ouverture » *de base* que possède toute œuvre d'art, selon ce que nous avons vu au chapitre précédent. Empruntons maintenant quelques exemples à l'art moderne, art qui recherche un accroissement *systématique* de la signification commune.

Conformément aux lois de la redondance, lorsque je prononce l'article « le », il y a une forte probabilité pour que le mot suivant soit un nom, un adjectif ou un pronom; de même, si je dis « au cas », il est fort probable que le mot suivant sera « où », et non pas « éléphant ». Il en va ainsi dans le langage commun, et il est bon qu'il en aille ainsi. Weaver cite plusieurs exemples de ce genre, et conclut qu'en revanche, la probabilité d'une phrase telle que : « à Constantinople en pêchant un œillet déplaisant » est extrêmement faible. Une telle phrase ne pourrait guère être qu'un fait d'écriture automatique.

Lisons maintenant *l'Isola* d'Ungaretti :

> *A una proda ove sera era perenne*
> *di anziane selve assorte, scese*
> *e s'inoltrò*
> *e lo richiamò rumore di penne*
> *ch'erasi sciolto dallo stridulo*
> *batticuore dell'acqua torrida* [17]...

Je n'ai pas besoin d'énumérer les diverses entorses faites ici aux lois de probabilité de la langue. Je n'entamerai pas davantage une discussion critique pour démontrer que ce poème — totalement privé de « signification » au sens habituel du mot — contient une masse vertigineuse d'informations sur l'île évoquée, que chaque lecture m'apprend sur elle quelque chose de nouveau et que le message prolifère, s'ouvre continuellement à de nouvelles perspectives, selon l'intention même du poète qui a tenu compte de toutes les associations que pouvait entraîner un rapprochement insolite des mots.

Je concéderai que la terminologie technique de la théorie de l'information peut paraître ici rebutante, et je dirai que ce que j'amasse en lisant ces vers est non une « information » mais — termes équivalents — « la signification poétique, la signification imaginaire, le sens profond du verbe poétique »; toutes expressions que j'opposerai à la signification ordinaire [18]. S'il m'arrive de parler encore d'information pour désigner la richesse du sens esthétique d'un message, ce sera seulement dans le but de mettre en relief des analogies qui me sembleront intéressantes.

Rappelons encore une fois, sous peine d'équivoque, que l'équation « information = contraire de signification » ne saurait avoir une fonction axiologique ni servir de paramètre pour un jugement. Sans quoi la comptine déjà citée (Am Stram Gram...) serait plus belle que les vers de Pétrarque; et l'œillet déplaisant de Constantinople ou n'importe quel *cadavre exquis* aurait plus de valeur que les vers d'Ungaretti. Le concept d'information permet seulement de mieux saisir *une* des directions du discours esthétique, sur laquelle viennent ensuite se greffer d'autres facteurs d'*organisation*. En d'autres termes, toute rupture de l'organisation banale suppose un nouveau type d'organisation, laquelle est *désordre par rapport à l'organisation précédente, mais ordre par rapport aux paramètres du nouveau discours*. L'art classique contrevenait à l'ordre conventionnel *à l'intérieur de limites bien définies* ; l'art contemporain a, entre autres caractères essentiels, celui de poser continuellement un ordre *extrêmement improbable par rapport à l'ordre initial*. En d'autres termes, l'art classique introduisait des mouvements originaux à l'intérieur d'un système linguistique dont il respectait substantiellement les règles fondamentales; l'originalité de l'art contempo-

rain consiste à poser un nouveau système linguistique qui trouve
en lui-même ses propres lois. Il oscille dès lors continuellement
entre le refus et la conservation du système linguistique traditionnel : l'adoption d'un système entièrement nouveau aboutirait à la
perte de toute communication ; la dialectique entre *forme* et *possi-*
bilité de significations multiples, où nous avons vu l'essence des
œuvres « ouvertes », se réalise précisément dans ce mouvement
pendulaire. En langage simple, le poète crée un système linguistique qui n'est plus celui de la langue dans laquelle il s'exprime,
mais qui n'est pas non plus celui d'une langue inexistante [19] : il
introduit des modules de désordre organisé à l'intérieur d'un système, pour en accroître la possibilité d'information.

Il est clair que les vers de Pétrarque déjà cités possèdent une
richesse de signification digne de tous les poèmes contemporains :
à chaque relecture, on peut y trouver quelque chose d'inédit, de
nouveau. Mais considérons maintenant un autre poème d'amour,
contemporain celui-ci, et d'ailleurs l'un des plus beaux qui ait
jamais été écrit : *Le front aux vitres...* d'Eluard.

> Le front aux vitres comme font les veilleurs de chagrin
> Ciel dont j'ai dépassé la nuit
> Plaines toutes petites dans mes mains ouvertes
> Dans leur double horizon inerte indifférent
> Le front aux vitres comme font les veilleurs de chagrin
>
> Je te cherche par delà l'attente
> Je te cherche par delà moi-même
> Et je ne sais plus tant je t'aime
> Lequel de nous deux est absent.

La situation émotionnelle est ici assez semblable à celle de *Chiare*
fresche e dolci acque ; néanmoins, les procédés de communication
sont radicalement différents. Chez Pétrarque, la rupture partielle
de l'ordre du langage instaure un nouvel ordre qui reste unidirec-
tionnel ; l'organisation originale des éléments phoniques, des
rythmes, de la syntaxe, qui fait l'individualité esthétique de ce discours, véhicule une signification de type courant, qui ne peut être
comprise que d'une seule manière. Chez Eluard, au contraire,
l'intention est manifeste de faire en sorte que la richesse des sens
poétiques naisse précisément de l'ambiguïté des significations que

proposent les expressions : la tension émotive naît du fait que le poète suggère simultanément plusieurs gestes et plusieurs émotions, parmi lesquels le lecteur pourra choisir ceux qui l'introduiront le mieux à la participation du moment émotif décrit, intégrant à ces allusions ses propres associations mentales.

Tout cela signifie simplement que le poète contemporain construit son message poétique avec des moyens et selon des procédés qui ne sont pas ceux du poète médiéval. Encore une fois, les résultats ne sont pas en question; analyser l'œuvre d'art en termes d'information n'est pas rendre compte de sa réussite esthétique mais mettre en lumière certaines de ses caractéristiques et de ses ressources dans l'ordre de la communication [20].

Reste qu'un tel rapprochement met en évidence deux *poétiques* différentes; la seconde tend à une multipolarité de l'œuvre et est bien caractéristique de notre époque, une époque où des disciplines mathématiques tentent de cerner la richesse possible du contenu de messages à structure ambiguë, ouverts dans plusieurs directions.

Transposons ce qui vient d'être dit sur le plan musical : une sonate classique représente un système de probabilité dans le cadre duquel on peut aisément prédire la succession et la superposition des thèmes; le système tonal instaure d'autres règles de probabilité, en vertu desquelles le plaisir et l'attention de l'auditeur sont provoqués par l'attente de résolutions immanquables du développement sur la tonique. En fait, l'artiste introduit de continuelles ruptures du plan probable et varie à l'infini le schéma encore plus élémentaire que représente la succession graduelle des sons de la gamme. Le système dodécaphonique n'est au fond qu'un autre système de probabilités. En revanche, lorsque dans une composition sérielle de ces dernières années, le musicien choisit une constellation de sons qui se prête à une multiplicité de relations, il rompt tout à fait l'ordre de probabilité issu de la tonalité et instaure un désordre qui, par rapport à l'ordre initial, est très élevé; ce faisant, il introduit néanmoins de nouveaux modules d'organisation qui tout à la fois entraînent une plus grande disponibilité du message que les anciens, par suite une plus grande information, et permettent l'établissement de nouveaux types de discours, donc de nouvelles significations. Ici aussi, la poétique a pour objectif la disponibilité de l'information et fait de cette disponibilité une méthode de construction. Et ici encore, la rupture n'assure pas à elle seule la réussite esthétique : une multitude de constellations malhabilement composées de sons détachés du système tonal m'en dira moins long (m'informera moins, m'enrichira moins) qu'*Eine kleine Nachtmusik*. Ce qu'il nous suffit de retenir, c'est que la nouvelle musique, par une démarche constructive, cherche à établir des structures de discours à l'intérieur desquelles la possibilité de solutions diverses se donne pour le premier objectif.

Dans une lettre adressée à Hildegard Jone [11] Webern écrit : « J'ai trouvé une série (c'est-à-dire 12 sons) qui contient déjà en elle-même une quantité de rapports internes (rapports des 12 sons entre eux). Il s'agit de quelque chose d'assez semblable à la célèbre formule antique :

S A T O R

A R E P O

T E N E T

O P E R A

R O T A S

qu'on peut lire une première fois horizontalement, puis verticalement : de haut en bas, en haut, en bas, etc. » Il est singulier que Webern ait utilisé une telle analogie pour donner une idée de sa propre constellation ; car c'est cette même formule qui sert d'exemple aux théoriciens de l'information lorsqu'ils cherchent à déterminer, à partir de la technique des mots croisés, les possibilités statistiques qu'ont deux ou plusieurs séries de lettres de se combiner en donnant chaque fois un message différent. Seulement, cette trouvaille technique n'est pour Webern qu'*un des moyens* d'organisation du discours musical, tandis que dans la construction des mots croisés, l'analyse combinatoire constitue le *but* même.

Une constellation est un ordre ; par suite, la poétique de l'ouverture, si elle implique la recherche d'une source de messages qui soit dotée d'un certain *désordre,* n'en cherche pas moins à réaliser cette condition sans renoncer à la transmission d'un message *organisé ;* oscillation, avons-nous dit, entre le pur désordre et un système de probabilités devenu désormais institutionnel : *organisation originale du désordre*.

Cette oscillation, en vertu de laquelle l'accroissement de signification correspond à une diminution d'information et l'accroissement d'information à une diminution de signification, n'a pas échappé à Weaver : « On a la sensation vague que l'information et la signification sont quelque chose d'analogue à ce que sont dans la théorie des quanta un couple de variables unis selon les règles canoniques; qu'en d'autres termes, information et signification sont assujetties à une restriction combinée qui implique le sacrifice de l'une lorsqu'on s'obstine à obtenir trop de l'autre [22]. »

INFORMATION, ORDRE ET DÉSORDRE

Abraham Moles, dans des études réunies sous le titre *Théorie de l'Information et perception esthétique* [23], a appliqué systématiquement à la musique les recherches sur l'information. Moles considère sans ambages l'information comme directement proportionnelle à l'imprévisibilité, et la distingue nettement de la signification. Le problème qui se pose à lui est donc celui d'un message riche d'information parce qu'ambigu, et précisément à cause de cela difficile à décoder. Nous avons déjà signalé le problème : en tendant à un maximum d'imprévisibilité, on tend du même coup à un maximum de désordre, dans lequel il devient impossible d'organiser non seulement les significations les plus ordinaires mais toutes les significations. Problème par excellence d'une musique qui tend à l'absorption de tous les sons possibles, à l'élargissement de la gamme utilisée, à l'intervention du hasard dans les procédés de composition. La polémique qui oppose les partisans de la musique d'avant-garde et ses détracteurs [24] a justement pour centre le caractère plus ou moins compréhensible d'un fait sonore dont la complexité dépasse toutes les habitudes de l'oreille et tout système de probabilité comme langue institutionnalisée. Pour nous, le problème reste celui d'une dialectique entre forme et « ouverture »; entre libre *multipolarité* et permanence de l'*œuvre* jusque dans la variété des lectures possibles.

Pour la théorie de l'information, le message le plus difficile à transmettre est celui qui, faisant appel chez le récepteur à une aire de sensibilité plus vaste, utilise un canal plus large, susceptible de laisser passer un grand nombre d'éléments sans les *filtrer :* ce canal véhicule une grande quantité d'information mais bien souvent au détriment de l'intelligibilité. Lorsque Edgar Allan Poe, dans sa *Philosophy of Composition,* détermine la longueur d'un bon poème, celui qu'on lit en une seule séance — car l'effet d'ensemble ne doit être ni morcelé ni différé —, son affirmation peut bien paraître naïve : il pose en réalité le problème de la capacité pour le lecteur de recevoir et d'assimiler l'information poétique. Le problème des limites de l'œuvre, qui revient souvent dans l'esthétique antique, est moins banal qu'on ne pourrait croire et trahit la préoccupation d'un rapport interactif entre le sujet humain et une masse objective de stimuli organisés en effets compréhensibles. C'est de façon analogue que se pose chez Moles, mais avec l'apport des connaissances modernes en matière de psychologie et de phénoménologie, le problème du « seuil perceptif de la durée ». Soit une brève succession de faits mélodiques répétés à une vitesse toujours croissante; il arrive un moment où l'oreille ne perçoit plus des sons distincts mais un mélange sonore indifférencié. Ce seuil, mesurable, indique certaines limites qu'on ne peut dépasser. Nouvelle preuve qu'un désordre qui ne serait pas préparé pour des sujets habitués à se mouvoir parmi les systèmes de probabilités, n'informerait plus personne. La tendance au désordre qui caractérise de manière positive la poétique de l'« ouverture », doit être une tendance au désordre *dominé,* à la possibilité comprise dans un *champ,* à la liberté surveillée par des *germes d'activité formatrice.*

Entre la suggestion d'une pluralité de mondes formels et le chaos indifférencié, qui supprimerait toute possibilité de jouissance esthétique, il n'y a qu'un pas : pour le compositeur d'une œuvre « ouverte », la solution est dans une dialectique pendulaire.

A cet égard, la situation du compositeur de musique électronique nous semble caractéristique : ayant à sa disposition le royaume illimité des sons et des bruits, il risque de se trouver pour finir submergé et dominé par eux. Il entend offrir à l'auditeur un matériau sonore d'une liberté extrême et complexe, ce qui ne l'empêche

pas de parler constamment de filtrage et de montage du matériau :
il introduit des abscisses comme pour canaliser le désordre élémentaire et le soumettre aux matrices d'une possibilité orientée.
A la limite, comme le fait remarquer très justement Moles, la différence entre *perturbation* et *signal* n'existe pas : elle résulte seulement
d'un acte intentionnel. Et dans une composition électronique, la
différence entre *rumeur* et *son* disparaît de l'acte volontaire par
lequel le créateur *offre* à l'auditeur un magma à *interpréter*. Mais
dans la mesure où il tend ainsi et au désordre maximum et à l'information maximum, il est — heureusement — obligé de sacrifier
une part de sa liberté, et d'introduire des modules d'ordre qui permettront à l'auditeur de s'orienter au sein d'un bruit qu'il interprétera comme un signal parce qu'il se rendra compte qu'il a été
choisi et, dans une certaine mesure, organisé [25].

Moles croit pouvoir renvoyer, comme l'avait déjà fait Weaver,
à une sorte de principe d'indétermination, qui limite l'information
au fur et à mesure que s'accroît l'intelligibilité. Mais il va plus loin,
et considérant l'indétermination comme une constante du monde
naturel pris à un certain niveau, il transcrit cette caractéristique du
rapport de communication en une formule qui lui semble proche
de celle qui note l'incertitude des observations en physique quantique. Or, si la méthodologie et la logique de l'indétermination,
empruntées aux disciplines scientifiques, constituent pour l'expérience artistique un fait culturel extrinsèque, qui peut influer sur
la formulation des poétiques, mais sans en donner une explication
rigoureuse, susceptible d'être réduite en formules; en revanche, ce
second type d'indétermination, qui se situe au niveau du rapport
liberté-intelligibilité, ne nous semble pas à considérer comme une
influence plus ou moins lointaine des sciences sur les arts, mais
comme la condition spécifique d'une dialectique productive : la
lutte continuelle *de l'ordre et de l'aventure* pour reprendre l'expression
d'Apollinaire. C'est à cette seule condition que les poétiques de
l'« ouverture » sont bien des poétiques de l'œuvre d'art.

III

INFORMATION ET TRANSACTION

Cette discussion nous a montré comment les recherches mathématiques sur l'information peuvent fournir des instruments pour l'élucidation et l'analyse des structures esthétiques ; et comment ces mêmes recherches sont le reflet d'une curiosité pour le probable et le possible qu'elles partagent avec les arts.

Il est clair cependant que la théorie de l'information évalue une *quantité*, et non une *qualité*. La quantité d'information concerne seulement la probabilité statistique des événements ; autre chose est la *valeur* de l'information, qui concerne l'intérêt que nous lui portons[26]. La qualité de l'information semble justement liée à sa valeur. Et pour déterminer ce qui fait à nos yeux la valeur d'une situation imprévisible (statistiquement vérifiable, qu'il s'agisse d'un bulletin météorologique, de Pétrarque, ou d'Eluard), et les attributs singuliers dont elle jouit, il convient de prendre en considération, *en même temps que le fait structural lui-même, notre attention à ce fait.*

Nous sommes ici au point où la thématique de l'*information* devient thématique de la *communication*. Et notre attention va devoir se déplacer du message, comme système objectif d'informations possibles, au rapport de communication qui lie le message au récepteur : le choix que fait ce dernier d'une interprétation devient un des éléments de la valeur effective de l'information.

L'analyse statistique des possibilités d'information d'un signe était au fond une analyse de type *syntaxique* : dimension *sémantique* et *pragmatique* n'y jouaient qu'un rôle secondaire, la première pour définir dans quels cas et en quelles circonstances un même message fournit davantage d'information qu'un autre, la seconde pour indiquer le comportement que peut entraîner cette information.

Mais si la transmission de signes conçus selon un code rigoureux et s'appuyant sur une riche redondance pouvait à la rigueur s'expliquer sans recours à l'intervention, à l'interprétation du « récepteur », lorsqu'il s'agit d'analyser la transmission d'une suite de

94

signes dont la redondance est faible et le taux d'improbabilité très élevé, il devient nécessaire de prendre en considération les attitudes et les structures mentales en vertu desquelles le récepteur sélectionne le message et y introduit une probabilité qui s'y trouve certes, mais parmi beaucoup d'autres, dans le respect d'une liberté de choix.

Ceci revient à introduire le point de vue *psychologique* dans une analyse structurale des phénomènes de communication : une telle opération semblera contredire les intentions antipsychologistes qui, de Husserl aux Russes, ont orienté les recherches formalistes sur le langage. Mais quoi : si l'on veut examiner les possibilités qu'a de signifier une structure de communication, on ne peut faire abstraction du « récepteur » du message. Prendre en considération le pôle psychologique équivaut à reconnaître que le message ne peut avoir de sens, et ceci formellement (car il s'agit d'un élément indispensable pour expliquer sa *structure* et son *effet*), qu'interprété *en fonction d'une situation donnée* (situation psychologique et, par delà, historique, sociale, anthropologique au sens large) [27].

Il devient donc nécessaire de considérer le rapport transactif qui s'établit, tant au niveau de la perception qu'à celui de l'intelligence, entre les stimuli et le monde du récepteur : un rapport de *transaction* qui, en vérité, constitue dans leur processus même les actes de perception et d'intellection. Dans le cas qui nous intéresse, cet examen constitue plus qu'une étape méthodologiquement nécessaire : il nous apporte une confirmation de tout ce que nous avons dit jusqu'ici, concernant la possibilité d'une *jouissance* « ouverte » de l'œuvre d'art. L'un des thèmes essentiels des courants psychologiques les plus récents semble en effet celui de l' « ouverture » *fondamentale* de tout processus perceptif et intellectuel.

A l'origine de ces perspectives, il y a une critique de la psychologie de la forme. Selon cette dernière, la perception saisirait immédiatement une *configuration* de stimuli *déjà* dotée d'une organisation objective; l'acte perceptif ne ferait que reconnaître cette configuration, par un isomorphisme fondamental entre les structures de l'objet et celles, physio-psychologiques, du sujet [28].

Les post-gestaltiens ont réagi contre l'hypothèque métaphysique qui pesait ainsi sur la psychologie, et ils ont décrit l'expérience cognitive, à ses différents niveaux, comme une expérience qui se réalise par étapes, *selon un processus*. Un processus qui n'épuise pas les possibilités de l'objet, qui en fait apparaître seulement certains aspects, ceux qui se prêtent à une interaction avec les dispositions du sujet [29].

La psychologie transactionnelle américaine, nourrie comme nous l'avons vu par le naturalisme de Dewey (mais également influencée par certains courants français dont nous reparlerons), affirme que la perception, si elle n'est pas cette réception d'atomes de sensation dont parlait l'associationnisme, n'en représente pas moins un rapport au sein duquel les souvenirs, les convictions inconscientes, la culture, en un mot l'expérience acquise, s'intègrent au jeu des stimuli, pour leur conférer, en même temps qu'une *forme*, la *valeur* qu'ils prennent *à nos yeux*, en fonction des buts que nous poursuivons. Dire qu' « un attribut de valeur affecte chaque expérience » revient, dans une certaine mesure, à dire que, dans la réalisation de toute expérience perceptive, entre une composante artistique, une « *action répondant à des intentions créatrices* ». Comme le dit R. S. Lillie, « la réalité psychique, dans sa nature essentielle, prévoit et interroge. Elle tend à achever et à compléter une expérience incomplète. Reconnaître l'importance fondamentale de cette caractéristique de l'organisme vivant ne signifie pas que l'on ignore ni que l'on sous-estime les conditions physiques stables qui sont une part indispensable de l'organisation vitale. Dans le système psychophysique qui constitue l'organisme, il faut considérer ces deux facteurs comme dotés d'une importance égale, et comme complémentaires à l'intérieur d'une activité globale [30] ». En termes moins chargés de biologisme et de naturalisme, disons que nous saisissons seulement les « ensembles » qui ont un sens pour nous, comme êtres humains ; il y a une infinité d'autres « ensembles » sur lesquels nous ne saurons jamais rien ; il est évidemment hors de notre portée d'expérimenter tous les éléments possibles implicitement dans chaque situation, ainsi que toutes les relations possibles entre ces différents éléments.

De là que nous sommes contraints, situation après situation, de recourir à l'expérience acquise comme facteur formateur de la perception : « L'organisme toujours obligé de choisir dans le nombre

illimité des possibles qui peuvent être reliés à une configuration
déterminée de la rétine, recourt à ses expériences antérieures et pose
que ce qui a été le plus probable dans le passé peut l'être encore
dans l'occasion présente... En d'autres termes, ce que nous voyons
est certainement fonction d'une moyenne tirée de nos expériences
antérieures. Il semble que nous mettions ainsi en rapport le réseau
présent de stimuli et des expériences antérieures par une intégration
complexe de type probabiliste. Les perceptions résultant d'une
telle opération ne constituent donc pas des révélations absolues sur
ce qu'il y a au-dehors, mais des prédictions ou des probabilités,
basées sur nos expériences acquises [31]. »

Que la perception soit de nature probabiliste, c'est ce que, dans
un contexte différent, a également avancé Piaget. S'opposant à son
tour aux gestaltistes, il a voulu voir dans la structuration du donné
sensoriel le produit d'une équilibration, qui relève à la fois de facteurs innés et de facteurs externes, interférant sans cesse. « Dans
le domaine de la perception, comme dans celui de l'intelligence,
rien ne s'explique sans doute par l'expérience seule, mais rien ne
s'explique non plus sans une participation, plus ou moins importante selon les situations, de l'expérience actuelle ou antérieure [32]. »

Que la connaissance soit le fait d'un processus, et d'un processus
« ouvert », cela apparaît de manière plus complète encore dans
l'analyse que donne Piaget de l'intelligence [33].

L'intelligence tend à constituer des structures « réversibles »
dont l'équilibre, l'arrêt, l'homéostase, ne sont que la phase terminale, indispensable au niveau de l'efficacité et de la pratique. En
elle-même, l'intelligence présente tous les caractères de ce que nous
appelons un processus « ouvert ». Le sujet procède par une série
d'hypothèses et de tentatives, que guide l'expérience, pour aboutir
non aux formes statiques et préformées des gestaltistes, mais à des
structures mobiles et réversibles, qui lui permettent, après avoir
réuni les deux éléments d'un rapport, de les dissocier à nouveau
et de se retrouver à son point de départ.

Piaget prend l'exemple du rapport $A + A' = B$ qui peut revê-
tir différentes formes : $A = B - A'$ ou $A' = B - A$ ou encore
$B - A = A'$, etc. Dans ce jeu de relations possibles, il ne s'agit

pas d'un processus univoque comme cela tend à se produire dans la perception, mais d'une possibilité opératoire qui permet diverses réversions (plus ou moins comparable, remarquons-le, à la série dodécaphonique qui se prête à de multiples manipulations).

Dans la perception des formes, déjà, Piaget le rappelle, se produisent des régulations, des recentrations : ce sont ces recentrations qui, par exemple, nous permettent de saisir de plusieurs façons les silhouettes ambiguës qu'on trouve dans les manuels de psychologie. Or, dans une série de raisonnements, il se produit bien autre chose qu'une recentration : une décentration générale, qui permet une sorte de dissolution, de dégel des formes perceptives statiques, au bénéfice de la mobilité opératoire; d'où la possibilité indéfinie de nouvelles structures.

A défaut de la réversibilité propre aux opérations intellectuelles, les régulations qu'on trouve au niveau de la perception, et qui sont pour une part un apport de l'expérience, « esquissent ou annoncent déjà les mécanismes de composition qui deviendront opératoires, une fois devenue possible la réversibilité entière [34] ». En d'autres termes, s'il y a au niveau de l'intelligence élaboration de structures mobiles et variables, on trouve, au niveau de la perception, des processus aléatoires et probabilistes qui concourent à faire *de la perception aussi* un processus ouvert à plusieurs issues (malgré les constances perceptives que l'expérience ne nous permet pas de mettre en question). Et dans les deux cas, on a affaire à une activité constructive du sujet [35].

Ayant démontré que la connaissance est un processus et une « ouverture », nous pouvons maintenant poursuivre notre exposé selon deux voies qui correspondent à une distinction déjà plusieurs fois rencontrée :

1. En termes psychologiques, le plaisir esthétique que procure *n'importe quelle* œuvre d'art repose sur ces mêmes mécanismes d'intégration qui fondent la connaissance. L'activité intérieure à la perception est aussi la condition essentielle de la jouissance esthétique que procure une forme. On est ici dans ce que nous avons appelé l' « ouverture » au premier degré.

2. Les poétiques *contemporaines* se proposent de revenir sur ces

mécanismes et placent le plaisir esthétique moins dans la reconnaissance finale d'une forme que dans la saisie du processus continuellement « ouvert » qui permet de découvrir en une forme toujours de nouveaux profils et de nouvelles possibilités. On est ici dans ce que nous avons appelé l' « ouverture » au deuxième degré.

Sur ce double chemin, nous nous apercevrons que seule une psychologie de type transactionnel (plus attentive à la *genèse* des formes qu'à leur structure objective) permet de comprendre l' « ouverture » en ce second, et plein, sens.

TRANSACTION ET OUVERTURE

Voyons d'abord en quoi l'art de tous les temps peut être une provocation d'expériences volontairement incomplètes, le montage d'expériences interrompues à l'improviste afin d'éveiller, par une *attente frustrée,* notre tendance naturelle à l'achèvement.

Une bonne analyse de ce mécanisme psychologique a été donnée par Léonard Meyer dans *Emotion and Meaning in Music* [36] dont l'argumentation, tout en remettant les structures musicales objectives en rapport avec nos schèmes de réaction, reste conduite sur des bases largement gestaltistes.

Selon Wertheimer, un *processus* de pensée peut se décrire comme suit : étant données la situation S_1 et la situation S_2, qui représente la solution de S_1 (le terme *ad quem*), le processus est une transition entre la première situation et la seconde; S_1 est structuralement *incomplet,* présente une divergence, une ambiguïté, qui se remplit et se *résout* progressivement jusqu'à donner S_2.

C'est cette même notion de processus que Meyer applique au discours musical : un champ stimulant se présente à l'attention de l'auditeur comme ambigu, inachevé, et détermine l'*attente d'une satisfaction ;* il crée en quelque sorte un état de crise qui oblige l'auditeur à trouver un point fixe où résoudre l'ambiguïté. Ce processus s'accompagne d'une émotion, du fait que l'attente se trouve brusquement interrompue ou inhibée. S'il y avait directement satisfaction, il n'y aurait pas de choc émotif. Mais une situation structuralement faible, ou d'organisation incertaine, engendre une attente de clarification, et tout retard dans cette clarification provoque à son tour un mouvement affectif. Ce jeu d'inhibitions et de réactions émotives a sa place dans la signification du discours musical : alors que dans la vie quotidienne, nombre de situations critiques restent sans solution et disparaissent de manière accidentelle, juste comme elles étaient venues, dans le domaine musical l'inhibition d'une attente devient signifiante du fait même que la relation entre attente et solution est devenue explicite et va recevoir une conclusion. C'est parce qu'il aboutit à une conclusion que le cercle *stimuli-crise-attente-satisfaction-rétablissement d'un ordre* acquiert une signification. « En musique, un même ensemble stimulant, la musique précisément, provoque les attentes, les inhibe, et leur fournit des solutions significatives [37]. »

Comment une attente naît-elle ? De quel genre de crise s'agit-il ? Quelles sont les solutions qui peuvent satisfaire l'auditeur ? Autant de problèmes qui, pour Meyer, seront résolus par la *Gestalttheorie*. La dialectique psychologique de l'attente et de la satisfaction est en effet soumise aux lois de la forme : aux lois de la prégnance, de la *bonne courbe,* de la proximité, de l'égalité, etc. L'auditeur veut voir le processus se conclure selon les lois de la symétrie et s'organiser de la *meilleure* façon possible. L'émotion naissant du blocage de ce fonctionnement régulier, la tendance à la bonne forme et le souvenir d'expériences formelles antérieures interviennent pour créer chez l'auditeur des *attentes :* prévisions de solutions, préfigurations formelles à travers lesquelles la tendance inhibée déjà se résout. En se prolongeant, l'inhibition fait naître le plaisir de l'attente, qui est comme un sentiment d'impuissance devant l'inconnu : et plus la solution est inattendue, plus le plaisir est intense. Or, si le plaisir esthétique est le résultat d'une telle crise, il devient clair que les lois de la forme président au discours musical, pris dans son ensemble, à condition d'être au cours de son développement constamment transgressées ; les solutions que l'auditeur attend ne sont pas des solutions évidentes mais des solutions inhabituelles, des entorses à la règle, qui rendent plus pleine et davantage maîtrisée la légalité finale du processus.

Quoi qu'il en soit, le pôle de toute cette discussion est la bonne forme, attendue et manquée. Or, pour la théorie de la forme, la

« bonne » configuration est celle que les données naturelles adoptent *nécessairement* au moment où elles se disposent en complexes unitaires. La forme musicale peut-elle posséder les mêmes caractères de stabilité originaire ?

Meyer, parvenu à ce point, tempère son gestaltisme et avance que *l'organisation optima* ne peut en musique que renvoyer à un *donné culturel.* Cela signifie que la musique n'est pas un langage universel, que la tendance à préférer certaines solutions à d'autres est le fruit d'un apprentissage et d'une culture musicale historiquement définie. Certains événements sonores seront dans telle culture musicale des éléments de crise, alors que dans telle autre ils seront des exemples d'une légalité qui frise la monotonie. La perception d'un tout n'est pas immédiate et passive : c'est un acte d'organisation, qu'*on apprend* à conduire à l'intérieur d'un contexte socio-culturel déterminé; les lois de la perception cessent donc d'être naturelles et innées; elles se constituent à partir de certains *patterns de culture,* formes acquises, schémas d'assimilation, ensembles organisés de préférences et d'habitudes, convictions intellectuelles et tendances émotives, qui résultent de l'éducation, elle-même fonction du milieu naturel, historique et social [38].

Meyer prend l'exemple d'un ensemble de stimuli constitué par les lettres T T R L S E E; diverses manières de grouper et d'organiser ces lettres fournissent des agrégats satisfaisants au point de vue formel : le groupe T T/ R L S/ E E, par exemple, tout en obéissant à des lois de contiguïté très élémentaires, aboutit à une incontestable symétrie. Il n'en est pas moins vrai qu'un lecteur anglais sera porté à préférer l'organisation L E T T E R S, à laquelle il trouvera une signification, et qui par suite lui paraîtra « bonne » sous tous les aspects. L'organisation s'est ici produite selon une expérience acquise, selon les modalités d'une langue. Il en va de même pour un ensemble de stimuli musicaux : la dialectique des crises, des attentes, des prévisions et des solutions satisfaisantes obéit aux lois d'un contexte culturel et historique déterminé. La culture auditive occidentale, au moins jusqu'au début de ce siècle, était tonale; c'est dans le cadre d'une culture tonale que certaines crises sont des crises, et certaines solutions des solutions; ces qualifications ne seraient plus valables s'il s'agissait de telle musique primitive ou orientale.

Cela dit, et alors même qu'il analyse différentes cultures musicales pour y distinguer plusieurs modes d'organisation, Meyer revient implicitement à la tradition gestaltiste : si chaque culture musicale élabore sa propre syntaxe, celle-ci oriente l'audition en lui fournissant des modes déterminés de réaction; si chaque type de discours possède ses propres lois, celles-ci deviennent des lois de sa forme, et la dynamique des crises et des solutions obéit à des directions formatrices fixes. L'auditeur aspire à résoudre les crises dans le repos, la perturbation dans l'apaisement, la déviation dans le retour à une polarité définie par des habitudes musicales. La crise n'est légitime qu'en fonction de la solution; l'auditeur aspire à la solution et non à la crise pour la crise. Si Meyer a emprunté tous ses exemples à la musique classique, c'est que son argumentation plaide finalement en faveur d'une attitude conservatrice : ce qu'il nous donne est une interprétation psychologico-structurale de la musique *tonale*.

La même attitude apparaît lorsque Meyer passe du point de vue psychologique à la théorie de l'information [39]. Un style est un *système de probabilités* et la conscience de la probabilité est implicite chez le spectateur, qui risque des prévisions concernant la suite d'un développement. Donner une signification esthétique au discours musical, c'est rendre explicite l'incertitude et la goûter comme souhaitable. Meyer affirme que « la signification musicale apparaît lorsqu'une situation antécédente, appelant une estimation des modes probables de continuation du *pattern* musical, laisse dans l'incertitude quant à la nature temporelle et tonale de la suite ainsi attendue. Plus grande est l'incertitude, et plus grande est l'information. Un système qui produit une séquence de symboles accordés à une certaine probabilité est ce que l'on appelle un processus *stochastique* ; lorsque, dans un tel processus, les probabilités dépendent d'événements antérieurs, on parle de processus ou chaîne de Markoff [40]. »

Si la musique est un système d'attractions tonales — un système, donc, où chaque événement musical enveloppe une probabilité déterminée, pour tout autre événement, de le suivre —, un événement qui répond exactement à l'attente naturelle de l'oreille passe inaperçu; et l'incertitude, l'émotion qui en découlent — donc aussi l'information — diminuent. Puisque dans une chaîne de Markoff, l'incertitude tend à décroître au fur et à mesure qu'on s'éloigne du point de départ, le compositeur se verra contraint d'introduire délibérément, et sans cesse, des incertitudes pour enrichir l'information. Telle est la situation de *suspense* qui caractérise le système tonal et l'oblige continuellement à rompre l'ennui de la probabilité. La musique, comme tout langage, possède un certain taux de redondance, que le compositeur tend à écarter pour accroître l'intérêt de l'auditeur.

Arrivé à ce point de son exposé, toutefois, Meyer revient à des considérations sur la persistance de l'expérience acquise et rappelle qu'il existe, en sus du bruit acoustique, une forme de *bruit* caractéristique du discours musical : le bruit *culturel*. Ce second bruit est déterminé par la différence entre nos réactions habituelles (c'est-à-dire nos schémas d'assimilation) et la réaction requise par chaque style musical. La musique contemporaine, à force d'éliminer la redondance, n'est plus, selon Meyer, qu'une sorte de bruit empêchant l'auditeur de réaliser la signification du discours musical [41]. En d'autres termes, Meyer découvre non un problème à résoudre mais un danger à éviter dans cette oscillation entre le désordre nécessaire à l'information et l'inintelligibilité totale, qui avait déjà préoccupé Moles. En distinguant entre une incertitude désirable et une incertitude indésirable, Meyer — pourtant conscient de ce qui revient à l'histoire et du pouvoir évolutif des systèmes de formes acquises — élimine la possibilité d'une véritable évolution de la sensibilité musicale. Le langage musical est un système de probabilités dans lequel l'improbabilité n'est introduite que très prudemment. On est, dès lors, en droit de penser qu'à la longue, le répertoire des incertitudes possibles devient « normal », au point de faire partie des probabilités reconnues, et qu'insensiblement, ce qui était au départ information deviendra pure redondance. C'est ce qui se produit couramment dans certains domaines de la musique légère où l'on chercherait en vain surprise ou émotion; une chanson de Tino Rossi est aussi prévisible qu'un message de vœux à prix fixe, construit selon des règles banales et totalement privé d'information additive.

Chaque être humain vit à l'intérieur d'un *pattern* culturel déterminé et interprète son expérience sur la base de formes acquises; la stabilité de cet univers culturel est essentielle pour que nous puissions nous déplacer raisonnablement parmi les provocations du milieu et organiser les événements en un ensemble. Maintenir cet ensemble d'acquisitions et le soustraire à des mutations incohérentes est une condition de toute existence raisonnable. Mais entre conserver à un tel système sa condition d'ensemble structuré et le conserver immuable, il y a bien de la différence. Une autre condition de notre survivance en tant qu'êtres pensants est précisément l'évolution de notre intelligence et de notre sensibilité, en sorte que toute expérience acquise enrichisse et modifie, en le restructurant, le système des expériences antérieures. L'acquis doit certes demeurer *structuré,* donc évoluer suivant certaines lois d'équilibre, mais il n'en doit pas moins se *réorganiser,* c'est-à-dire se modifier. C'est la réussite de ce double processus qui fait le dynamisme et la supériorité de la culture occidentale au regard des civilisations dites primitives. Primitives non parce que le système d'acquisitions qu'elles ont élaboré serait barbare ou inefficace (il s'adaptait parfaitement à la situation dans laquelle il a surgi), mais parce qu'il n'a pas su évoluer. En s'attardant statiquement sur un modèle culturel, ses représentants se sont montrés incapables de l'interpréter dans toute la richesse de ses possibilités originelles; ils ont transformé ses expériences initiales en formules vides, éléments d'un rituel, tabous inviolables.

Parmi les quelques raisons que nous avons de croire supérieure la culture occidentale moderne, il y a précisément cette plasticité, cette aptitude à répondre au défi des circonstances en élaborant de nouveaux modèles, de nouvelles explications (modifications auxquelles la sensibilité individuelle et collective s'adapte avec plus ou moins de rapidité).

Une évolution semblable s'est produite dans les formes de l'art, à l'intérieur d'une « tradition » qui paraît immuable mais qui n'a en réalité cessé d'établir de nouvelles lois et de nouveaux dogmes, à partir de continuelles révolutions. Chaque artiste véritable, placé au sein d'un système déterminé, ne cesse d'en transgresser les lois, instaurant de nouvelles possibilités formelles et de nouvelles exigences de la sensibilité. L'auditeur d'une symphonie de Brahms, formé préalablement par Beethoven, disposait d'un système d'attentes, de prévisions, autre et plus riche que l'auditeur d'une symphonie de Beethoven, formé préalablement par Haydn.

Les théoriciens de la musique nouvelle reprochent précisément à la tradition classique le fait que ses innovations formelles, et ses attentes renouvelées, s'organisaient aussitôt en nouveaux systèmes d'acquisition, donnant la préférence à l'achèvement, à la satisfaction finale de l'attente, encourageant et exaltant ainsi ce que Henri Pousseur nomme une *inertie psychologique*. La tonalité crée une polarité à laquelle toute la composition est soumise, sauf en de courts moments; les crises sont là pour pallier à l'inertie auditive, en la ramenant au pôle d'attraction. Pousseur note que même l'introduction d'une tonalité nouvelle dans le développement d'un morceau exige un artifice chargé de surmonter, péniblement, cette inertie : la *modulation*. Mais celle-ci, en renversant la hiérarchie d'ensemble, introduit à son tour un nouveau pôle d'attraction, une nouvelle tonalité, un nouveau système d'inertie.

Tout cela n'était pas le fruit du hasard : les exigences formelles et psychologiques de l'art étaient le reflet des exigences religieuses, politiques et culturelles d'une société fondée sur l'ordre hiérarchique, sur la notion absolue d'autorité, sur la présomption d'une vérité immuable et univoque, dont l'organisation sociale reflétait la nécessité et que les diverses formes d'art célébraient et reproduisaient à leur niveau [12].

Les expériences des poétiques contemporaines (et si le développement précédent a porté surtout sur les formes musicales, nous avons vu plus haut que tout l'art d'aujourd'hui suit une évolution analogue) montrent combien la situation a changé.

La recherche d'une « ouverture au second degré », le choix de l'ambiguïté et de l'information comme valeurs essentielles de l'œuvre, représentent un refus de l'*inertie psychologique* qui se cachait derrière la contemplation d'un ordre retrouvé.

Aujourd'hui, l'accent est mis sur le processus, sur la possibilité de saisir *plusieurs ordres*. Dans la réception d'un message structuré de façon ouverte, l'*attente* implique moins une *prévision de l'attendu* qu'une *attente de l'imprévu*. La valeur d'une expérience esthétique nous apparaît alors non quand une crise, après s'être ouverte, se referme conformément à des habitudes stylistiques acquises, mais quand — après nous être plongés dans une série de crises continues, dans un processus dont l'improbabilité est la dominante — nous exerçons un libre choix. A l'intérieur d'un désordre, nous instaurons des systèmes de probabilités purement provisoires, hypothétiques, complémentaires d'autres systèmes que, dans le même temps ou par la suite, nous pourrons également assumer; ce faisant, nous jouissons précisément de l'équiprobabilité de tous ces systèmes, et de la disponibilité ouverte du processus pris dans son ensemble.

Nous avons dit déjà que seule une psychologie attentive au moment de la *genèse* des structures peut permettre de justifier cette tendance de l'art contemporain. Et en vérité, la psychologie nous semble là-dessus aussi approfondir sa propre démarche dans le même sens, exactement, que les poétiques de l'œuvre « ouverte ».

Quand des psychologues affirment que « la perception peut être exprimée en termes de probabilité, sur le modèle de ce qu'on voit dans la thermodynamique, ou dans la théorie de l'information », qu'entendent-ils dire ? Que le percept n'est qu'une stabilisation momentanée de la configuration sensible, et qu'à travers lui se manifeste un groupement plus ou moins redondant des informations utiles que le récepteur a prélevées dans le champ stimulant. On peut, à partir d'un même champ stimulant, obtenir un nombre indéterminé de modèles, possédant un degré de redondance variable; et ce que les gestaltistes appellent la « bonne forme » est en réalité, parmi tous ces modèles, celui qui demande « une information minima et comporte une redondance maxima ». La bonne forme correspond par conséquent à « l'état de probabilité maximale d'un ensemble perceptif fluctuant ».

A l'intérieur d'un champ stimulant, le sujet adopte la forme la plus redondante lorsqu'il y est poussé par des raisons particulières; mais il est également susceptible de ne pas renoncer à d'autres coordinations possibles, qui demeurent à l'arrière-plan. On pourrait classer d'un point de vue opératoire et même typologique les différents procédés d'exploration du champ stimulant : « On pourrait distinguer l'individu qui abrège son exploration et décide d'exploiter une structure aperçue avant d'avoir pu utiliser tous les éléments d'information qu'il aurait pu recueillir; l'individu qui prolonge son exploration et se défend d'adopter les structures qui se présentent; l'individu qui accorde les deux attitudes, soit pour confronter plusieurs décisions possibles, soit pour les intégrer au mieux dans un percept unitaire progressivement construit. On pourrait ajouter l'individu qui glisse d'une structure à une autre, sans se rendre compte des incompatibilités qu'elles peuvent avoir entre elles, comme on le voit dans le cas de l'onirisme. Si la perception est un engagement, il y a des manières diverses de s'engager ou d'éviter de s'engager dans la voie d'une recherche d'informations utiles [43]. »

Une fois de telles prémisses posées, le psychologue devra chercher à préciser dans quelle mesure un apprentissage basé sur des exercices perceptifs ou des opérations intellectuelles d'un type inédit peut modifier les schèmes de réaction habituels. Et constatons que ce problème, l'esthétique, l'histoire de l'art et la phénoménologie du goût l'ont sinon résolu du moins expérimenté à travers des siècles d'évolution, à un niveau macroscopique : combien de fois a-t-on vu de nouveaux types de création modifier le sens des formes et la manière de percevoir la réalité [44] ?

La poétique de l'œuvre « ouverte » met précisément sous nos yeux une de ces mutations historiques : voici une culture qui admet, devant l'univers des formes perçues et les opérations d'interprétation, le jeu complémentaire de recherches et de solutions différentes; voici que la discontinuité de l'expérience se substitue comme valeur à une continuité devenue conventionnelle; voici que diverses méthodes de recherche reçoivent une unité organique non d'une loi qui leur assignerait une issue identique, mais de ce qu'on les considère comme valables précisément dans la mesure où elles se contredisent et se complètent, entrent en opposition dialectique, engendrant ainsi de nouvelles perspectives et de plus larges informations.

La crise que traverse la civilisation bourgeoise tient pour une part à l'incapacité chez l'homme moyen de se soustraire à des systèmes de formes acquises, qui lui sont fournies de l'extérieur et qu'il n'a pas conquises par une exploration personnelle de la réalité. Des maladies sociales telles que le conformisme et l'hétéro-direction, l'esprit grégaire et la « massification », sont le fruit d'une acquisition passive des standards de compréhension et de jugement, identifiés à la « bonne forme » en morale comme en politique, en diététique comme dans le domaine de la mode, au niveau des goûts esthétiques comme à celui des principes d'éducation. Les persuasions occultes et les excitations subliminaires de toute espèce, dans le champ politique comme dans celui de la publicité commerciale, conduisent à l'acquisition passive de « bonnes formes » dans la redondance desquelles l'homme moyen se repose sans effort.

On peut dès lors se demander si l'art contemporain, en nous habituant à une continuelle rupture des modèles et des schèmes — en prenant pour modèle et pour schème le caractère périssable de tout modèle et de tout schème, et la nécessité de leur alternance non seulement d'une œuvre à l'autre, mais à l'intérieur de chaque œuvre même — ne remplirait pas une fonction pédagogique précise, s'il n'aurait pas une fonction libératrice. S'il en était ainsi, l'art contemporain viserait au delà du goût et des structures esthétiques, et s'insérerait dans un discours plus vaste : il représenterait pour l'homme moderne une possibilité de salut, la voie vers une reconquête de l'autonomie, au double niveau de la perception et de l'intelligence.

NOTES

1. Cette évaluation quantitative exclut toute considération touchant le *récepteur* du message. Nous y reviendrons, p. 94.

2. Cf. l'étude approfondie de STANFORD GOLDMAN dans *Information Theory,* New York, Prentice-Hall, 1953; nous avons eu aussi recours à A. Moles, *Théorie de l'information et perception esthétique,* Paris, Flammarion, 1958.

3. Cette définition peut être rapprochée du principe adopté par les linguistes, selon lequel chaque trait distinctif (phonème) à l'intérieur d'une unité sémantique (morphème) implique un choix entre les deux termes d'une opposition. (Cf. Troubetzkoy, *Principes de phonologie,* Paris, 1949, p. 15 et p. 33 et suiv.; Jakobson, *Essais, op. cit.,* p. 104; et, sur la nature informationnelle des oppositions phonologiques, Guilbaud, *la Cybernétique,* Paris, P.U.F., 1954, p. 103.) De même, le choix d'une forme grammaticale par le locuteur met le récepteur en présence d'un ensemble donné de *bits* d'information. Ainsi, Boas a démontré que dans une expression telle que « the man killed the bull », le récepteur, pour donner une signification au message, doit élaborer des choix entre un nombre donné d'alternatives. De fait, les linguistes ont eu recours à la théorie de l'information comme à un instrument de recherche privilégié. Ainsi la dialectique informationnelle entre *redondance* et *improbabilité* a été mise en rapport avec la dialectique linguistique entre *bases de comparaison* et *variantes,* entre *traits distinctifs* et *traits redondants.* Jakobson parle d'un langage à *structure granulaire,* et partant susceptible de description quantique.

4. MAX PLANCK, *Wege zur physikalischen Erkenntnis,* Leipzig, S. Hirzel Verlag, ch. 1.

5. Cf. PLANCK, *op. cit.,* ch. 1.

6. HANS REICHENBACH, *The Direction of Time,* Un. of California Press, 1956, p. 55. Planck semble d'un avis différent; il incline à considérer l'entropie comme une réalité naturelle, qui exclut a priori des faits empiriquement impossibles (*op. cit.,* p. 30).

7. REICHENBACH, *op. cit.,* p. 151.

8. *Op. cit.*, p. 167.

9. NORBERT WIENER, *The Human Use of Human Beings,* Boston, Houghton Mifflin C°, 1950, ch. 1.

Résumons. Il existe une équiprobabilité du désordre, par rapport à quoi un ordre est un événement improbable parce qu'il est le choix d'*une seule* chaîne de probabilités. Une fois constitué, un ordre sera un système de probabilités par rapport auquel toute déviation apparaîtra de nouveau improbable.

10. En alignant une série de lettres, obtenues par tirage au sort de quelques-uns des trigrammes les plus probables dans la langue de Tite-Live, on a un ensemble de pseudo-mots incontestablement dotés d'une certaine « latinité : » IBUS. CENT. IPITIA. VETIS. IPSE. CUM. VIVIUS. SE. ACETITI. DEDENTUR. (Cf. G. T. Guilbaud, *la Cybernétique,* Paris, P.U.F., 1954, p. 82.)

11. Cf. WIENER, *op. cit.*, p. 145.

12. *Claires, fraîches et douces eaux*
    Près desquelles a posé ses beaux membres
    Celle qui seule pour moi paraît Dame !
    Chanson CXXVI (trad. Cochin, Paris, S.E.D.E.S., 1961).

13. *Une certaine manière.* Laquelle ? Celle qui définit, au regard de l'esthétique, une forme artistique réussie, celle, donc, qui a été analysée et définie dans le paragraphe *Ouverture et valeur esthétique,* au chapitre précédent.

14. R. SHANNON et W. WEAVER, *The Mathematical Theory of Communication,* Illinois Un. Press, 1949.

15. Cf. GOLDMAN, *op. cit.*, p. 330-331; et GUILBAUD, *op. cit.*, p. 65.

16. WARREN WEAVER, *The Mathematics of Information,* in *Automatic Control.*

17. *Il descendit sur une plage où le soir*
    Était toujours celui d'anciennes forêts,
    Et s'avança,
    Et ce fut une rumeur d'ailes qui le rappela
    Détachée du déchirant
    Battement de cœur de l'eau torride...
    (trad. de l'auteur et de Jean Lescure,
    Les Cinq livres, Paris, éd. de Minuit, 1953.)

18. C'est le même problème qu'avaient abordé les formalistes russes, mais sans le formuler en termes d'information, sous le nom de *priëm ostrannenija* : ce qui signifie « rendre étrange, rendre différent, détacher des habitudes ». L'effet d'étrangeté ne doit pas être pris ici dans son acception baroque et ne veut pas dire qu'on remplace le simple par l'élaboré;

il signifie : « s'écarter de la norme », saisir le lecteur grâce à un artifice qui s'oppose à ses habitudes perceptives ou intellectuelles, et fixe son attention sur l'élément poétique proposé. Ainsi Chklovski, analysant certains procédés stylistiques de Tolstoï, montre que le romancier feint de ne pas reconnaître des objets quotidiens et les décrit comme s'il les voyait pour la première fois. On voit sans peine comment pourraient être interprétées à partir de « l'étrangeté » certaines tendances du nouveau roman. Dans l'analyse que Chklovski fait du *Tristram Shandy* de Sterne, on retrouve la même mise en évidence de continuelles infractions à la loi du roman.

19. C'est cependant ce que faisaient certains dadaïstes; en 1916, Hugo Ball récitait au « Cabaret Voltaire » de Zurich des vers écrits dans une sorte de jargon fantastique. Et aujourd'hui encore, une certaine avant-garde musicale croit pouvoir se fier *uniquement* au hasard. Seulement ce ne sont là que cas-limites dont l'intérêt expérimental est précisément de fixer certaines frontières.

20. En d'autres termes : le fait qu'une œuvre d'art fournisse un certain type d'information contribue incontestablement à déterminer sa valeur esthétique, donc la manière dont nous la lisons et l'apprécions. Une quantité donnée d'information constitue un élément qui joue dans l'ensemble du rapport formel et qui impose à la forme ses conditions propres. Mais il y aurait naïveté à croire qu'une analyse en termes d'information puisse épuiser le problème de l'évaluation d'une œuvre d'art. Naïveté qu'on trouve dans le *Symposium* sur *Information Theory and the Arts*, paru dans le « Journal of Aesthetics and Art Criticism », juin 1959.

21. Cf. *Briefe an H. Jone und J. Humplick*, Wien, 1959.

22. W. WEAVER, *op. cit.*

23. Paris, Flammarion, 1958. Des articles traitant du même sujet ont paru dans différents numéros des « Cahiers d'études de Radio-Télévision ».

24. Cf. in *Incontri Musicali*, III, 1959, la polémique qui oppose Henri Pousseur à Nicolas Ruwet.

25. G. MOLES, *op. cit.*, p. 88 : « Si la matière sonore du bruit blanc est informe, quel est le caractère d'ordre minimum qu'il faut lui apporter pour lui conférer une identité, quel est le minimum de forme spectrale qu'il faut lui fournir pour lui donner cette individualité ? » C'est précisément ainsi que se pose le problème de la composition pour le musicien électronique. C'est encore le même problème que vise Lévi-Strauss quand il oppose une histoire *faible* (minutieuse, biographique et anecdotique, et par suite riche en information) et des types d'histoire plus *forte* (généralisée) : « Selon le niveau où l'historien se place, il perd en information ce qu'il gagne en compréhension ou inversement » (*La Pensée sauvage*, Paris, Plon, 1962, p. 346).

26. GOLDMAN, *op. cit.*, p. 69.

27. Si la théorie mathématique de l'information correspond à une étude statistique tirée des phénomènes du monde physique, le pas que nous sommes en train de faire nous entraîne vers une *théorie des communications* s'appliquant plus spécialement au message humain. Nous pensons qu'à un niveau préliminaire, il peut être commode d'utiliser, comme le font les théoriciens de l'information, la notion de « message » aussi bien pour l'information physique que pour l'information humaine. Mais si nous voulons maintenant saisir plus complètement les problèmes de l'activité esthétique, il nous faut aller dans la direction des critiques que Jakobson adresse à l'école anglaise : « Les essais qui ont été tentés de construire un modèle du langage sans relation aucune au locuteur ou à l'auditeur et qui hypostasient ainsi un code détaché de la communication effective, risquent de réduire le langage à une fiction scolastique » (*Essais, op. cit.*, p. 95).

28. « La connaissance ne crée pas l'organisation de son objet; elle l'imite dans la mesure où elle est une connaissance vraie et efficace. Ce n'est pas la raison qui dicte ses lois à l'univers, mais il y a plutôt une harmonie naturelle entre la raison et l'univers parce qu'ils obéissent aux mêmes lois générales d'organisation » (P. Guillaume, *la Psychologie de la Forme*, Paris, Flammarion, 1937, p. 204).

29. « De très nombreux faits montrent que les interprétations perceptives des données sensorielles primaires ont une plasticité remarquable, et qu'un même matériel suscite, suivant les circonstances, des perceptions très différentes » (H. Piéron, Rapport au Symposium *la Perception*, Louvain, 1953, Paris, P.U.F., 1955, p. 11).

30. *Randomness and Directiveness in Evolution and Activity in Living Organism*, in « American Naturalist », 1948, 82, p. 17.

31. J. P. KILPATRICK, *The Nature of Perception*, in *Explorations in Transactional Psychology*, New York Un. Press, 1961, p. 41-49.

32. Rapport au Symposium *la Perception, op. cit.*, p. 21. Cf. aussi *les Mécanismes perceptifs*, P.U.F., 1961 : « La raison des interactions entre le sujet et l'objet nous paraît tout autre que celle dont les fondateurs de la gestalt-théorie ont fait l'emprunt à la phénoménologie. La notion de l'équilibre perceptif que les faits nous semblent suggérer n'est pas celle d'un champ physique avec balance exacte et automatique des forces en présence, mais bien celle d'une compensation active de la part du sujet, tendant à modérer les perturbations extérieures.

... De façon générale, l'interaction entre le sujet et l'objet n'est pas due au fait que des formes d'organisation indépendantes du développement et ignorant toute genèse réuniraient en de mêmes totalités le sujet et l'objet, mais au contraire au fait que le sujet construit sans cesse de nouveaux schèmes au cours de son développement et y assimile les objets perçus, sans frontière délimitable entre les propriétés de l'objet assimilé et les structures du sujet assimilant. Comme nous le disions (...)

il convient donc d'opposer au génétisme sans structure de l'empirisme et au structuralisme sans genèse de la phénoménologie gestaltiste, un structuralisme génétique tel que chaque structure soit le produit d'une genèse et que chaque genèse constitue le passage d'une structure moins évoluée à une structure plus complexe. » (p. 450-51.)

33. Cf. *la Psychologie de l'intelligence*, Paris, A. Colin, 1947, ch. I et III.

34. *La Perception*, *op. cit.*, p. 28.

35. Cf. *la Psychologie de l'intelligence, op. cit.*, ch. III; et pour l'étude probabiliste de la perception, *les Mécanismes perceptifs, op. cit.*, où, tout en distinguant les processus opératoires de l'intelligence des processus de la perception, Piaget affirme qu'entre les deux « on trouve effectivement une série ininterrompue d'intermédiaires » (p. 13). L'expérience même se pose comme « une structuration progressive et non pas simplement comme une lecture » (p. 443). Mieux encore : « Qu'il s'agisse d'exploration, à commencer par le choix même des points de centration, de mise en référence, de transposition ou d'anticipation, etc., le sujet ne subit pas la contrainte de l'objet mais il dirige ses essais comme dans la résolution d'un problème » (p. 449).

36. The University of Chicago Press, 1959.

37. Cette théorie des émotions est manifestement empruntée à Dewey ainsi que le concept d'un *cercle* des stimuli et des réponses, des crises et des solutions, parfaitement *fulfilled* : c'est le concept même d'*Experience* (Cf. in Meyer, *op. cit.*, p. 32-37).

38. Cf. en particulier H. CANTRIL, *The « Why » of Man's Experience*, New York, Macmillan, 1950.

39. LÉONARD B. MEYER, *Meaning in Music and Information Theory*, in « Journal of Aesthetics and Art Criticism », juin 1957; et *Some Remarks on Value and Greatness in Music, ibid.*, juin 1959.

40. On parle de chaîne de Markoff, quand la probabilité d'un événement j n'est pas isolée (pj), mais dépend de l'événement qui précède : pij = pj f(pi). Voici un exemple de chaîne de Markoff obtenu « en laboratoire » : on inscrit des trigrammes sur des feuillets — un trigramme par feuillet — en répétant chaque trigramme conformément à la fréquence qui s'est statistiquement révélée la sienne dans une langue donnée. On place les feuillets dans plusieurs boîtes en groupant ensemble ceux dont les deux premières lettres sont identiques. On aura ainsi dans une boîte BUR, BUS, BUT, BUM, dans une autre IBA, IBL, IBU, IBR, etc. On tire au hasard un trigramme dont on lit les deux dernières lettres (si l'on tire IBU, ce sera BU) puis un second trigramme de la boîte commençant par BU. Si c'est BUS qui sort, on cherche ensuite un trigramme commençant par US, et ainsi de suite. Cette succession sera régie, quant à sa probabilité, par les formules données au début de cette note.

41. Dans la polémique qui l'oppose à Pousseur (Cf. « Incontri musicali », *op. cit.*), Nicolas Ruwet (analysant avec une extrême finesse, à la lumière de la méthodologie linguistique, la notion musicale de *groupe*, et cherchant à identifier à l'intérieur du groupe des unités distinctives) note que certains systèmes d'opposition se retrouvent dans toutes les langues parce qu'ils possèdent des propriétés structurales qui les rendent particulièrement propres à l'usage. Cela l'amène à se demander si, en musique, le système tonal ne possède pas précisément ces caractéristiques privilégiées; la tragédie de Webern consisterait alors dans le fait qu'il était conscient d'évoluer sur un terrain structuralement instable, ne possédant ni *bases de comparaison* solides, ni *systèmes d'opposition* suffisants.

42. Cf. H. POUSSEUR, *La nuova sensibilità musicale,* in « Incontri musicali », mai 1958, et « Esprit », janvier 1960. Cf. également *Forma e pratica musicale, ibid.,* août 1959.

43. Intervention d'Ombredane in *la Perception, op. cit.,* p. 95 et 98.

44. En réponse à la critique de Ruwet (citée note 41), disons qu'un *système d'oppositions* pourrait être jugé plus stable que les autres dans la mesure seulement où serait démontré qu'il correspond à des *patterns* fixes et privilégiés des processus nerveux. Si au contraire ces processus peuvent eux aussi s'adapter et se modifier, en fonction de l'évolution de la situation anthropologique dans son ensemble, ne verra-t-on pas se rompre la chaîne univoque et déterministe censée unir la structure d'une langue aux structures de la perception et de l'intelligence? Et ne verra-t-on pas s'établir, entre les deux ordres de structures, un rapport dialectique, dans lequel il deviendra difficile de distinguer qui modifie et qui est modifié ?

4

*L'Informel
comme œuvre ouverte*

Les notes du chapitre IV se trouvent p. 141 à 144.

Faire d'une poétique de l'Informel la caractéristique de la peinture contemporaine suppose une généralisation. L' « Informel », de catégorie critique qu'il était, en vient alors à désigner une tendance générale de la culture présente, au point d'englober des peintres comme Wols ou Bryen, les *tachistes* proprement dits, les promoteurs de l'*action painting,* de l'*art brut,* de l'*art autre,* etc. A ce point, l'Informel rejoint la notion plus vaste d'une poétique de l'œuvre « ouverte ».

« Ouvert », l'Informel l'est parce qu'il constitue un « champ » de possibilités interprétatives, une configuration de stimuli dotée d'une indétermination fondamentale, parce qu'il propose une série de « lectures » constamment variables, parce qu'il est enfin structuré comme une constellation d'éléments qui se prêtent à diverses relations réciproques. Tout cela fait que l'Informel des peintres se rattache aux structures de la musique post-webernienne et à cette poésie, dite en Italie des *Novissimi*[1], qui ne craint d'ailleurs pas de se définir comme informelle à son tour.

L'Informel peut être considéré comme le dernier maillon d'une chaîne d'expériences visant à introduire à l'intérieur de l'œuvre peinte un certain « mouvement ». Encore faudrait-il préciser le sens que l'on donne à ce mot. La recherche du mouvement est liée à toute l'évolution des arts plastiques. Nous la trouvons déjà dans les peintures rupestres, aussi bien que dans la Victoire de Samothrace : c'est alors une tentative pour représenter la mobilité propre des objets par le truchement de l'immobilité du trait. La répétition d'une même figure, montrant un personnage ou une histoire dans les phases successives de leur mouvement, vise autrement au même but. Le tympan de Souillac, dans sa présentation de l'histoire du Clerc Théophile, ou la Tapisserie de la reine Mathilde, à Bayeux, véritable récit cinématographique composé d'une juxtaposition de photogrammes, illustrent bien cette technique. Le mouvement y est représenté à l'aide de structures essentiellement fixes, et il ne compromet encore ni la structure de l'œuvre, ni la nature du signe.

Pour le voir modifier la structure de l'œuvre, il faut attendre Magnasco, le Tintoret, et surtout les Impressionnistes ; le signe se fait alors imprécis, ambigu, cherche à se donner comme animé. Les *formes* représentées ne deviennent pas pour autant indéterminées. Le signe suggère, par son ambiguïté, une certaine vibration des formes, un contact plus étroit avec ce qui les entoure ; les contours, les distinctions rigides entre forme et forme, entre forme et lumière, entre forme et fond, sont remises en question. Mais le spectateur n'en est pas moins conduit à reconnaître telle forme, et non telle autre (même si la remise en question des configurations traditionnelles, cet appel à l'informe que l'on trouve déjà dans les cathédrales du dernier Monet, l'ont amené peu à peu à envisager et la possibilité d'une dissolution et ce que pourrait être la fécondité d'une indétermination).

La démultiplication dynamique des contours futuristes et la décomposition cubiste ouvrent d'autres perspectives à la mobilité des formes. Du moins, cette mobilité repose encore sur la stabilité des formes initiales : celles-ci se trouvent affirmées au moment même où elles sont niées par la déformation et la décomposition.

La sculpture fait un pas de plus dans le sens de l'œuvre ouverte : les formes plastiques de Gabo ou de Lippold invitent le spectateur à une intervention active, à une initiative motrice. La forme, par elle-même définie, est construite de façon à paraître *ambiguë*, et à être vue diversement suivant l'angle sous lequel on la regarde [2]. Le spectateur qui tourne autour, assiste à une métamorphose. C'est un peu ce qui se produisait déjà pour l'architecture baroque, avec l'abandon d'une perspective frontale privilégiée. Et il est évident que toute sculpture a pour propriété de pouvoir être vue sous divers angles ; l'Apollon du Belvédère est différent selon qu'on le regarde de face ou en raccourci. Mais, outre que certaines œuvres sont conçues pour n'être vues que de face (telles les statues-colonnes des cathédrales gothiques), la considération de la forme sous divers angles tend généralement à faire converger l'attention sur l'ensemble; les différentes perspectives sont complémentaires et peuvent être ajoutées les unes aux autres, les aspects sont fonction de la totalité. L'Apollon vu de dos permet de deviner l'Apollon dans son ensemble, et la vision de face est une confirmation de la précédente. L'une appelle l'autre. La forme complète se reconstruit peu à peu dans la mémoire et dans l'imagination. Au contraire, l'œuvre de Gabo vue, d'où qu'on la voie, oblige à concevoir la coexistence de perspectives variées qui s'excluent l'une l'autre. Chaque angle de vision est en soi satisfaisant, mais il laisse sur sa faim qui voudrait concevoir en une fois la totalité des perspectives (cela est impossible en fait [3]).

Calder va plus loin : la forme se déplace elle-même sous nos yeux et devient « œuvre en mouvement ». Son mouvement se combine avec celui du spectateur. Théoriquement, il ne devrait pas y avoir deux moments dans le temps où les positions respectives de la sculpture et du spectateur se reproduisent. L'œuvre ne se contente plus de suggérer le jeu des choix : elle l'effectue et devient réellement un champ de possibilités.

Les projections des « vetrini » de Munari, les œuvres en mouvement de la jeune avant-garde, développent ces prémisses jusqu'à leurs conséquences extrêmes [4].

C'est à côté de ces diverses tendances que vient se ranger la tendance à l'Informel, au sens large que nous lui avons donné plus haut. Il ne s'agit pas d'une œuvre en mouvement, puisque le tableau est là, sous nos yeux, défini matériellement une fois pour toutes par les signes picturaux qui le composent. Il ne s'agit pas non plus d'une œuvre qui appelle le mouvement du spectateur — elle ne l'appelle pas plus que n'importe quel autre tableau qu'il faut regarder en tenant compte des diverses incidences de la lumière sur les aspérités de la matière et sur les reliefs de la couleur. Pourtant, il s'agit bien d'une œuvre « ouverte » — on pourrait même dire qu'elle l'est avec plus de maturité et de façon plus radicale : ici, vraiment, les signes sont disposés comme des constellations dont les relations structurales ne sont pas déterminées au départ de façon univoque, l'ambiguïté du signe n'est pas limitée (comme chez les Impressionnistes) par une réaffirmation de la distinction entre forme et fond : c'est le *fond* lui-même qui devient le sujet du tableau (le sujet du tableau devient le fond comme possibilité de métamorphoses continuelles).

D'où la possibilité — pour le spectateur — de choisir ses directions, ses rapports, ses perspectives, et d'entrevoir, à partir de cette configuration individuelle, les autres interprétations, qui coexistent tout en s'excluant, par un phénomène simultané d'exclusion et d'implication. Ici apparaît un double problème qui touche non seulement à la poétique de l'Informel, mais à la poétique de l'œuvre « ouverte » en général :

1. Quelles sont les raisons historiques, le *background* culturel d'une telle position, la vision du monde qu'elle implique ?

2. Comment définir les possibilités de « lecture » de telles œuvres, les conditions qui règlent leur communication, les garanties nécessaires pour qu'une telle communication ne dégénère pas en chaos : la tension entre la masse d'informations mise intentionnellement à la disposition du « lecteur » et le minimum de compréhension assurée, l'accord entre la volonté de l'auteur et la réponse du spectateur ?

Ni l'un ni l'autre de ces problèmes ne concerne la valeur esthétique, la « beauté » des œuvres considérées. Nous consacrerons à cette question des possibilités proprement esthétiques de l'Informel, la troisième partie de ce chapitre.

L'INFORMEL COMME MÉTAPHORE ÉPISTÉMOLOGIQUE

Du point de vue du *background* culturel, l'Informel rejoint l'ensemble de l'œuvre « ouverte ». Ici aussi, les formes artistiques se présentent comme des métaphores épistémologiques, comme la résolution créatrice (structurante) d'une conscience théorétique diffuse, liée d'ailleurs moins à une théorie déterminée qu'à une conviction générale. Elles retrouvent sur le plan de l'art ces catégories de l'indétermination et de la répartition statistique, qui régissent l'interprétation des faits naturels. L'Informel remet ainsi en question, par les moyens qui lui sont propres, le principe de causalité, les logiques à deux valeurs, les rapports univoques, le principe de contradiction.

On aurait tort de voir dans ce qui précède le point de vue d'un philosophe qui veut à tout prix découvrir un message conceptuel implicite dans les formes de l'art. Il s'agit, en fait, d'une prise de conscience des artistes eux-mêmes, dont le vocabulaire révèle assez les influences culturelles qu'ils subissent. Et certes, l'utilisation inconsidérée des catégories scientifiques pour caractériser un comportement artistique est souvent dangereuse; transposer un terme scientifique en un propos philosophique ou critique impose une série de vérifications, de délimitations du sens : il faut toujours déterminer dans quelle mesure un usage nouveau du mot a valeur seulement suggestive ou métaphorique. Mais lorsqu'on se scandalise de l'emploi, en esthétique ou ailleurs, de termes comme « indétermination », « répartition statistique », « information », « entropie », etc., on oublie que la philosophie et l'esthétique traditionnelles ont largement utilisé des vocables comme « forme », « puissance », « germe », qui étaient à l'origine des termes de physique et de cosmologie. A quoi on peut, en retour, objecter que ces mélanges terminologiques ont précisément amené la philosophie traditionnelle à comparaître en posture d'accusée devant des disciplines plus rigoureuses. Mais pour nous, loin de nous laisser abuser par l'emploi de termes scientifiques chez l'artiste qui veut mettre au clair ses intentions créatrices, nous nous garderons bien de voir dans les structures d'un art le reflet des structures présumées du réel. Nous relèverons seulement que la propagation de certaines notions dans son milieu culturel a influencé cet artiste, au point que son art veut et doit être considéré comme la réponse de l'imagination à la vision du monde répandue par la science : *l'art est une métaphore structurale de cette vision.* Dans ce domaine, répétons-le encore, notre recherche n'a rien à voir avec un inventaire ontologique; c'est une modeste contribution à l'histoire des idées.

Les exemples ne manquent pas, qu'on les emprunte aux programmes d'expositions ou aux articles de critique. Si notre choix s'est porté sur un article de Georges Mathieu, *D'Aristote à l'abstraction lyrique* [5], c'est qu'il s'agit là d'un exemple particulièrement évident. Le peintre tente d'y retracer la progression, dans la civilisation occidentale, de l'*idéal* au *réel*, du *réel* à l'*abstrait*, et de l'*abstrait* au *possible*. C'est une genèse historique des poétiques de l'informel, de l'abstraction lyrique et de ces formes nouvelles que l'avant-garde a découvertes avant que la conscience commune ne les ait intégrées. Pour Mathieu, l'évolution des formes est parallèle à celle des concepts scientifiques : « Si nous assistons à l'effondrement de toutes les valeurs classiques dans le domaine de l'art, une révolution parallèle aussi profonde a lieu dans le domaine des sciences où la récente faillite des concepts concernant l'espace, la matière, la parité, la gravitation et la résurgence des notions d'indéterminisme, de probabilité, de contradiction, d'entropie, postulent de toutes parts le réveil d'un mysticisme et la possibilité d'un nouveau transcendement. »

Naturellement, sur le plan des méthodes scientifiques, une notion comme celle d'indétermination n'implique aucun postulat mystique ; elle permet de décrire, avec les précautions voulues, certains faits microphysiques. Sur le plan philosophique, elle doit être maniée avec prudence. Mais on ne peut contester à Mathieu le droit de la recueillir et d'y trouver un stimulant pour son imagination. Il faudra, au contraire, chercher à savoir si, du stimulant « scientifique » à la structuration des signes picturaux, on retrouve une certaine analogie, s'il existe malgré tout une continuité entre la vision des choses implicitement contenue dans le concept méthodologique, et celle qu'enveloppent les formes nouvelles d'art. Comme nous l'avons écrit plus haut, la poétique baroque s'est développée à partir de la nouvelle vision du cosmos qu'avait introduite la révolution copernicienne : dans l'édifice baroque, la diversité des perspectives se ressent de la conception — non plus géocentrique, ni, par conséquent, anthropocentrique — d'un univers élargi aux dimensions de l'infini. Par ailleurs, cette poétique s'est trouvée presque figurée dans la découverte képlérienne du caractère elliptique des orbites planétaires, découverte qui remettait en question la position privilégiée du cercle comme symbole de la perfection cosmique. De même, on peut, en théorie, établir comme le fait Mathieu un parallèle entre l'avènement des géométries non-euclidiennes et l'abandon des formes géométriques classiques chez les Fauves ou les Cubistes ; entre l'avènement de la peinture abstraite et l'apparition en mathématiques des nombres imaginaires ou transfinis et de la théorie des ensembles ; entre les premières tentatives du Néoplasticisme ou du Constructivisme et les tentatives d'axiomatisation de la géométrie chez Hilbert : « Enfin, la *Théorie des Jeux de Von Neumann et Morgenstern*, l'un des événements scientifiques les plus importants de ce siècle, s'est avérée particulièrement féconde dans son application à l'art actuel, comme Toni del Renzio a pu en donner de magistraux exemples à propos de l'*action painting*. Dans ce vaste domaine, qui va désormais du possible au *probable*, dans cette nouvelle aventure de l'indéterminisme qui régit les lois de la matière inanimée, vivante, ou psychique, les problèmes posés par le Chevalier de Méré à Pascal, il y a trois siècles, sont dépassés, comme le sont les notions de hasard-objectif de Dali, ou de méta-ironie de Duchamp. Les nouveaux rapports du hasard avec la causalité, l'introduction de l'anti-hasard positif et négatif, sont une confirmation de plus de la rupture de notre civilisation actuelle avec le rationalisme cartésien. »

Ne nous arrêtons pas aux affirmations scientifiques plus ou moins hasardeuses du peintre que nous venons de citer et à son étrange conviction que l'indéterminisme... régit les lois de la matière inanimée, vivante ou spirituelle ! Comment concevoir que quand la science introduit prudemment des concepts dans un cadre méthodologique bien déterminé, toute la culture de l'époque, qui perçoit leur signification révolutionnaire, renonce à s'en emparer avec la violence d'une réaction sentimentale et imaginative ? Il est vrai que le principe d'indétermination et la méthodologie quantique ne nous apprennent rien sur la structure du monde, qu'ils nous proposent seulement un moyen d'en décrire certains aspects : ils nous révèlent, en revanche, que des valeurs que l'on croyait absolues, dont on pensait qu'elles constituaient l'armature métaphysique du monde (le principe de causalité ou le principe de contradiction) au même titre qu'eux sont conventionnelles, qu'elles ne sont plus indispensables pour expliquer le monde ou en créer un autre. De là qu'on trouve en art moins l'instauration rigoureuse d'équivalents formels des nouveaux concepts que la négation des concepts anciens. De là encore qu'on trouve, à côté d'une science qui ne promet rien de plus qu'une structure supposée des choses, un effort de l'art pour donner de ce monde nouveau une image au moins possible, une image que la sensibilité, toujours en retard sur l'intelligence, n'a pas encore fait sienne : n'incline-t-on pas aujourd'hui encore à penser que « le soleil se lève », quand depuis plus de trois siècles on sait fort bien qu'il ne bouge pas ?

Tout cela éclaire la fonction d'un art nouveau comme métaphore épistémologique. La discontinuité des phénomènes remet en question la possibilité d'une image unifiée et définitive de l'univers; l'art nous propose un moyen de nous représenter ce même monde, le monde où nous vivons, et, ce faisant, de l'accepter, de l'intégrer à notre sensibilité. L'œuvre « ouverte » entend en pleine lucidité donner une image de la discontinuité : elle ne la raconte pas, elle *est* cette discontinuité. Elle se pose en *médiatrice,* entre les catégories abstraites de la science et la matière vivante de notre sensibilité; c'est comme une sorte de schéma transcendantal qui nous permet de saisir de nouveaux aspects du monde.

C'est dans cette perspective qu'il convient d'interpréter les protocoles de lecture lyriques de la critique devant certaines œuvres informelles, son enthousiasme pour les libertés nouvelles qu'un champ de stimuli aussi ouvert, aussi ambigu, offre à l'imagination :

« Dubuffet a affaire aux réalités primordiales et au *mana*, aux courants magiques qui relient les êtres humains aux objets qui les entourent. Son art est, toutefois, beaucoup plus complexe que tout art primitif. J'ai fait allusion à ses multiples ambiguïtés et zones de signification. Beaucoup de celles-ci sont créées par l'organisation spatiale compliquée de la toile, par la confusion voulue des échelles, par l'habitude qu'a l'artiste de voir et de représenter les choses sous divers angles à la fois... C'est là en vérité une expérience optique bien complexe car non seulement votre point de vue ne cesse de varier, non seulement il y a quantité d'impasses optiques, de perspectives évoquant des routes qui finissent au milieu d'une plaine ou au bord d'une falaise; on est, en sus, constamment happé par le tableau, par une surface manifestement plate sur laquelle aucune des techniques traditionnelles n'a été utilisée. Mais cette vue multiple est tout à fait normale : c'est ainsi qu'on voit les choses pendant une promenade à la campagne, tandis que l'on escalade des monticules, que l'on suit des chemins sinueux. Cette tendance à voir les choses en se plaçant alternativement ou successivement en divers points de l'espace indique évidemment aussi une relativité — ou une présence simultanée du temps [6]. »

« Fautrier, lui, nous peint une boîte comme si le concept de boîte n'existait pas encore; et plutôt qu'un objet, un débat entre rêve et matière, un tâtonnement vers « la boîte » dans la zone d'incertitude où se frôlent le possible et le réel... L'artiste a la sensation continuelle que les choses pourraient être autrement [7]. »

« La matière de Fautrier... est une matière qui ne se simplifie pas mais va en se compliquant toujours davantage, captant et assimilant des significations possibles, s'incorporant des aspects ou des moments du réel, se saturant d'expérience vécue [8]. »

« Les attributs qu'il convient d'assurer à la représentation (de Dubuffet) sont bien différents et ont une tout autre valeur : ce sont en premier lieu l'in-finité, l'in-distinction, l'in-discrétion (ces termes étant pris dans leur signification étymologique). *Observer* selon l'optique de la matière revient à voir se briser les profils notionnels, se désagréger et disparaître les aspects des choses et des personnes. S'il subsiste encore des corpuscules, des traces, des présences d'une quelconque définition formelle qui soient discernables, cette optique exige qu'on les mette en question, qu'on les livre à l'inflation en les multipliant et en les confondant en une sarabande de projections et de dédoublements [9]. »

Le « lecteur » s'enthousiasme devant la liberté nouvelle de l'œuvre, devant son pouvoir infini de prolifération, son enrichissement intérieur et les projections inconscientes qu'elle détermine. La toile elle-même l'invite à ne pas se laisser déterminer par les liens de causalité, ou par l'attrait de l'univoque, à s'engager dans une voie où les découvertes seront toujours plus *imprévisibles*.

Parmi ces « protocoles de lecture », l'un des plus substantiels et des plus inquiétants est sans doute celui d'Audiberti racontant ce qu'il *voit* dans la peinture de Camille Bryen :

« Finalement, il n'y a pas plus d'*abstrait* que de *figuratif*. L'intime semoule du fémur des ibis, et même des plombiers, recèle, comme un album, comme un abhomme de famille, toute sorte de carte postale, dôme des Invalides, grand hôtel New-Grand à Yokohama. La réfraction atmosphérique répercute dans le tissu minéral les mirages les mieux composés. Des hordes de staphylocoques submédulliers s'alignent pour dessiner la silhouette du tribunal de commerce de Menton (...). L'infini de la peinture de Bryen me paraît plus qualifié que s'il se bornait à illustrer l'habituel rapport de l'immobile peinture courante avec ce qui précède et ce qui suivra. Je répète, il le faut, qu'à mes yeux elle a ceci, pour elle, qu'elle bouge vraiment. Elle bouge dans tous les appels de l'espace, du côté du passé, du côté de l'avenir. Elle plonge sur la végétation poisonneuse du fond ou, au contraire, hors des abîmes de la carie dentaire des moucherons, elle monte vers le clin de notre œil et la poignée de nos mains. Les molécules qui la composent, de substance chimique picturale et d'énergie visionnaire à la fois, palpitent et s'ajustent sous la douche horizontale du regard. On prend ici sur le fait le phénomène de la création continue, ou de la révélation. Une « plume », une peinture de Bryen n'atteste pas, comme tout autre, comme toute chose ici-bas, la jonction permanente des ordres de Bourse, de l'exoticule des araignées et des bois crieurs des cobalts, non... Alors qu'achevée, présentable et signée, amenée à sa proportion sociale et commerciale, elle attend l'attention ou la contemplation de celui qui la voit et dont elle fait un voyant, les formes ou les non-formes qu'elle propose au premier abord se modifient dans l'espace en avant de la toile et de la feuille et en avant, aussi, de l'âme de ce voyant, en avant! Elles accouchent, petit à petit l'astre fait son nid, de décors et de profils secondaires tour à tour prépondérants. En couches transparentes ils se plaquent sur l'image foncière. Au niveau de la peinture, une cybernétique, comme on dit vulgairement, se manifeste. Nous aurons enfin vu l'œuvre d'art s'abhumaniser, se délacer de la signature de l'homme, accéder à une mouvementation autonome, que même les compteurs d'électrons, pour peu qu'on en sût au juste où les brancher, se feraient un jeu de mesurer [10]. »

On trouve ici tout à la fois les limites et les possibilités d'une œuvre «ouverte». Si la moitié des réactions d'Audiberti n'ont rien à voir avec l'effet esthétique, et sont seulement des divagations personnelles suggérées par les signes, leur existence même pose un vrai problème : s'agit-il d'une limite propre au « lecteur », qui serait trop intéressé par les jeux de sa propre imagination, ou bien faut-il voir là une limite de l'œuvre elle-même, qui jouerait alors le rôle que remplit ailleurs la mescaline ? Quoi qu'il en soit des hypothèses extrêmes, on trouve dans ce texte l'exaltation des possibilités d'un libre inventaire, d'une mise en valeur illimitée des contrastes et des oppositions qui prolifèrent à chaque pas. Tout comme le lecteur échappe au contrôle de l'œuvre, l'œuvre semble, à un moment donné, échapper à tout contrôle, même à celui de l'auteur, et se mettre à discourir *sponte sua* comme un cerveau électronique qui serait devenu fou. Ce qui subsiste alors, ce n'est plus un champ de possibilités, mais l'indistinct, l'originaire, l'indéterminé à l'état libre, le tout et le rien.

Audiberti parle de « liberté cybernétique ». Le mot nous renvoie à la théorie de l'information et nous réintroduit au cœur du problème : quelles sont les possibilités de communication des œuvres dont nous parlons ici ?

INFORMEL ET INFORMATION

Rappelons brièvement ce qui a été exposé au chapitre précédent. La théorie de l'information, dans ses formulations mathématiques (sinon dans ses applications à la technique cybernétique), distingue de façon radicale entre la « signification » et l' « information ». La *signification* d'un message (et par message, il faut entendre aussi la configuration picturale en tant qu'elle est chargée de transmettre non pas des références sémantiques, mais une certaine somme de relations formelles) est fonction de l'ordre, des conventions et, par conséquent, de la « redondance » de la structure. La signification est d'autant plus claire et sans équivoque qu'on s'attache davantage à des règles de probabilité, à des principes d'organisation préétablis et repris dans la répétition d'éléments prévisibles. Inversement, plus la structure devient improbable, ambiguë, imprévisible, désordonnée, plus l'*information* augmente : par information il faut entendre possibilité d'informer, et virtualité d'ordres seulement possibles.

Certaines communications exigent la *signification,* l'ordre, l'évidence. Il en est ainsi de toute communication ayant une utilité pratique, depuis la lettre jusqu'au symbole de signalisation routière. Ils doivent être compris d'une seule manière, sans qu'il y ait possibilité de malentendus, ni d'interprétations personnelles. Dans d'autres cas, on recherche, au contraire, la valeur d'*information,* la richesse inépuisable des significations. Il en est ainsi de la communication artistique et de l'effet esthétique.

Nous avons dit, en outre, que toute forme d'art, même si elle utilise les conventions du langage commun ou les symboles figuratifs traditionnels, vaut seulement par l'organisation nouvelle de ces éléments, organisation qui correspond dans tous les cas à une augmentation d'information. Il reste qu'à travers des redressements imprévus et de provisoires ruptures, l'art « classique » tend finalement à confirmer les structures acceptées par la sensibilité commune à laquelle il s'adresse; et qu'il s'oppose à certaines lois de redondance dans le seul but de leur donner une confirmation renouvelée sous une forme originale. Au contraire, l'art contemporain recherche, au-delà semble-t-il de toute autre valeur, une rupture des lois de probabilité qui régissent le langage commun, remettant en question ses prémisses au moment même où il s'en sert, et tendant à le déformer.

Quand Dante écrivait :

Fede è sustanzia di cose sperate

(la Foi est la substance des choses espérées), il utilisait les lois grammaticales et syntactiques du langage de son temps, pour communiquer un concept reçu par la théologie courante. Pour donner plus de prégnance à cette communication, il organisait les mots choisis avec soin, selon des lois imprévues et des rapports inédits. Il unissait de façon si étroite le contenu sémantique avec les sons et avec le rythme général de la phrase, qu'il rendait celle-ci toute nouvelle, intraduisible — suggestive. Elle devenait par là susceptible de fournir à l'auditeur un taux élevé d'information, et il ne s'agit pas ici d'une information sémantique qui enrichirait notre connaissance des référents auxquels elle renvoie, mais d'une information esthétique reposant sur la seule richesse de la forme donnée.

Le poète contemporain qui écrit :

Plaines, dont j'ai dépassé la nuit,

s'il répète l'opération du vieux poète (organisant, selon un rapport singulier, un contenu sémantique, un matériau sonore et des rythmes), le fait évidemment dans un autre but. Il ne s'agit pas pour lui de consacrer sur le mode du « beau » ou de l' « agréable » un langage reconnu et des idées acquises, mais de rompre avec les conventions du langage, avec l'enchaînement habituel des idées, pour proposer une utilisation inédite des mots et une logique insolite des images, de façon à donner au lecteur un certain type d'information, une possibilité d'interprétation, un faisceau de suggestions qui soient aux antipodes de la signification, comme communication d'un message univoque.

Notre propos présent a pour objet cet aspect pluriel de la communication artistique à l'exclusion de toutes les autres connotations esthétiques auxquelles nous reviendrons tout à l'heure. Comme nous le disions au début de ce chapitre, il s'agit d'abord de déterminer *dans quelle mesure la volonté d'innovation-information est conciliable avec les possibilités de communication entre auteur et spectateur.*

Empruntons au domaine musical quelques exemples. Dans cette phrase d'un court menuet de Bach (tiré du *Notenbüchlein für Anna Magdalena Bach*) :

l'adhésion à un système de probabilités conventionnel, jointe à une certaine redondance, concourt à rendre claire, univoque, la signification du message musical. La loi de probabilité est celle de la grammaire tonale, à laquelle la sensibilité de l'auditeur occidental post-médiéval est habituée : les intervalles y constituent plus que des différences de fréquence, ils impliquent la mise en œuvre de rapports organiques. Pour saisir ces rapports, l'auditeur choisit toujours la voie la plus simple, suivant un « indice de rationalité » où les données dites « objectives » de la perception comptent moins que les conventions linguistiques assimilées. Les deux premiers temps de la première mesure comportent les degrés de l'accord parfait de fa majeur; au troisième temps, le sol et le mi impliquent une harmonie de dominante, dont l'intention évidente est de renforcer la tonique par le plus élémentaire des mouvements cadentiels; et de fait, la seconde mesure reprend fidèlement la tonique. S'il en allait autrement, en ce début de menuet, nous devrions croire à une faute d'impression. Tout est si clair et si cohérent linguistiquement, qu'il suffit d'un peu d'oreille pour déduire de cette ligne mélodique les éventuels rapports harmoniques, c'est-à-dire la « basse » de la phrase.

Il en va tout autrement dans une composition de Webern : une série de sons se présente comme une constellation dans laquelle n'existe aucune direction privilégiée. L'absence de loi, de centre tonal, interdit à l'auditeur de prévoir le développement de la composition, de lui attribuer une seule direction. Les enchaînements sont ambigus : une séquence de notes peut être suivie par une autre, on ne sait laquelle, et tout au plus une sensibilité déjà formée peut-elle l'accepter une fois qu'elle lui est communiquée :

« Au point de vue harmonique, tout d'abord (par quoi nous entendons les rapports de hauteur dans tous les sens, simultanés et successifs), l'on constatera que chaque son, dans la musique de Webern, voisine d'une manière immédiate (ou presque) avec l'un des sons (sinon avec les deux) qui forment avec lui un intervalle chromatique. Le plus souvent, cependant, cet intervalle ne se présente pas sous la forme du demi-ton, de la seconde mineure (laquelle, surtout généralisée, est encore essentiellement conductrice, mélodique, *enchaînante* et en appelle toujours à la représentation, décrite plus haut, des déformations élastiques d'un même champ harmonique), mais bien sous la forme distendue de la septième majeure ou de la neuvième mineure. Considérés comme maillons élémentaires du tissu relationnel, traités comme tels, ces intervalles empêchent la valorisation sensible et automatique des octaves (opération toujours *à portée de l'oreille*, vu son extrême simplicité), ils font constamment *dévier* le sens des mises en rapport fréquentielles, ils contrecarrent l'imagination d'un espace auditif *rectiligne* [11]... »

Si un message de ce type est plus ambigu que la phrase de Bach — et renferme, par conséquent, avec une signification moins univoque, une plus grande richesse d'information —, la musique électronique ira plus loin encore dans ce sens : un ensemble de sons nous est présenté fondu en un « groupe » dans lequel il est devenu impossible à l'oreille de démêler les rapports de fréquence (le compositeur ne demande pas qu'on les identifie, mais qu'on les saisisse dans toute la force, l'ambiguïté de leur enchevêtrement) ; de surcroît, les sons ainsi rassemblés assument des fréquences inédites, ils n'ont plus l'aspect familier de la « note musicale » et nous transportent hors du monde auditif auquel nous sommes habitués. Le champ des significations s'élargit, le message s'ouvre à plus d'une réponse, l'information s'en trouve considérablement accrue.

Tentons maintenant de porter cette imprécision — et cette information — à leur extrême limite : la présence simultanée de tous les sons audibles aura pour résultat le *bruit blanc*, la somme indifférenciée de toutes les fréquences. Or, ce bruit blanc qui, en bonne logique, devrait correspondre à un maximum d'information, équivaut en fait à *une information nulle*. Notre oreille, privée de toute indication, n'est même plus capable de faire un choix. Elle assiste passive et impuissante au spectacle du magma originel. Il y a donc un seuil au-delà duquel la richesse d'information se change en « bruit ».

Remarquons cependant que le bruit lui-même peut constituer un signal. La musique concrète et certaines réalisations de la musique électronique ne sont point autre chose que des organisations de bruits prenant ainsi valeur de signal. Mais la transmission de ce type de message pose justement un problème : celui de la coloration des bruits blancs, c'est-à-dire du minimum d'ordre qu'il convient d'apporter au bruit pour lui conférer une identité, un minimum de structure spectrale [12].

On rencontre un phénomène analogue dans le domaine figuratif. Prenons une mosaïque byzantine. Voilà un type de communication classiquement redondante, qui se prête tout particulièrement à une analyse en termes d'information. Chaque petit cube de la mosaïque peut être considéré comme une unité d'information, un *bit* ; la totalité de l'information est donnée par la somme de ces unités. Or, les rapports qui s'établissent entre les divers éléments d'une mosaïque traditionnelle (disons : le *Cortège de l'impératrice Théodora,* à Saint-Vital de Ravenne) ne sont nullement le fait du hasard. Ils sont réglés par des lois de probabilité précises. Il existe, en premier lieu, une convention figurative, en vertu de laquelle l'œuvre doit reproduire le corps humain et la nature. Cette convention implicite, basée sur nos schèmes perceptifs, entraîne l'œil à réunir les cubes de mosaïque suivant le contour des corps ; les limites des corps sont d'ailleurs caractérisées par leur unité chromatique. Les cubes ne se bornent pas à *suggérer* la présence d'un corps : par leur distribution hautement redondante, par une série de répétitions en chaînes, ils *insistent* sur les contours sans que subsiste aucune possibilité d'équivoque. Si un signal noir représente la pupille, une série d'autres signaux convenablement disposés réitère le message en indiquant les sourcils et les paupières ; il est désormais permis d'identifier l'œil sans ambiguïté. Ajoutons encore la représentation, symétrique, de *deux* yeux : autre élément de redondance. Car, après tout, un peintre moderne se contente parfois d'un œil pour suggérer — avec succès — un visage vu de face. Dans notre mosaïque les yeux vont toujours par deux, parce que certaines conventions figuratives y sont suivies à la lettre : conventions qui constituent, en termes d'information, des lois de probabilité à l'intérieur du système donné. Tout cela nous place devant un message figuratif chargé d'une signification univoque, et d'un taux d'information limité.

Prenons maintenant une feuille de papier blanc, plions-la en deux et faisons tomber sur l'une des moitiés une série de taches d'encre. Le dessin obtenu sera absolument fortuit, sans aucun ordre. Replions la feuille, de façon que la surface tachée vienne coïncider avec l'autre. Une fois rouverte la feuille, nous nous trouvons devant un dessin qui comporte un certain ordre, par la répétition symétrique des éléments, laquelle constitue la forme la plus élémentaire de redondance, le plus simple avatar de la probabilité. Et dès lors, bien que la représentation reste foncièrement ambiguë, le spectateur a du moins quelques points de repère : des directions lui sont indiquées, des rapports suggérés. Il reste libre, infiniment plus qu'il ne l'était devant la mosaïque de Ravenne, mais il n'est pas moins conduit à reconnaître ici certaines figures de préférence à d'autres. Ce sont des figures variées et leur identification met en jeu les tendances inconscientes du spectateur. La diversité des réponses possibles marque la liberté, l'ambiguïté, la puissance d'information de la configuration perceptive proposée. Et il existe cependant certaines directions interprétatives, au point que le psychologue responsable du test sera désorienté si la réponse du sujet s'éloigne par trop du champ des réponses probables.

Adoptons à présent comme unités d'information non plus des fragments de mosaïque, ni des taches d'encre, mais ces minuscules morceaux de pierre qui, uniformément répartis, agglomérés et écrasés par un rouleau compresseur, constituent ce qu'on appelle du « macadam ». Quand on regarde une route ainsi recouverte, on perçoit la présence d'innombrables éléments répartis de façon presque statistique. Aucun ordre ne préside à leur assemblage. La configuration est tout à fait ouverte et détient, en droit, le maximum d'information possible, puisque rien n'empêche de relier par des lignes idéales n'importe lequel des éléments à n'importe lequel des autres et puisque n'apparaît nulle part aucun commencement de suggestion. Mais, dans ce cas — comme dans celui du bruit blanc —, le fait qu'il existe une probabilité égale (une équiprobabilité) pour toutes les répartitions, au lieu d'augmenter les possibilités d'information, les réduit à néant. Plus exactement, ces possibilités demeurent sur le plan mathématique, mais disparaissent au niveau de la communication. L'œil ne reçoit plus aucune indication d'ordre.

Ici encore, la possibilité d'une communication d'autant plus riche qu'elle est plus ouverte, réside dans un délicat équilibre, dans *le minimum d'ordre compatible avec le maximum de désordre.* Cet équilibre subtil marque la frontière entre le domaine où toutes les possibilités sont indistinctes et un champ de possibilités.

Tel est donc le problème d'une peinture qui accepte la richesse de l'ambiguïté, la fécondité de l'informe, le défi de l'indétermination. Elle entend proposer au spectateur la plus libre des aventures, tout en demeurant communication, la communication du *bruit* maximum avec la contremarque d'une intention qui lui donne qualité de *signal*. Sans cette marque, le spectateur ferait aussi bien d'explorer en toute liberté les revêtements routiers ou les taches des murs : il n'aurait nul besoin de transporter dans le cadre d'une toile ces possibilités de message que la nature et le hasard mettent à sa disposition. Il est à noter que la seule intention suffit à marquer le bruit comme signal. Il suffit de transposer une toile à sac dans un cadre pour « marquer » une matière brute comme *artefact*. Mais ici interviennent les diverses modalités de cette marque et la force des suggestions faites par rapport à la liberté du spectateur.

La marque peut être purement mécanique. Si j'encadre d'un trait de craie une lézarde sur un mur, je la choisis, je la propose comme configuration dotée d'un pouvoir suggestif, je la crée même comme fait de communication et œuvre artificielle, plus encore : je lui impose une direction pratiquement univoque de « lecture ». Mais dans d'autres cas, la marque sera infiniment plus complexe, intérieure à la configuration même; et les ébauches d'ordre que j'imposerai à la figure pourront tendre à lui conserver une indétermination maxima, tout en orientant le spectateur selon une rose de possibilités définie, excluant d'autres solutions. Le peintre ne fait pas autre chose, même dans la plus fortuite de ses créations, même lorsqu'il répartit ses signes de façon presque statistique. Ainsi, Dubuffet, avec ses *Matériologies* : la référence aux revêtements routiers ou aux sols bruts est évidente, et le peintre cherche donc à placer le spectateur devant toutes les suggestions d'une matière informe, apte à toutes les déterminations, mais il serait le premier étonné si quelqu'un reconnaissait dans l'une de ces œuvres le portrait d'Henry V ou de Jeanne d'Arc, et il attribuerait sans aucun doute une organisation aussi improbable de ses signaux à des dispositions d'esprit touchant au pathologique.

Herbert Read, dans un essai perplexe sur le tachisme, intitulé *Un art sismographique* [13], se demande si le jeu de nos réactions spontanées devant une tache sur un mur est encore d'ordre esthétique. Il y a différence, dit-il, entre un produit de l'imaginaire et un objet qui stimule l'imagination : dans le deuxième cas, l'artiste n'est plus le peintre, mais le spectateur. Dans une tache, il manque donc l'élément de contrôle, la forme qui guide la vision. L'art tachiste, en renonçant à la forme-contrôle, renoncerait du même coup à la *beauté,* et miserait seulement sur la *vitalité.*

Confessons que si le choix s'établissait entre vitalité et beauté, il nous laisserait assez indifférents. Si, dans le cadre de notre civilisation, et au point actuel de l'évolution (tout irrationnelle) du goût, la vitalité, comme négation de la forme, devait être préférée à la beauté, il n'y aurait pas d'inconvénient à renoncer à cette dernière.

Mais le problème qui nous intéresse est autre : ce qui est en question, c'est le pouvoir de *communication* d'un acte de vitalité : dans quelle mesure un jeu de libres réactions peut être intentionnellement provoqué. Nous vivons dans une civilisation encore très éloignée de cet abandon inconditionnel à la force vitale qu'a choisi le sage zen. Lui, contemple avec bonheur les libres possibilités du monde qui l'entoure, le mouvement des nuages, les reflets dans l'eau, les intrigues terrestres, les jeux du soleil sur les feuilles mouillées, et y trouve la confirmation du triomphe incessant et protéiforme du Tout. Nous vivons dans un monde où pour inviter à de libres associations visuelles et imaginatives, on cherche encore à les provoquer par l'organisation artificielle d'un objet créé conformément à un projet de suggestion. Où on demande au spectateur non seulement de se soumettre aux associations que lui suggère cet ensemble de stimuli artificiels, mais encore de porter un jugement sur l'objet ainsi fabriqué, au moment même où il en jouit (et plus tard, par un retour réflexif à fin de vérification sur cette jouissance). En d'autres termes, il s'agit ici encore d'une dialectique entre l'œuvre et l'expérience que j'en ai; il m'est implicitement demandé et de juger l'œuvre à partir de mon expérience, et de soumettre cette expérience au contrôle d'un retour à l'œuvre. A la limite, je dois trouver les raisons de mon expérience dans les modes selon lesquels l'œuvre a été réalisée : jugeant cette dernière sur les moyens utilisés, les résultats obtenus, les intentions atteintes, les intentions non réalisées. Car le seul critère auquel je puisse recourir pour juger l'œuvre est précisément la concordance entre mes possibilités de jouissance esthétique et les intentions implicitement manifestées par l'auteur dans son travail.

Même dans l'affirmation d'un art de la *vitalité,* de l'*action,* du *geste*, de la matière triomphante, du hasard, il s'établit donc encore une dialectique entre l'œuvre et l' « ouverture » de ses « lectures ». Une œuvre est *ouverte* aussi longtemps qu'elle reste une *œuvre*. Au delà, l'ouverture s'identifie au *bruit*.

Déterminer ce « seuil » n'est pas du domaine de l'esthétique : c'est la réflexion critique qui, à propos de chaque tableau, établit dans quelle mesure les diverses possibilités d'interprétation (l' « ouverture ») sont intentionnellement rangées dans un champ qui oriente la lecture et dirige les choix. Alors, le message a valeur de communication, au lieu de se réduire à un dialogue absurde entre un signal qui n'est plus que bruit, et une réception qui n'est plus que délire solipsiste.

LA FORME DE L'INFORMEL

On trouve un exemple caractéristique de ce qu'est la tentation de la vitalité dans un essai consacré par André Pieyre de Mandiargues à Dubuffet : le peintre, écrit Mandiargues, atteint avec *Mirobolus, Macadam et Cie* un extrême. Il nous propose des sections de terrain à l'état brut, vues d'en haut ; il n'y a plus là aucune abstraction, mais seulement la présence immédiate de la matière, dont nous sommes appelés à jouir dans ce qu'elle a de plus concret. Nous contemplons alors l'infini à l'état de poussière : « Dubuffet, un peu avant l'exposition, m'écrivait que ses *texturologies* portent l'art à un point dangereux où les différences deviennent bien subtiles et incertaines entre l'objet susceptible de fonctionner comme machine à penser, comme écran de méditations et de voyances, et l'objet le plus vil et le plus dépourvu d'intérêt. On comprend aisément que les personnes éprises d'art s'alarment quand on porte celui-ci à un point si extrême que la distinction entre ce qui est art et ce qui n'est plus rien du tout risque de devenir embarrassante [14]. » Mais si le peintre reconnaît la ligne de partage dans un terrain aussi mouvant, le spectateur, lui, peut ou bien se plier à l'identification d'un message intentionnel, ou bien s'abandonner au flux vital, incontrôlé, de réactions imprévisibles. C'est cette seconde voie que choisit Mandiargues lorsqu'il place sur le même plan les sensations qu'il éprouve devant les *texturologies* et celles que lui inspire le cours boueux et chargé du Nil. Ou lorsqu'il dit retrouver ici la joie concrète que l'on éprouve à plonger ses mains dans le sable et à voir filer entre ses doigts les grains minuscules, cependant que les paumes éprouvent la tiédeur de la matière. Pourquoi s'arrêter, une fois parti sur ce chemin, pourquoi choisir encore le tableau, tellement moins riche en possibilités que le sable véritable, et l'infinité de la matière mise à notre disposition par la nature ? Parce que, de toute évidence, c'est le cadre qui, seul, permet d'organiser la matière brute, à la fois en la désignant comme telle et en y délimitant un champ de suggestions. Le tableau, avant d'être un champ de *choix à réaliser,* est déjà un champ de *choix réalisés.* Cela est si vrai que le critique, avant d'entonner son hymne à la vitalité, commence par célébrer le peintre et son projet. S'il parvient à une association incontrôlée, c'est parce que d'abord sa sensibilité a été dirigée, contrôlée, orientée par des signes qui, pour être le fruit du hasard, n'en sont pas moins celui d'une intention, et constituent de ce fait une *œuvre*.

La lecture critique la plus proche, semble-t-il, d'une conception occidentale de la communication artistique, est celle qui tend à identifier, au sein même de l'accidentel et du fortuit dont l'œuvre tire sa substance, ce qui est « métier » ou « discipline » — cette discipline par quoi l'artiste réussit à déclencher au moment voulu les forces du hasard, faisant de son œuvre une *chance domestiquée,* « une sorte de couple moteur, dont les pôles, lorsqu'ils entrent en contact, loin de s'annuler, conservent leur différence de potentiel [15] ». Ce sont, chez Dubuffet, les aspirations géométriques qui viennent découper la *texturologie* en lui imposant un frein et une direction, permettant au peintre de « jouer sur le clavier des évocations et des références ». Ce sera, chez Fautrier, le dessin qui intègre et corrige la liberté de la couleur par une dialectique entre la limite et le manque de limite [16], en sorte que « le signe arrête la dilatation de la matière ».

Même dans les manifestations les plus spontanées de l'*action painting,* la multitude des formes qui assaillent le spectateur en lui laissant toute liberté d'interprétation n'a rien à voir avec l'enregistrement d'un quelconque événement tellurique : c'est un geste qui est enregistré. Or, un geste est un tracé, il possède une direction spatiale et temporelle, dont précisément le signe pictural rend compte. Nous pouvons parcourir le signe dans toutes ses directions, mais il est un champ de directions (réversibles) qui lui ont été imposées par le geste (irréversible, une fois esquissé). A travers le signe, le geste originel nous entraîne et c'est sur les traces de ce geste perdu que nous allons, et nous nous arrêterons avec sa redécouverte qui est aussi celle de l'intention communicative... Pareille peinture conserve la liberté de la nature, mais d'une nature dont les signes révèlent la main de son créateur : ainsi la nature, pour le métaphysicien médiéval, était-elle continûment révélatrice de l'Acte originel. Cette peinture, donc, est encore communication, passage d'une *intention* à une *réception*. Si la réception est ouverte, c'est que l'intention l'était déjà et visait à communiquer non pas un *unicum,* mais une pluralité de conclusions, et cette réception surgit au terme d'un rapport de communication qui, comme tous les autres, repose sur une disposition, sur l'organisation d'une forme. En ce sens, l'Informel est un refus des formes classiques à direction univoque, mais non pas un abandon de la forme comme condition fondamentale de la communication. L'Informel, comme d'ailleurs toute œuvre « ouverte », ne nous conduit pas à proclamer la mort de la forme, mais à en forger une notion plus souple, à concevoir *la forme comme un champ de possibilités.*

Et parce qu'il reste soumis aux catégories fondamentales de la communication (parce que sa capacité d'information repose sur une capacité de formation), l'art de la vitalité et du hasard nous offre, avec les connotations de l'organisation formelle, les conditions d'une appréciation esthétique. Regardons, par exemple, un tableau de Pollock. Le désordre des signes, la désintégration des contours, l'éclatement des figures incitent le spectateur à établir lui-même un réseau de relations. Mais le geste original fixé par le signe constitue une orientation et permet de retrouver l'intention de l'auteur. Or, cet effet tient à ce que le geste n'est pas extérieur au signe, n'est pas une référence à laquelle le signe nous renverrait par convention (bref, ne constitue pas un hiéroglyphe de la vitalité susceptible d'être reproduit en série et qui évoquerait conventionnellement l'idée d'une « libre explosion »). *Geste* et *signe* trouvent ici un équilibre singulier, impossible à reproduire, résultat d'une fusion des matériaux inertes sous l'action de l'énergie formatrice, d'un jeu de relations entre les signes tel que notre attention y discerne, par-delà le rapport de formes (de signes), le rapport de gestes (d'intentions). Il se produit donc une fusion d'éléments, semblable à celle qu'opère le langage poétique traditionnel dans ces moments privilégiés où le son et les sens, la valeur conventionnelle du son et sa valeur émotionnelle se confondent. Cette fusion est ce que la culture occidentale considère comme la caractéristique de l'art : *le fait esthétique.* L'interprète, au moment même où il s'abandonne au libre jeu des réactions qui lui sont suggérées, revient à l'objet pour y trouver l'origine de la suggestion et pour goûter la maestria de la provocation. Il ne jouit plus seulement alors de son aventure personnelle, mais de la qualité propre de l'œuvre, de sa valeur esthétique. Une fois reconnu que c'est à la disposition des signes que tient en fait le libre jeu des associations, celles-ci deviennent partie intégrante de l'œuvre, elles ont leur place parmi ces contenus que l'œuvre assemble dans son unité propre, avec tous les dynamismes créateurs qui en découlent. Le spectateur goûte (et décrit : l'interprète d'une œuvre informelle ne fait pas autre chose) la qualité d'une forme, d'une œuvre qui est *ouverte* précisément parce qu'elle est *œuvre.*

Sur une information quantitative a pris appui, nous le voyons, un type d'information beaucoup plus riche : l'information esthétique [17].

Le premier type d'information consistait à tirer de la totalité des signes le maximum de suggestions possibles, c'est-à-dire à charger ces signes de toutes les intégrations personnelles compatibles avec les intentions de l'auteur. Telle est la valeur que recherche délibérément l'œuvre « ouverte. » Dans les formes classiques, au contraire, si cette valeur constitue la condition nécessaire de l'interprétation, on ne la met pas en avant, on cherche même à la maintenir à l'intérieur de limites précises.

Le second type d'information consiste à rattacher les résultats du premier type aux qualités organiques qui en sont l'origine ; à saisir, derrière cette richesse suggestive qu'on exploite, une organisation consciente, une intention formatrice et à s'en réjouir. Recon naître le projet est chaque fois une source d'étonnement et de plaisir, l'occasion d'une connaissance plus profonde du monde intérieur ou du *background* culturel de l'auteur.

Ainsi, dans la dialectique entre *œuvre* et *ouverture*, la persistance de l'œuvre est garant que demeurent possibles et la communication et la jouissance esthétique. Les deux valeurs s'impliquent l'une l'autre et sont intimement liées (au contraire du message conventionnel, tel le panneau de signalisation routière, où la communication subsiste sans le caractère esthétique, en sorte que la communication s'achève avec la saisie du référent, sans que l'on soit amené à revenir sur le signe pour jouir de l'efficacité de la communication réalisée à travers l'organisation de la matière). L' « ouverture » est, pour sa part, garantie d'un type de jouissance particulièrement riche que notre civilisation poursuit comme une de ses valeurs les plus précieuses. Tous les éléments de notre culture ne sont-ils pas une invitation à concevoir, à sentir, et finalement à *voir*, le monde suivant la catégorie de la *possibilité* ?

NOTES

1. L'auteur se réfère ici aux poètes de la revue *Il Verri*, rassemblés en 1961 dans le volume *I Novissimi* (Feltrinelli, Milan) : Nanni Balestrini, Alfredo Giuliani, Elio Pagliarani, Antonio Porta, Edoardo Sanguineti. Autour de ce noyau se sont par la suite réunis les poètes du *Groupe 63*.

2. A première vue, les prises de position poétiques de Gabo ne semblent guère conciliables avec la notion d'œuvre « ouverte ». Dans une lettre à Herbert Read, de 1944 (citée dans Read, *The Philosophy of Modern Art*, London, Faber & Faber, 1952), Gabo parle du caractère absolu et de l'exactitude des lignes, puis évoque des images non de chaos mais d'ordre : « Tous, nous construisons une image du monde tel que nous souhaiterions qu'il soit et ce monde spirituel sera toujours ce que nous le faisons, tel que nous le faisons. C'est l'humanité seule qui lui donne forme, lui impose un certain ordre, à partir d'une masse de réalités incohérentes et hostiles. Voilà ce qui me semble constructif, j'ai opté pour l'exactitude des lignes. »

Comparons cependant ces déclarations à ce que le même Gabo disait en 1924 dans le *Manifeste du Constructivisme* : ordre et exactitude sont les paramètres à partir desquels l'art reproduit l'organicité de la nature, sa puissance formatrice, le dynamisme de son développement. L'art est par conséquent une image achevée et définie, mais apte à rendre au moyen d'éléments *cinétiques* ce processus continuel qu'est la croissance naturelle. Comme un paysage, un pli de terrain, une tache sur un mur, l'œuvre d'art se prête à des visualisations différentes et présente des profils changeants; elle reflète en vertu même de ses caractéristiques d'ordre et d'exactitude, la mobilité des faits naturels. Nous pourrions dire qu'ici, une œuvre définie fournit l'image d'une nature « ouverte ». Read, bien qu'il se méfie des autres formes de l'ambiguïté plastique, note : « La vision particulière de la réalité qui est commune au constructivisme de Gabo et de Pevsner ne dérive pas d'aspects superficiels de la civilisation mécanique, ni d'une réduction des données visuelles à leurs « plans cubiques » ou à leurs « volumes plastiques »... mais du processus structural de l'univers physique tel qu'il nous est révélé par la science moderne. La meilleure initiation à l'art constructiviste est l'étude de Whitehead ou de Schrœdinger... L'art — c'est là sa principale fonction —

141

accepte l'universelle multiplicité que la science recherche et révèle, mais en la ramenant au caractère concret d'un symbole plastique » (p. 233).

3. EZRA POUND note une impression analogue devant les œuvres de Brancusi : « Brancusi a choisi une tâche terriblement plus difficile : réunir toutes les formes en une seule. Voilà qui exige autant de temps que la contemplation de l'univers en exige d'un bouddhiste... On pourrait dire que chacun des milliers d'angles sous lesquels on considère une statue doit avoir une vie propre (Brancusi me permettra d'écrire : une vie *divine*)... Même l'adorateur le plus exclusif de l'art le plus exécrable admettra qu'il est plus facile de construire une statue satisfaisante si on la considère sous *un seul* angle que d'en faire une qui puisse satisfaire le spectateur quel que soit l'angle sous lequel on la regarde. On comprend qu'il soit plus difficile de communiquer cette « satisfaction formelle » à l'aide d'une seule masse que de provoquer un intérêt visuel éphémère au moyen de combinaisons monumentales ou dramatiques... » (Témoignage sur Brancusi in « The Little Review », 1921).

4. Citons, outre les célèbres « vetrini » de Munari, certaines expériences de la jeune génération, tels les *Miriorama* du groupe T (Anceschi, Boriani, Colombo, Devecchi) et les structures transformables de Jacoov Agam, les « constellations mobiles » de Pol Burg, les *rotoreliefs* de Duchamp (« L'artiste n'est pas seul à accomplir l'acte de création, car le spectateur établit le contact entre l'œuvre et le monde extérieur, en déchiffrant et en interprétant ses qualifications profondes et, ce faisant, apporte sa contribution au processus créateur. »), les objets à transformation de Enzo Mari, les structures articulées de Munari, les feuilles mobiles de Diter Rot, les structures cinétiques de Jesus Soto (« ce sont, note Claus Bremer, des structures cinétiques parce qu'elles utilisent le spectateur comme moteur. Elles reflètent le mouvement du spectateur, ne serait-ce que celui de ses yeux. Elles prévoient sa capacité de se déplacer, sollicitent son activité sans la contraindre. Ce sont des structures cinétiques parce qu'elles ne contiennent pas les forces qui les animent. Parce que leur dynamisme, elles l'empruntent au spectateur. »), les machines de Jean Tinguely (qui, mises en mouvement ou manœuvrées par le spectateur, dessinent des configurations toujours nouvelles), les formes de Vasarely.

5. In « l'Œil », avril 1959.

6. JAMES FITZSIMMONS, *Jean Dubuffet,* Bruxelles, 1958, p. 43.

7. A. BERNE-JOFFROY, *les Objets de J. Fautrier,* in « N.R.F. », mai 1955.

8. G. C. ARGAN, *De Bergson à Fautrier,* in « Aut Aut », janvier 1960.

9. R. BARILLI, *J. Dubuffet, Matériologies,* Galleria del Naviglio, Milan 1961.

10. JACQUES AUDIBERTI, *l'Ouvre-Boîte,* Gallimard, Paris, 1952, p. 26-35.

11. Henri Pousseur, *Una Nuova Sensibilità musicale* in « Incontri musicali », n° 2, 1958. Repris dans « Esprit », sous le titre *Vers un nouvel univers sonore,* janvier 1960, p. 52.

12. Cf. tout le paragraphe *Information, ordre et désordre* dans le chapitre précédent.

13. *The Tenth Muse,* Routledge and Kegan, London, 1957, p. 35 et suiv.

14. *Jean Dubuffet ou le point extrême,* in « Cahiers du Musée de poche », n° 2, p. 52.

15. Cf. Renato Barilli, *la Peinture de Dubuffet,* in « Il Verri », octobre 1959. Barilli renvoie lui-même aux textes de Dubuffet, *Prospectus aux amateurs de tout genre,* Paris, 1946, et en particulier à la partie intitulée: *Notes pour les fins-lettrés.*

16. Cf. Palma Bucarelli, *Jean Fautrier, Pittura e materia,* Milan, Il Saggiatore, 1960. On trouvera p. 67 une analyse de la continuelle opposition entre l'effervescence de la matière et les limites des contours, ainsi que la distinction entre la liberté, suggérée, de l'infini et l'angoisse d'une absence de limite, considérée comme possibilité négative pour l'œuvre. P. 97 : « Dans ces *Objets,* le contour est indépendant du grumeau de couleur qui constitue cependant une donnée, une existence évidente : le contour déborde la matière, indique un espace et un temps, autrement dit encadre la matière dans une dimension de conscience. » Ces lectures critiques restent bien entendu limitées aux œuvres en question et il ne s'agit pas d'extrapoler à partir de là un système de catégories valable pour toute espèce d'expérience formelle. Dans d'autres cas, la dialectique entre dessin et couleur disparaîtra (nous pensons à Matta, à Imai, ou à Tobey) et la recherche prendra une orientation différente. Même quand, chez Dubuffet, les subdivisions géométriques des *texturologies* n'existent plus, cela n'empêche pas de chercher sur la toile des suggestions de directions et des choix effectifs.

17. On trouve déjà dans l'art figuratif classique un exemple de ce rapport dans le lien entre signification *iconographique* et signification *esthétique.* La convention iconographique est un élément de redondance : un homme barbu, flanqué d'un bélier avec près de lui un enfant, c'est — dans l'iconographie médiévale — Abraham. La convention *insiste,* pour nous confirmer le personnage et son caractère. Panofsky propose ici l'exemple de la *Judith et Holopherne* de Maffei (Cf. *Zum Problem der Beschreibung und Juhaltsdeutung von Werken der bildenden Kunst* in « Logos », xxi, 1932) : la femme représentée sur cette toile porte une tête coupée sur un plat, et une épée. Le premier élément pourrait faire croire qu'il s'agit de Salomé. Mais, selon les conventions iconographiques baroques, Salomé n'est jamais représentée avec une épée. En revanche, il n'est pas rare de voir Judith apporter sur un plat la tête d'Holopherne. Un autre élément iconographique vient faciliter l'identification : l'expression du décapité, qui

évoque davantage celle d'un mauvais sujet que d'un saint. La redondance des éléments éclaire donc la signification du message et communique une information quantitative, si limitée soit-elle. A son tour, cette information quantitative favorise l'information esthétique, la jouissance de la construction organique et le jugement sur la réalisation artistique. Comme le fait observer Panofsky : « On jugera le tableau, fût-ce d'un point de vue esthétique, de façon très différente suivant qu'on y verra la représentation d'une courtisane portant la tête d'un saint ou celle d'une héroïne protégée par Dieu, tenant entre ses mains le chef d'un sacrilège. »

5

Le hasard et l'intrigue

(L'expérience télévisuelle et l'esthétique)

Les notes du chapitre V se trouvent p. 167-168.

L'expérience télévisuelle a suscité, depuis ses origines, tant de réflexions théoriques, qu'on a été jusqu'à parler d'une *esthétique* de la télévision.

Dans la terminologie philosophique italienne, on entend par esthétique toute recherche spéculative ayant pour objet l'art en général, l'acte humain qui est à son origine, et les caractères constants de l'objet produit. On ne peut parler d'une « esthétique de la peinture » ou « du cinéma » que si l'on entend désigner ainsi certains problèmes qui, bien que mis en valeur par l'expérience picturale ou cinématographique, deviennent dès lors matière à une réflexion plus générale, éclairent des attitudes humaines qui peuvent faire l'objet d'une analyse théorique ou permettre un approfondissement de l'anthropologie philosophique. Pour désigner comme une « esthétique » des considérations techniques, des manifestes, des analyses stylistiques ou des jugements critiques, il faut donner au mot une acception différente et plus concrète — comme on le fait dans d'autres pays. Si l'on entend demeurer fidèle à la tradition terminologique italienne, mieux vaut parler alors de *poétiques* ou d'analyses technico-stylistiques, reconnaissant ainsi l'importance de ces disciplines et leur supériorité dans bien des cas, même théoriques, sur les « esthétiques » philosophiques.

Il nous a paru intéressant, quant à nous, d'examiner d'abord ce que le phénomène télévisuel et les structures qu'il met en œuvre peuvent apporter à la réflexion proprement esthétique, affermissant certaines positions, contribuant — devant un fait irréductible aux catégories existantes — à élargir certaines définitions théoriques.

Dans un deuxième temps — et au niveau cette fois des poétiques —, nous envisagerons le rapport qui peut exister entre les structures permettant la communication du discours télévisuel et les structures « ouvertes » que l'art contemporain nous propose dans d'autres domaines.

STRUCTURES ESTHÉTIQUES DE LA PRISE DE VUES EN DIRECT

1. Quand on passe en revue les divers propos jusqu'ici consacrés à la télévision, on voit se dégager certains thèmes qui peuvent bien contribuer au développement d'un art télévisuel, mais qui n'apportent aucune révolution à l'esthétique en général. Il n'y a là aucun « fait nouveau » qui nous oblige à remettre en question les explications jusqu'ici admises, ou à redéfinir principes et concepts.

On a parlé d'un « espace » télévisuel, déterminé par les dimensions de l'écran et une profondeur particulière liée aux objectifs des caméras. On a noté le caractère du « temps » télévisuel, qui s'identifie le plus souvent avec le temps réel (dans la prise de vues en direct d'événements ou de spectacles), et qui toujours est spécifié par son rapport avec un espace et avec un public placé dans certaines dispositions psychologiques. On a étudié le type de communication très particulier, inédit, qui s'établit entre la télévision et son public, avec le groupement des spectateurs en entités numériquement et qualitativement différentes de tout ce qu'on avait vu jusque-là, au point que l'individu peut jouir d'un maximum d'isolement et que peut passer au second plan le facteur « collectivité ». Autant de problèmes auxquels le metteur en scène, le régisseur, le producteur de télévision se heurtent constamment; autant de points sur lesquels devra enquêter une poétique de la télévision.

Mais le fait que chaque moyen de communication artistique ait son « espace », son « temps », son rapport avec le public n'entraine, sur le plan philosophique, qu'une constatation, sans plus. Les problèmes relatifs à la télévision viennent juste confirmer le discours bien connu qui assigne à chaque « genre » d'art le dialogue avec sa « matière », l'instauration de sa grammaire et de son vocabulaire propres. En ce sens, la télévision n'apporte ni plus ni moins au philosophe que les autres arts.

Cette conclusion pourrait être tenue pour définitive si, en parlant d' « esthétique », nous songions seulement aux programmes « artistiques » (au sens le plus conventionnel et limitatif du mot) de la télévision : drames, comédies, œuvres lyriques, ou tout autre spectacle traditionnel. Mais une réflexion esthétique plus vaste peut prendre en considération tous les phénomènes de communication, pour en examiner le « taux » d'art : et si nous suivons cette voie-là, l'apport le plus intéressant pour notre recherche pourrait bien être donné par un mode de communication absolument propre à la télévision : la prise de vues en direct.

Un certain nombre de points peuvent déjà être tenus pour acquis. La prise de vues et la mise en ondes d'un événement dans le moment même où il se déroule supposent un *montage* — puisque l'événement est enregistré par plusieurs caméras (trois au moins) et qu'on retransmet l'image considérée comme la meilleure : il s'agit d'un montage improvisé, *contemporain* du déroulement de l'événement. Dans la production cinématographique, prise de vues, montage et projection, sont trois étapes bien distinctes. Ici, elles s'identifient. Et c'est là l'origine de cette autre identification, déjà notée, entre le temps réel et le temps télévisuel : aucun procédé narratif ne peut condenser une durée qui est celle, autonome, du fait même représenté.

A partir de ces simples remarques, on voit déjà naître toute une série de problèmes artistiques, techniques et psychologiques, touchant et à la production et à la réception. On voit, par exemple, du côté de la production, les réflexes prendre une importance qu'ils n'avaient jusque-là que dans les domaines des transports et du travail industriel. Mais en rapprochant plus étroitement encore la communication qu'opère la prise en direct d'une problématique artistique, nous allons voir surgir une autre constatation.

La prise de vues en direct n'est jamais une reproduction pure et simple de l'événement, elle est *toujours une interprétation* de ce qui se passe, même si l'interprétation reste parfois de l'ordre de l'infinitésimal. Pour enregistrer un événement, le réalisateur place ses caméras de façon à disposer de plusieurs points de vue complémentaires, que les caméras soient toutes braquées à l'intérieur d'un même champ visuel ou bien (pour une course cycliste par exemple) qu'elles soient placées en des points différents, de façon à suivre les déplacements d'un mobile. La disposition des caméras est fonction de possibilités techniques; mais il n'y en a pas moins, dans cette étape préliminaire, déjà une part de *choix*.

Au moment où l'événement commence, le réalisateur reçoit sur trois écrans ou plus, les images que lui envoient les caméras; à partir de ces images, il va ordonner aux opérateurs de *choisir* tel ou tel cadrage à l'intérieur de leur champ visuel — chaque opérateur disposant de plusieurs objectifs qui lui permettent de restreindre ou d'élargir le champ, ou encore de souligner certains effets de profondeur. Cela fait, le réalisateur se trouve placé devant un nouveau *choix* : il doit envoyer sur les ondes une des images qu'il a devant lui et opérer son montage par la succession des images choisies. Le choix devient ainsi composition, narration, unification discursive d'images isolées, pour en faire le tissu d'un enchevêtrement d'événements coprésents.

Il est vrai qu'à l'heure actuelle, la plupart des reportages télévisuels ont pour objet des événements qui laissent au réalisateur une marge d'interprétation très faible. Dans une partie de football, le centre d'intérêt, ce sont les déplacements du ballon, et il n'y a guère de place pour les digressions. Là même, cependant, dans l'utilisation des objectifs, dans l'importance donnée aux initiatives personnelles ou aux mouvements d'équipe, etc., il entre une petite part de choix.

Aussi bien avons-nous vu des cas où le spectateur reçut de l'événement une véritable interprétation, fruit d'une indéniable décantation narrative. En 1956, par exemple, pendant la retransmission d'une discussion entre deux économistes, on entendit, plusieurs fois, l'un des interlocuteurs poser une question sur un ton agressif tandis que la caméra montrait l'interpellé en proie à une grande nervosité, tordant son mouchoir entre ses doigts : le montage donnait au débat un caractère dramatique, d'ailleurs non déplacé, et entraînait une prise de position, même si elle était involontaire. Le public se trouvait distrait de l'appareil logique de la discussion et livré à ses aspects émotifs; le rapport des forces, qui aurait dû reposer sur la valeur de l'argumentation et non sur les qualités physiques des interlocuteurs, se trouvait faussé.

La retransmission des cérémonies du mariage de Rainier de Monaco et de Grace Kelly constitua une illustration encore meilleure des problèmes de l'interprétation. L'événement pouvait être considéré sous divers angles : événement politique et diplomatique, parade fastueuse dans un style d'opérette, roman sentimental, etc. Or, l'émission mit l'accent presque uniquement sur le côté rose, sur l'aspect romantique des faits, en fournissant un compte rendu plein de couleurs, mais privé d'intentions profondes. Au cours de la parade militaire, alors qu'un détachement américain — dont la présence était évidemment décorative — exécutait un morceau de musique militaire, la caméra s'arrêta sur le prince Rainier qui s'était sali en s'appuyant contre la balustrade du balcon, et qui se penchait pour épousseter son pantalon, tout en souriant, amusé, à sa fiancée. Peut-être n'importe quel réalisateur (n'importe quel journaliste) aurait-il fait le même choix (en métier, c'était un « scoop »). Il reste que ce choix devait déterminer la suite du récit et lui donner une coloration particulière. Si, au même moment, on avait montré la fanfare américaine en grand uniforme, deux jours plus tard, au cours de la cérémonie religieuse, on aurait dû suivre les gestes du prélat : les caméras restèrent braquées en permanence sur le visage de la mariée, de façon que soit évidente son émotion. Pour donner une unité de ton au récit, le réalisateur se maintenait chapitre après chapitre dans un même registre. Il donnait ainsi satisfaction au goût d'un certain public, mais le déterminait, en un autre sens. Tout en étant soumis à des facteurs techniques et sociologiques, il conservait une certaine liberté; il *racontait*.

Une narration conforme à un principe élémentaire de cohérence et réalisée dans le moment même où on la conçoit, c'est ce qu'on pourrait appeler un *récit impromptu*. Voilà un aspect du phénomène télévisuel qui intéresse l'esthétique. Le chant des aèdes ou des bardes, la *commedia dell'arte* soulevaient déjà des problèmes analogues; nous y trouvons le même principe d'improvisation mais avec davantage de liberté, moins de contraintes extérieures, aucune référence à une réalité en cours. De nos jours, le problème se pose bien plus précisément encore avec cette forme de composition propre au jazz qu'on nomme la *jam-session* : les divers membres d'un ensemble choisissent un thème et le développent librement, en improvisant pour une part et, pour une autre part, en respectant les lois d'un génie commun qui leur permet une création *collective, simultanée, improvisée* et, cependant, *organique* (lorsqu'elle est réussie et mérite d'être choisie parmi toutes celles qu'on a enregistrées sur la bande magnétique).

Voilà qui doit nous inciter à réexaminer, et en tout cas à utiliser avec davantage de souplesse, plusieurs concepts esthétiques, en particulier tout ce qui concerne le processus créateur et la personnalité de l'auteur, les essais et le résultat, l'œuvre achevée et ce qui l'a préparée, ses antécédents si l'on veut. Dans le cas du jazz, on trouve au chapitre des antécédents une certaine habitude du travail en commun, et l'utilisation d'astuces traditionnelles comme le *riff* [1] ou les formules mélodico-harmoniques du répertoire. Autant d'éléments qui constituent une limite au libre jeu de l'invention, mais qui confirment les réflexions théoriques sur le rôle déterminant de certaines structures préliminaires dans la croissance de l'organisme artistique. Telles données mélodiques exigent tel développement, que tous les exécutants prévoient et réalisent d'un commun accord. On retrouve ainsi la thématique classique de la « forme formante » — mais rattachée à des questions de langage et de rhétorique musicale qui conditionnent et enveloppent l'invention proprement dite [2].

Des problèmes analogues se posent avec la prise de vues en direct. Dans le domaine télévisuel :

1. Essai et résultat s'identifient presque totalement. Plusieurs images constituent l'essai — mais, produites simultanément, elles laissent peu de temps pour le choix. Une seule de ces images constituera le résultat.

2. Œuvre et antécédents coïncident, encore que les caméras aient été disposées à l'avance.

3. On retrouve à un moindre degré l'action de la « forme formante ».

4. Les limites de l'invention ne sont pas déterminées par le répertoire, mais par les faits extérieurs. C'est dire qu'au total l'auto-

nomie de l'auteur est considérablement réduite, et moindres les
possibilités artistiques offertes par le phénomène.

II. On pourrait s'en tenir là si l'on considérait comme limitatif
le fait que le « récit » se moule sur une série d'événements autonomes qui sont, en un sens, choisis, mais qui, en réalité, se présentent d'eux-mêmes, selon une logique dont il est difficile de ne
pas tenir compte. Or, cette *condition* nous paraît, au contraire, constituer la véritable *possibilité* artistique de la prise de vues en direct.

Voyons donc comment la structure d'une telle « condition »
éclaire les possibilités de la narration.

Parlant de l'unité d'intrigue, Aristote remarque qu' « un grand
nombre et même un nombre infini de choses peuvent arriver à une
personne sans que, pour autant, certaines de ces choses soient
aptes à constituer une unité : de même les actions d'une personne
peuvent être nombreuses sans qu'il en résulte une unité d'action [3] ».
De même, à l'intérieur d'un champ quelconque, des événements
sans rapport les uns avec les autres peuvent se recouper ou se che-
vaucher, et plusieurs situations évoluer dans des directions différentes. Un groupe de faits qui, vu sous un certain angle, trouve
son accomplissement dans un deuxième, se prolonge au contraire,
vu sous un nouveau jour, dans un troisième. Il est évident que
tous ces faits ont, comme tels, une justification indépendante de
leurs rapports : ils sont justifiés du fait même qu'ils se produisent.
Mais il est non moins évident que nous éprouvons le besoin de les
considérer sous une lumière unifiante, fût-ce en isolant certains
d'entre eux, qui nous paraissent avoir quelques rapports, au détriment des autres. Bref, nous *regroupons* les faits en formes; ou,
encore, nous les unifions en « expériences ».

Nous utilisons ici le mot « expérience », parce qu'il nous permet
de nous référer à la formulation deweyenne, laquelle nous semble
aller dans le sens de notre propos. « On parle d'expériences lorsque
le matériel expérimental tend vers son accomplissement. C'est alors
seulement qu'une expérience s'intègre en se différenciant dans le
cours général de l'expérience... » Dans une expérience, l'écoulement est celui de quelque chose vers quelque chose [4]. On peut
ainsi qualifier d' « expérience » un travail bien fait, un jeu terminé,
toute action portée à son terme selon une fin préétablie.

Dans le bilan de nos journées, nous isolons les expériences accomplies de celles qui ont été seulement esquissées ou qui sont inachevées. Il peut se faire que nous laissions ainsi de côté des expériences parfaitement accomplies, parce qu'elles n'ont pas pour nous d'intérêt immédiat, ou parce que nous n'avons pas été bien conscients de leur effectuation. De même, à l'intérieur d'un champ d'événements, nous isolons certaines expériences en fonction de nos intérêts les plus pressants, et des dispositions morales ou émotives qui sont les nôtres au moment de l'observation [5].

Ce qui intéresse le présent exposé dans le concept deweyen d'« expérience », c'est moins l'appartenance à un processus organique (savoir, l'interaction entre le sujet et son milieu) que l'aspect formel : le fait qu'une expérience apparaisse comme un *accomplissement,* un *fulfilment,* comme une *structure.*

Non moins intéressant est le comportement d'un observateur qui cherche à deviner et à représenter les expériences d'autrui, plutôt qu'à vivre les siennes. Il réalise ainsi une *imitation* (dans le sens aristotélicien de *mimesis*) d'*expériences,* et vit au moins une expérience personnelle d'interprétation et de *mimesis.*

Le fait que ces *mimesis* d'expériences aient une valeur esthétique vient de ce qu'elles sont, en même temps qu'*interprétation, création — choix* et *composition —,* même lorsque les événements appellent comme d'eux-mêmes ce choix et cette composition.

La valeur esthétique sera d'autant plus apparente que l'on cherchera à identifier et à isoler des expériences dans un contexte d'événements plus large. C'est en somme la recherche et l'établissement d'une cohérence, d'une unité, dans une diversité, pour nous, chaotique. Il s'agit de constituer un tout dont les parties soient « coordonnées, de telle sorte qu'en en déplaçant ou en en supprimant une, l'ensemble soit comme disloqué et détruit ». Ceci nous ramène à Aristote [6] et nous fait découvrir que l'effort pour identifier et reproduire les expériences, se confond selon lui avec la poésie.

L'histoire, au contraire, ne nous présente pas un fait unique « mais une période, et elle considère et conçoit tous les faits de cette période, en relation avec un ou plusieurs personnages; il existe entre chaque fait un rapport purement fortuit [7] ». L'histoire, pour Aristote, est comme la photographie panoramique de ce champ d'événements auquel nous faisions plus haut allusion. La poésie, elle, isole dans le champ une expérience cohérente, un rapport génétique de faits; elle organise, en définitive, selon une perspective de valeur [8].

Toutes ces observations nous permettent de reconnaître dans la prise de vues en direct un comportement artistique. Il y a, pourrait-on dire, esthétique en puissance dès lors qu'il est possible d'isoler des « expériences » de façon plus ou moins satisfaisante; en d'autres termes, de donner une « forme » à un groupe d'événements.

Ainsi, lorsqu'il s'agit d'un événement à caractère dramatique, un incendie par exemple, la somme des éléments faisant partie du contexte « incendie à tel endroit » peut être considérée selon différentes perspectives narratives, depuis l'épopée du feu destructeur jusqu'à l'apologie des sapeurs-pompiers, depuis le drame du sauvetage jusqu'au regard braqué sur la curiosité féroce ou compatissante de la foule. Il y a une façon d'enregistrer la réalité qui devient discours et jugement, alors même qu'elle se propose comme prise de vues en direct : nous touchons ici la poétique, par delà la télévision, du *cinéma-vérité*.

III. Reconnaître le caractère artistique du phénomène télévisuel, avec ce que cela comporte comme conséquences, semblerait à présent facile, si les conditions d'improvisation qui sont propres à la prise de vues en direct ne venaient poser un autre problème.

A propos de l'expérience logique — mais la remarque reste valable pour tous les autres types d'expérience — Dewey note qu' « en réalité, dans une expérience de pensée, les prémisses apparaissent seulement lorsque se dévoile une conclusion [9] ». En d'autres termes, l'activité prédicative ne consiste pas en une simple déduction syllogistique, mais en un effort sans cesse repris sur les suggestions de l'expérience, et tel que c'est au résultat final de valider et de fonder les mouvements initiaux [10]. L'*avant* et l'*après* effectifs d'une expérience s'organisent au terme d'une série d'essais auxquels nous soumettons les données en notre possession. Il y a bien parmi celles-ci des *avant* et des *après*, mais purement chronologiques, et mélangés à d'autres; c'est seulement au terme de l'activité prédicative que l'ensemble se décante pour ne laisser subsister que les *avant* et les *après essentiels,* les seuls qui comptent dans l'expérience en cours.

Or, le réalisateur de télévision se trouve devant une nécessité déconcertante : devoir identifier les phases logiques d'une expérience au moment où elles ne sont encore que des phases chronologiques. Il peut isoler dans la masse des événements un fil narratif; mais il lui manque ce dont dispose même l'artiste le plus réaliste : une marge de réflexion *a posteriori* et un pouvoir d'organisation *a priori.* Il doit conserver l'*unité d'une intrigue* pendant qu'elle se déroule *effectivement,* et se déroule mêlée à vingt autres. Lorsqu'il déplace intentionnellement les caméras, le réalisateur doit en quelque sorte inventer l'événement au moment même où il se produit et l'inventer tel qu'effectivement il se produit. On peut dire sans paradoxe qu'il doit deviner et prévoir le lieu et l'instant de la phase suivante de son intrigue. L'acte artistique est donc chez lui à la fois étroitement limité et d'un genre tout nouveau. On peut le définir comme une identification d'un type très particulier à l'événement, comme une forme d'hypersensibilité, d'intuition (ce qu'on appelle vulgairement le « flair ») qui lui permet de se développer *avec* l'événement, de coïncider *avec* lui, ou en tout cas de l'identifier aussitôt et de le mettre en œuvre avant qu'il ne soit révolu [11].

Le développement du récit est donc ici pour moitié un effet de l'art et pour moitié un fait naturel. Le résultat sera un curieux mélange de spontanéité et d'artifice, dans lequel l'artifice définira et choisira la spontanéité, tandis que la spontanéité guidera l'artifice en sa conception et son accomplissement. Déjà, des arts comme le jardinage ou l'hydraulique avaient fourni l'exemple d'un artifice qui détermine les mouvements présents et les effets à venir de certaines forces naturelles, et qui les intègre dans le jeu organique d'une œuvre. Mais, avec la prise de vues en direct, les événements ne s'insèrent plus dans des cadres formels capables de les prévoir : ils exigent des cadres qui naissent en même temps qu'eux et qui les déterminent au moment même où ils sont déterminés par eux.

Même lorsque le réalisateur exerce son activité au minimum, il vit une aventure créatrice si insolite qu'elle constitue un phénomène artistique d'un extrême intérêt. Et la valeur esthétique de son œuvre, pour grossière et éphémère qu'elle soit, ouvre des perspectives stimulantes à une phénoménologie de l'improvisation.

LIBERTÉ DES ÉVÉNEMENTS ET DÉTERMINISME
DES HABITUDES

1. Une fois menée à son terme cette analyse des structures psychologiques et formelles de la prise de vues en direct, on pourrait se demander quel est l'avenir, quelles sont les possibilités artistiques de ce genre de « récit », hors de son utilisation normale. On pourrait également s'interroger sur l'analogie indéniable entre ce type d'activité créatrice, qui utilise les apports du hasard et les initiatives de l' « interprète » (en l'occurrence le réalisateur qui « exécute » avec une certaine marge de liberté le thème « ce-qui-arrive-ici-et-maintenant »), et ce trait caractéristique de l'art contemporain que nous avons appelé l' « ouverture ».

Il semble qu'en répondant à cette deuxième question, on puisse apporter quelque lumière sur la première.

La prise de vues en direct illustre bien la dialectique entre la vie dans la passive ouverture de ses mille possibilités, et le « plot », c'est-à-dire la trame que le réalisateur propose en établissant, au besoin à l'improviste, des rapports univoques et unidirectionnels entre les événements « choisis » et montés.

Que le montage narratif soit en la matière un élément décisif, nous l'avons vu. Cela est si vrai que pour définir la structure de la prise de vues en direct, nous avons dû recourir à la poétique aristotélicienne qui est, par excellence, la poétique de l'intrigue, celle-là même qui permet de décrire les structures traditionnelles du drame ou du roman, à tout le moins de ce roman qu'on appelle par convention « bien fait ».

Mais la notion d'intrigue n'est qu'un des éléments de la poétique aristotélicienne. Comme l'a montré la critique moderne, elle n'est qu'une organisation extérieure des événements, destinée à manifester une direction plus profonde du fait tragique (et narratif) : l'action [12].

Qu'Œdipe, recherchant les causes de la peste et découvrant qu'il est le meurtrier de son père et l'époux de sa mère, se crève les yeux : voilà l'intrigue. L'action tragique se situe à un niveau plus profond ; ce qui s'y dévoile est le jeu compliqué du destin et de la faute, avec leurs lois immuables ; elle enveloppe comme un sentiment dominant de ce que sont l'existence et le monde. L'intrigue est rigoureusement univoque, l'action peut se colorer d'ambiguïtés et s'ouvrir à mille interprétations. L'intrigue d'Hamlet peut être résumée par le premier écolier venu et ne prête pas à contestation ; l'*action,* en revanche, a fait couler et fera encore couler des flots d'encre, parce qu'elle est *une* sans être *univoque.*

Or, le roman contemporain s'oriente de plus en plus vers une dissolution de l'intrigue (considérée comme l'établissement de rapports univoques entre les divers événements essentiels au dénouement) pour élaborer de pseudo-aventures basées sur ce que les faits ont d'insignifiant et d'inessentiel. Tout ce qui arrive à Léopold Bloom, à Mrs Dalloway, aux personnages de Robbe-Grillet est insignifiant et inessentiel. Mais qu'on les considère d'un autre point de vue narratif et ce seront bien tous des faits *essentiels,* qui concourent à déterminer une *action,* un développement psychologique, symbolique ou allégorique, qui enferment un discours implicite sur le monde.

La nature de ce discours, le fait qu'il peut être entendu de différentes façons, conduire à des conclusions diverses et complémentaires — tout cela autorise à parler d' « ouverture » à propos d'une œuvre narrative. Derrière le refus de l'intrigue, il y a la reconnaissance du fait que le monde est un nœud de possibilités et que l'œuvre d'art doit en tenir compte.

Si le roman et le théâtre (Ionesco, Beckett, Adamov, des œuvres comme *The Connection* de Gelber) se sont engagés résolument dans cette voie, un autre art fondé sur l'intrigue, le cinéma, a semblé un temps l'éviter. De nombreuses raisons justifiaient cette attitude : en premier lieu, la destination sociale du cinéma. Au moment même où les autres arts se retiraient dans leur laboratoire, pour expérimenter sur les structures « ouvertes », le cinéma devait garder le contact avec le grand public et lui fournir cette participation à la dramaturgie traditionnelle qui est une des exigences profondes et légitimes de notre culture. Aussi bien n'affirmerons-nous jamais assez que la poétique de l'œuvre « ouverte » n'est pas la seule possible aujourd'hui, qu'elle constitue l'une des manifestations — l'une des plus intéressantes sans doute — d'une culture qui a par ailleurs d'autres exigences et peut les satisfaire en utilisant de façon moderne des structures traditionnelles : un film aussi foncièrement aristotélicien que *Stagecoach (la Chevauchée fantastique)* constitue un exemple très valable d'un moderne *art de l'intrigue*.

Mais voici qu'à l'improviste — c'est bien le mot! — apparaissent sur les écrans des œuvres qui s'écartent résolument des structures traditionnelles de l'intrigue. Les événements n'y ont plus, entre eux, de rapports dramatiques au sens conventionnel. Il ne se passe rien ou, lorsqu'il se passe quelque chose, on ne dirait plus un fait raconté, mais un fait surgi par hasard. Nous pensons surtout ici aux œuvres célèbres d'Antonioni : *l'Avventura, la Notte, l'Eclisse, il Deserto rosso.*

L'importance de ces films tient non pas seulement au souci de recherche et d'innovation dont ils témoignent, mais également à ce qu'ils ont été acceptés par le public : critiqués, vitupérés, mais finalement acceptés et assimilés, comme un fait discutable peut-être, mais possible en tout cas. Remarquons que ce procédé narratif a été essayé au moment où la sensibilité collective s'était familiarisée depuis quelques années déjà avec la logique du reportage télévisuel : il y a peut-être là plus qu'un hasard. Le reportage est un récit qui, si lié et si cohérent soit-il, utilise comme matière première la succession brute des événements. Même s'il existe un fil conducteur, le récit se perd continuellement en digressions et comporte des temps morts : ainsi quand on attend l'arrivée d'un coureur, la caméra s'attarde sur le public ou sur les édifices environnants, parce qu'il n'y a rien de mieux à faire.

Bien des passages de *l'Avventura* ressemblent à une prise de vues en direct; il en va de même dans la fête nocturne de *la Notte* ou dans l'épisode au cours duquel l'héroïne se promène au milieu d'enfants qui lancent des fusées.

On peut dès lors se demander si la prise de vues en direct n'a pas sa place — au titre de cause concomitante ou de simple phénomène contemporain — dans une étude sur l' « ouverture » des structures narratives et sur la possibilité de reproduire la vie dans la multiplicité de ses directions, en dehors de toute trame préétablie.

11. Mais ici nous rencontrons immédiatement une équivoque : la vie n'est pas « ouverture », mais *hasard*. Pour transformer ce hasard en nœud de possibilités, il est nécessaire d'y introduire un schéma d'organisation. Il faut choisir les éléments d'une constellation, entre lesquels on pourra ensuite — mais ensuite seulement — établir des rapports polyvalents.

Dans *l'Avventura*, l' « ouverture » est le fruit d'un montage qui, de propos délibéré, substitue au hasard pur et simple un hasard « voulu ». Si l'intrigue n'existe pas, c'est que le metteur en scène *entend* communiquer au spectateur un sentiment de suspension, d'indétermination, le frustrer de ses instincts « romanesques » et le faire pénétrer au cœur de la fiction où il lui reviendra de s'orienter à travers une série de jugements intellectuels et moraux. L' « ouverture » suppose finalement l'organisation minutieuse et calculée d'un *champ de possibilités*.

Or, rien n'empêche qu'une prise de vues en direct ne puisse choisir parmi les faits ceux qui se prêtent à une organisation « ouverte » de ce genre. Mais ici interviennent deux facteurs essentiels, qui sont la *nature* du procédé utilisé, et sa *destination* sociale, ce qu'on peut appeler sa *syntaxe* et son *public*.

Justement parce qu'elle a pour objet la vie comme hasard, la prise de vues en direct cherche à la dominer en recourant à un mode d'organisation traditionnel, de type aristotélicien, régi par ces lois de causalité et de nécessité qui sont, en définitive, les lois mêmes de la vraisemblance.

Dans *l'Avventura*, Antonioni crée, à un moment donné, un état de tension : dans une atmosphère brûlée par le soleil de midi, un homme renverse volontairement un encrier sur le dessin exécuté en plein air par un jeune architecte. Toute tension appelle une résolution. Dans un western, l'affaire se terminerait par une bagarre qui aurait un effet libérateur et qui justifierait psychologiquement à la fois l'offensé et l'offenseur, en motivant leurs actes respectifs. Dans le film d'Antonioni, il en va tout autrement. La bagarre semble près d'éclater, mais n'éclate pas : gestes et passions se dissolvent dans l'accablement physique et psychologique qui domine toute la situation... Une indétermination aussi radicale ne peut surgir qu'au terme d'une longue décantation de la donnée dramatique. La violation de multiples attentes toutes conformes aux lois de la vraisemblance est si volontaire, si intentionnelle qu'elle doit résulter d'une élaboration minutieuse : les événements paraissent fortuits précisément parce qu'ils ne le sont pas.

A l'inverse, le reportage télévisuel d'un match de football ne peut se dispenser de souder entre elles toutes ces tensions et ces résolutions dont l'objet final est le but (ou le but manqué qui interrompt la séquence et fait éclater les hurlements du public). C'est la fonction même du reportage, qui ne saurait passer sous silence ce que le mécanisme du jeu tient pour essentiel. Mais, une fois le but marqué, le réalisateur pourrait, au choix, s'attacher au spectacle de la foule en délire — anticlimax approprié, réaction de détente normale qui suit la décompression émotive — ou montrer, tout soudain, par une démarche originale et polémique, un raccourci de la rue voisine (des femmes aux fenêtres, avec leurs gestes quotidiens, des chats pelotonnés au soleil), ou n'importe quelle autre image tout à fait étrangère au jeu, n'importe quel événement survenu dans les parages, qui ne serait lié à l'image précédente que par une violente hétérogénéité. Le réalisateur proposerait, ainsi, du jeu une interprétation restrictive, sur le plan moral ou documentaire ; ou bien il refuserait toute interprétation, tout lien, tout rapport prévisible, en une manifestation passive de nihilisme qui, menée avec intelligence, pourrait produire le même effet que certaines descriptions absolument objectives du *nouveau roman*.

Voilà ce que pourrait faire le réalisateur si, toutefois, sa prise de vues n'était directe qu'en apparence et résultait, en fait, d'une longue élaboration, si elle renvoyait à une nouvelle vision des choses, étrangère à ce mécanisme instinctif qui nous fait rattacher les événements les uns aux autres selon les lois de la vraisemblance. Rappelons-nous, aussi bien, que pour Aristote il y a vraisemblance poétique lorsqu'il y a vraisemblance rhétorique : ceci revient à dire qu'au cours d'une intrigue, nous acceptons seulement comme logiques et naturels ces événements auxquels le « bon sens » de chacun d'entre nous s'attendrait dans la vie, ceux que, de façon presque conventionnelle et selon les lieux communs du discours, on pense devoir survenir, une fois les prémisses données. Le réalisateur n'est que trop porté à concevoir comme l'issue normale du discours artistique, ce que le public est porté, lui, à considérer, à la lumière du simple bon sens, comme l'issue normale d'une série réelle de faits.

III. La prise de vues en direct est donc *déterminée* dans son déroulement par les exigences et les attentes du *public,* lequel ne reconnaît la vie comme telle que si elle lui apparaît soustraite au hasard, unifiée et reconstituée à la manière d'une intrigue [13]. Et cela parce que le roman à intrigue (sous sa forme traditionnelle) correspond à la manière habituelle, comme automatique, généralement raisonnable et fonctionnelle, qu'a le public de se mouvoir à travers les événements, en conférant aux choses une signification univoque. C'est seulement dans le roman expérimental qu'on trouve la volonté de dissocier les rapports selon lesquels on interprète d'ordinaire la vie, afin de découvrir non certes un néant de vie mais des aspects nouveaux de la vie, au delà des conventions sclérosées. Pareille attitude suppose une décision culturelle, un état d'esprit « phénoménologique », une volonté de mettre « entre parenthèses » les tendances acquises. Et cette volonté-là fait défaut au spectateur assis devant son écran de télévision pour être informé et pour savoir — désir légitime — « ce qui va se passer ».

Rien n'empêche que dans la réalité, au moment même où la tension entre les deux équipes arrive à son maximum d'intensité, les spectateurs placés sur les gradins, percevant la vanité de l'univers, ne se laissent aller à des gestes imprévisibles, l'un quittant le stade, l'autre s'endormant au soleil, un troisième entonnant des chants religieux. La retransmission en direct de tout cela donnerait lieu à une admirable non-histoire, sans pour autant rien proposer d'invraisemblable ; et à partir de ce jour, une telle possibilité ferait partie du vraisemblable.

Mais, jusqu'à preuve du contraire, cette hypothèse reste, pour l'opinion commune, peu probable et le spectateur attend, tout au contraire, l'enthousiasme des assistants — que la caméra est tenue de lui fournir.

IV. En dehors de ces contraintes, liées au rapport fonctionnel entre la télévision, instrument d'information, et un public qui réclame d'elle un produit déterminé, il existe une autre contrainte, de type *syntaxique,* déterminée par le procédé même de production et par les réflexes psychologiques du réalisateur.

La vie est, de soi, assez décousue pour déconcerter le réalisateur qui entend en donner une interprétation narrative. Il court le risque de perdre continuellement le fil de son récit, de se transformer en photographe du casuel et de l'indifférencié. Non pas de l'indifférencié voulu, qui renferme une intention idéologique précise, mais de l'indifférencié fortuit et subi. Pour échapper à cette dispersion, le réalisateur doit superposer constamment aux données immédiates le schème d'une organisation possible et, cela, de façon improvisée dans un très court laps de temps.

Or, dans pareil laps de temps, le rapport le plus accessible psychologiquement est celui qui se fonde sur l'habitude, celui que l'opinion commune considère comme vraisemblable. Relier deux événements selon un rapport inhabituel exige, nous l'avons vu, décantation, réflexion critique, préoccupation culturelle, choix idéologique. Il faudrait donc faire intervenir ici un nouveau type d'habitude qui consisterait à voir les choses de façon inhabituelle, en sorte que devienne instinctif le non-rapport, le rapport excentrique; ou qu'en langage musical, à un rapport tonal un rapport sériel se substitue.

Cette habitude créatrice, correspondant à une véritable éducation de la sensibilité, ne saurait s'acquérir sans une assimilation profonde des nouvelles techniques narratives. Or, le réalisateur de télévision n'a guère pareil loisir, et l'organisation culturelle présente ne lui en demande pas tant. Le seul établissement de rapports que lui permette son éducation — comme celle de n'importe quel individu normal non rompu à l'étude du cinéma et du roman contemporains — est dicté par la convention de vraisemblance. La seule possibilité syntaxique qui s'offre à lui est la corrélation conforme aux lois traditionnelles de la *vraisemblance* (étant bien certain qu'il n'existe pas de lois régissant les formes en elles-mêmes, que les lois sont toujours fonction de l'interprétation humaine et que, par conséquent, les lois d'une forme doivent forcément coïncider avec les habitudes de notre imagination).

Ajoutons que tout homme, fût-il un écrivain familier des techniques nouvelles, réagit, lorsqu'il se trouve devant une situation concrète pressante, selon des schèmes de compréhension fondés sur l'habitude et sur la notion commune de causalité — précisément parce que ces rapports sont encore, en l'état actuel de notre civilisation, ceux qui peuvent le plus facilement nous guider dans la vie quotidienne.

Au cours de l'été 1961, Alain Robbe-Grillet fut victime d'un accident d'avion dont il sortit indemne et à la suite duquel il fut interrogé par les journalistes. Comme le remarqua narquoisement *l'Express,* le récit que Robbe-Grillet fit, encore sous le coup de l'émotion, avait toutes les apparences d'une narration traditionnelle, de type aristotélicien ou balzacien, chargée de suspense, d'affectivité, de subjectivité, comportant un commencement, un climax et une fin. Selon l'auteur de l'article, Robbe-Grillet aurait dû utiliser pour raconter cet incident le même style impersonnel, objectif, neutre, non narratif en un mot, qu'il emploie dans ses romans; et on devait lui retirer son trône de pape des nouvelles techniques de récit. Sous ses airs de boutade, l'argumentation était bien conduite; mais qui l'eût prise au pied de la lettre et accusé d'insincérité le romancier (parce que dans un moment crucial il semblait avoir renoncé à sa propre vision des choses pour adopter celle-là même contre laquelle il avait coutume de lutter) eût été victime d'une grave équivoque. Personne n'irait prétendre qu'un spécialiste des géométries non-euclidiennes doive faire recours à la géométrie de Riemann pour mesurer sa chambre, s'il veut y construire un placard; qu'un adepte de la relativité, lorsque, du bord du trottoir, il demande l'heure à un automobiliste de passage, doive régler sa montre sur la base des transformations de Lorentz. Certains paramètres nouveaux peuvent nous fournir des outils adaptés à des situations expérimentales — en laboratoire, ou dans le cadre de l'invention littéraire — et se révéler inadaptés lorsqu'il nous faut nous orienter parmi des faits courants. Cela, encore une fois, ne signifie pas qu'ils soient faux, mais qu'en pareil cas sont plus efficaces (à l'heure actuelle tout au moins) les paramètres traditionnels utilisés par tous, au sein du quotidien.

Lorsqu'il s'agit d'interpréter un fait qui surgit devant nous et qui réclame de nous une réponse immédiate — ou lorsqu'il s'agit de le décrire en l'enregistrant à l'aide d'une caméra de télévision — les conventions habituelles sont encore les plus adéquates.

v. Telle est la situation du langage télévisuel au stade présent de son développement, à l'époque présente, dans une situation sociologique qui lui confère une fonction déterminée vis-à-vis d'un public particulier. Rien n'empêche d'imaginer que, dans une situation historique différente, la prise de vues en direct puisse constituer une initiation à de plus libres exercices de la sensibilité, à des expériences associatives enrichissantes, bref qu'elle soit un stage vers une autre dimension psychologique et culturelle. Mais il nous fallait tenir compte des données de fait, et considérer tant le moyen de communication télévisuel que ses lois en fonction de la situation présente du public. Aujourd'hui, un reportage qui rappellerait l'*Avventura* risquerait fort d'être mauvais, dominé par un hasard incontrôlé. Et la référence à l'« ouverture » semblerait dès lors passablement ironique.

Si notre époque voit se préciser les diverses poétiques de l'œuvre « ouverte », cette orientation n'est pas valable pour tous les types de communication artistique, sans plus. On retrouve la structure d'intrigue, au sens aristotélicien, dans une part importante de la production contemporaine, celle qui connaît la consommation la plus vaste, et dont le niveau artistique peut être des plus élevés (car enfin la valeur esthétique ne se confond pas nécessairement avec la nouveauté des techniques — même si le recours à celles-ci est bien souvent le symptôme d'une originalité des moyens et de la pensée, où l'art trouve une de ses plus sûres conditions). La prise de vues en direct reste, quant à elle, l'un des derniers refuges de ce profond besoin d'intrigue qu'il y a en chacun de nous — et qui trouvera toujours une forme d'art, une formule ancienne ou nouvelle, pour se satisfaire. Il faut la juger en fonction des exigences auxquelles elle répond et des structures qui rendent possible cette réponse.

La prise de vues en direct n'en conserve pas moins de nombreuses possibilités d'« ouverture », puisqu'elle peut toujours mettre l'accent sur l'indétermination profonde des événements quotidiens. Il suffira que l'enregistrement de l'événement central, monté selon les lois de la vraisemblance, s'enrichisse d'annotations marginales, de rapides enquêtes sur la réalité environnante, images inessentielles pour l'action primaire mais significatives de par leur dissonance même, comme autant de perspectives sur d'autres possibilités, d'autres directions, une autre organisation qu'on pourrait imposer aux événements.

Le spectateur aura peut-être ainsi la sensation plus ou moins vague que *la vie* déborde *l'histoire* dont il suit avec avidité le déroulement, que lui-même ne se confond pas avec cette histoire. Ces annotations *autres*, en arrachant le spectateur à la fascination de l'intrigue, en le « dépaysant », en lui interdisant soudain une attention passive, inciteraient au *jugement,* — ou, à tout le moins, remettraient en question la force de persuasion de l'écran [14].

NOTES

1. Mot d'argot, sans doute inventé par les musiciens noirs américains pour désigner une phrase musicale généralement brève et incisive, exécutée la plupart du temps avec une insistance rythmique croissante et répétée de nombreuses fois (« ostinato »), ou bien encore intercalée comme phrase de passage pour obtenir une coloration et accentuer un effet de tension particulière.

2. Ici trouvent normalement place les divers problèmes touchant à la mécanique de l'improvisation (individuelle) en musique. Cf. l'étude de W. JANKELEWITCH, *la Rhapsodie*, Flammarion, Paris, 1955.

3. *Poétique*, 1451 a 15.

4. *Art as Experience,* New York, Minton, Balch & Cᵒ, 1934, chap. III.

5. Selon notre définition, l'expérience est la saisie d'une forme dont les ultimes fondements objectifs restent incertains. Tout ce que nous savons est que, placés devant les données de l'expérience, nous y individuons cette forme. Pousser plus loin la discussion serait dépasser le champ des constatations nécessaires à la présente étude.

6. *Poétique*, 1451 a 30.

7. *Poétique*, 1459 a 20.

8. Cf. L. PAREYSON, *Il verisimile nella poetica di Aristotele*, Torino, 1950.

9. *Op. cit.*, p. 48.

10. En ce qui concerne cette dynamique de l'essai, tant en logique qu'en esthétique, cf. chapitres II et V de l'*Esthétique* de L. Pareyson, *op. cit.*

11. Nous voudrions signaler qu'une telle attitude correspond à une disposition des parties en fonction d'un tout qui n'existe pas encore mais qui n'en oriente pas moins l'opération. Cette *wholeness* qui préside à sa propre découverte dans le cadre d'un champ circonscrit nous renvoie à la conception gestaltiste. L'événement à raconter se préfigure en dictant les lois de l'acte même qui tend à le figurer. Sur un point cependant on ne peut suivre les gestaltistes — comme le ferait remarquer la psychologie

transactionnelle : l'auteur de la « figuration » établit la *wholeness* par des choix et des limitations successives, faisant intervenir dans son activité figurative sa propre personnalité, et cela au moment même où, saisissant l'ensemble, il s'y conforme. Par suite, la *wholeness,* une fois atteinte, apparaît comme l'actualisation d'une possibilité qui n'était pas objective avant qu'un sujet n'en eût établi l'objectivité.

12. Sur la distinction entre intrigue et action, Cf. F. Fergusson et H. Gouhier, *l'Œuvre théâtrale,* Paris, Flammarion, 1958 (en particulier au ch. III, *Action et intrigue*).

13. La vie ressemble davantage à *Ulysse* qu'aux *Trois Mousquetaires ;* mais chacun d'entre nous est porté à la penser sur le modèle des *Trois Mousquetaires* plutôt que sur celui d'*Ulysse,* ou plus exactement, nous ne réussissons à nous remémorer la vie et à porter sur elle un jugement qu'en la repensant sur le modèle d'un roman bien fait.

14. Le style des reportages télévisuels a effectivement évolué au cours des trois années (1962-1965) qui ont suivi la rédaction de cet essai. La dialectique entre l'avant-garde et les communications de masse, entre les hypothèses expérimentales et leur accueil par le grand public, a joué bien plus vite qu'on n'eût pu croire, et bien plus favorablement.

6

De la « Somme »
à « Finnegans Wake »

Les poétiques de James Joyce

Les notes du chapitre VI se trouvent p. 206 à 214.

I

Steeled in the school of the old Aquinas
J. JOYCE, The Holy Office.

Des artistes ont exposé leur poétique, analysé leur processus de création, rédigé de véritables traités d'esthétique. Mais personne n'a autant que Joyce fait traiter des problèmes esthétiques par ses personnages mêmes. Des légions de commentateurs ont analysé les idées de Stephen Dedalus sur la philosophie de l'art, dans leur rapport aux propositions thomistes sur la beauté; d'autres ont élaboré, à partir de ces idées, un système complet du fait artistique. Par ailleurs, dans l'œuvre de Joyce, et en particulier dans *Ulysse*, les problèmes de structure se dégagent si violemment du contexte qu'ils constituent une sorte de poétique implicite, liée à la composition même de l'œuvre. *Finnegans Wake*, enfin, est un véritable traité de poétique, une continuelle définition et de l'univers et de l'œuvre comme « ersatz » de l'univers. Lecteur et commentateur sont donc tentés d'*isoler* constamment la poétique exprimée ou sous-entendue par Joyce, pour éclairer son œuvre et définir en termes joyciens les solutions qu'elle propose.

Un simple fait devrait suffire à nous mettre en garde contre pareille méthode. On peut à la rigueur exposer le programme poétique de Valéry, d'Eliot, de Stravinsky, de Rilke, ou de Pound, sans se référer constamment à leur œuvre, et plus encore à leur biographie. Au contraire, lorsqu'il s'agit de Joyce, il devient néces-

171

saire de se reporter sans cesse à son évolution spirituelle ou, mieux encore, à celle de ce personnage qui — sous les noms de Stephen Dedalus, Bloom, ou H. C. Earwicker — réapparaît constamment dans l'immense autobiographique que constituent ses différentes œuvres. On découvre ainsi que la poétique de Joyce ne peut être considérée comme une clef pour l'œuvre hors de l'œuvre, mais qu'elle en fait *intimement partie,* qu'elle est éclairée, expliquée par l'œuvre elle-même à travers les phases de son développement.

On peut se demander si tout l'*opus* joycien ne doit pas être considéré comme la genèse d'une poétique, ou plus exactement, comme l'histoire dialectique de diverses poétiques opposées et complémentaires; si, dès lors, ce n'est pas l'histoire entière des poétiques contemporaines, avec leur jeu continuel d'oppositions et d'implications, qui s'y trouve reflétée. En ce sens, la recherche d'une poétique joycienne nous amènerait à suivre une nouvelle fois les efforts de la culture moderne pour élaborer une conception opératoire de l'art et fonder sur celle-ci une épistémologie, puis une définition du monde.

Retraçons d'abord les étapes principales de la biographie intellectuelle de Joyce.

Dès l'enfance, au collège de Conglowes Wood d'abord, puis à Belvedere College, il reçoit des Jésuites une éducation conforme aux préceptes de saint Ignace et à la culture de la contre-réforme. Au cours de son adolescence, poussé en cela par ses maîtres et par une curiosité naturelle, il découvre la pensée de saint Thomas à travers une scolastique post-tridentine; et il y trouve paradoxalement une justification de sa révolte. Dans l'intervalle, à seize ans environ, la découverte d'Ibsen lui ouvre de nouveaux horizons, une nouvelle problématique artistique et morale. Un peu plus tard, à University College, sa foi — depuis longtemps chancelante sur le plan affectif — est fortement ébranlée par la lecture de Giordano Bruno. A la même époque, il découvre D'Annunzio (*Il Fuoco,* en particulier); depuis quelque temps déjà, le renouveau littéraire et théâtral de l'Irlande commençait d'exercer sur lui une certaine influence, sans qu'il y adhère totalement. Entre dix-huit et vingt ans, Joyce lit *les Poètes maudits* de Verlaine, puis Huysmans et Flaubert. Il lit également *The Symbolist Movement in Literature* d'Arthur Symons, qui venait de révéler au monde anglo-saxon les poétiques fin de siècle. En 1903, la lecture d'Aristote (*De anima, Metaphysica* et *Poetica*) vient redonner force à la *forma mentis* acquise au contact de la scolastique ; à la même époque, Joyce fait à Paris diverses rencontres qui vont stimuler sa curiosité intellectuelle ; l'œuvre de Dujardin (*Les lauriers sont coupés*) l'initie aux nouvelles techniques narratives.

Le jeune Joyce subit encore bien des influences (Fogazzaro, Hauptmann, la théosophie...). Dès cette époque pourtant, on voit se préciser les trois influences déterminantes qui marqueront l'ensemble de son œuvre et de ses conceptions esthétiques : celle de *saint Thomas*, d'abord, dont l'autorité philosophique n'a été que momentanément ébranlée par la lecture de Bruno ; celle d'*Ibsen*, ensuite, qui amène Joyce à considérer l'art dans ses rapports avec la morale ; ajoutons enfin l'influence fragmentaire, mais envahissante, du *symbolisme*, qui atteint Joyce à travers l'ambiance du temps autant qu'à travers des lectures : toutes les séductions du décadentisme, l'idéal d'une vie vouée à l'art, d'un art se substituant à la vie, la tendance à résoudre les grands problèmes de l'esprit dans le laboratoire du langage [1].

Cette triple influence devait déterminer toute la formation de Joyce. La masse immense de ses lectures et de ses curiosités ultérieures — son approche des grands problèmes de la culture contemporaine, depuis la psychologie des profondeurs jusqu'à la théorie de la relativité — lui a permis de découvrir des dimensions nouvelles à l'univers (et a, en ce sens, influencé sa poétique), mais en agissant davantage sur sa mémoire que sur sa *forma mentis*. L'ensemble des notions ultérieurement acquises, des données nouvelles, sera fondu et assimilé à la lumière de l'héritage culturel et moral accumulé par Joyce dans sa jeunesse.

On peut se demander si même la découverte de Vico, qui joua pourtant un rôle déterminant dans l'élaboration de sa dernière œuvre, modifia en profondeur une attitude mentale élaborée au cours des premières années de la vie de Joyce. Celui-ci avait plus de quarante ans lorsqu'il lut la *Scienza Nuova* [2]. Il trouva dans l'interprétation que Vico donne de l'histoire la structure même de *Finnegans Wake*, sans que cette lecture ait modifié pour autant ses vues esthétiques. La conception des cycles historiques s'insère chez

Joyce dans le cadre d'une sensibilité panique et cabalistique plus influencée par la Renaissance que par le sentiment moderne de l'historicité. Vico n'a pas été pour Joyce — et ce dernier l'a reconnu — une expérience intérieure, mais seulement une expérience intellectuelle à exploiter : « Croyez-vous à la *Scienza Nuova* ? » lui demanda-t-on au cours d'une interview; il répondit : « Je ne crois à aucune science, mais mon imagination s'anime quand je lis Vico, ce qu'elle ne fait pas avec Freud ou Jung[3]. » L'historicisme n'est donc pas pour Joyce une conversion, mais simplement une acquisition parmi beaucoup d'autres, auxquelles il vient se heurter et se mêler. On retrouve ainsi dans l'œuvre de Joyce, autour de quelques influences privilégiées, toute une culture qui cherche à fondre les éléments les plus disparates et à résoudre plusieurs siècles d'antinomie.

Notre propos étant de définir une poétique de l'œuvre « ouverte », d'identifier ses racines historiques, ses possibilités et ses apories, que nous apporte l'œuvre de Joyce ? Elle est d'abord un remarquable terrain de rencontre et de maturation pour toute une série de conceptions esthétiques qui trouvent là leur expression la plus surprenante. Mais l'exploration de cet ensemble suppose un fil conducteur, une intention heuristique qui permette d'éviter la dispersion : le choix, à titre d'hypothèse, d'une orientation. Ce fil conducteur pourrait précisément être l'opposition entre la conception classique de la forme et la nécessité d'une définition plus souple et plus « ouverte » de l'œuvre comme du monde, avec pour base la dialectique de l'ordre et de l'aventure, le contraste entre le monde des *summæ* médiévales et celui de la science et de la philosophie contemporaines.

La structure mentale de Joyce lui-même autorise ce recours à la dialectique. S'il renonce à la clarté familière de la *forma mentis* scolastique en faveur d'une problématique plus moderne et plus ambiguë, c'est sous l'influence de Bruno et de sa dialectique des contraires, sous l'influence aussi de la *coincidentia oppositorum* de Nicolas de Cuse. Art et vie, symbolisme et réalisme, monde classique et monde contemporain, vie esthétique et vie quotidienne,

Stephen Dedalus et Léopold Bloom, Shem et Shaun, ordre et possibilité : tels sont les pôles successifs d'une tension qui a pour origine cette découverte théorique. Dans l'œuvre de Joyce se résout la crise médiévale de la scolastique et prend forme un nouveau cosmos.

Pourtant, cette dialectique n'a ni la rigueur, ni la perfection de ces figures de ballet « triadiques » dont avaient rêvé des philosophies plus optimistes. Il semble qu'au moment même où Joyce trace la courbe élégante de ses oppositions et de ses médiations, son inconscient reste agité par le souvenir d'un traumatisme ancestral. Joyce part de la *Somme* de saint Thomas pour arriver à *Finnegans Wake,* quitte le cosmos ordonné de la scolastique pour élaborer, au niveau du langage, l'image d'un univers en expansion. Mais l'héritage médiéval lui reste sans cesse présent. Sous le jeu des oppositions et des résolutions à quoi conduit le heurt de multiples influences culturelles, se manifeste en profondeur l'opposition plus vaste et plus radicale entre l'homme médiéval et l'homme d'aujourd'hui : l'homme médiéval évoque un monde défini, où l'on pouvait vivre et se diriger selon des signes indubitables; l'homme moderne éprouve le besoin de fonder un nouvel habitat sans parvenir encore à en déterminer les lois ambiguës, et demeure hanté inlassablement par le souvenir d'une enfance perdue.

Nous voudrions montrer que, chez Joyce, le choix définitif n'a jamais été accompli, que sa dialectique offre, bien plutôt qu'une médiation, le développement d'une polarité constante, d'une tension jamais résolue.

Pour ce faire, on pourrait interroger différents aspects de son œuvre. Nous examinerons, quant à nous, son *modus operandi*.

C'est dire qu'à travers la ou plutôt *les* poétiques de James Joyce, nous essaierons d'analyser ce qui constitue une étape de transition de la culture européenne.

LE CATHOLICISME DE JOYCE

« Je vais te dire ce que je veux faire et ce que je ne veux pas faire. Je ne veux pas servir ce à quoi je ne crois plus, que cela s'appelle mon foyer, ma patrie ou mon église. Je veux essayer de m'exprimer sous quelque forme d'existence ou d'art aussi librement et aussi complètement que possible, en usant pour ma défense des seules armes que je m'autorise à employer : le silence, l'exil, la ruse. »

A travers cette confession de Stephen à Cranly [4], le jeune Joyce définit son propre exil : la tradition irlandaise, l'éducation jésuite ont perdu, à ses yeux, leur valeur de discipline et de foi. La route qui s'achèvera avec les dernières pages du *Work in Progress* se poursuit désormais sous le signe d'une absolue disponibilité spirituelle. Mais s'il a perdu la foi, la religion n'en continue pas moins à être une obsession pour Joyce. Son orthodoxie première réapparaît dans l'ensemble de son œuvre, sous la forme d'une mythologie extrêmement personnelle et d'une véritable rage blasphématoire qui révèlent à leur manière une permanence affective.

On a beaucoup parlé du « catholicisme » de Joyce, désignant ainsi l'attitude de quelqu'un qui, tout en refusant la substance du dogme, tout en s'arrachant aux disciplines morales, n'en a pas moins conservé les formes extérieures de l'édifice rationnel (comme un revêtement mental), ainsi qu'une attirance instinctive (souvent inconsciente) pour les lois, les rites et les symboles de la liturgie. Évidemment, il s'agit là d'un entraînement *à rebours* : on peut parler du catholicisme de Joyce au sens où l'on parlerait d'amour filial à propos du rapport Œdipe-Jocaste. Il n'en reste pas moins que, lorsque Henry Miller reproche à Joyce d'être un descendant de l'érudit médiéval, lorsqu'il l'accuse d'avoir dans les veines « du sang de prêtres », lorsqu'il parle de sa « morale d'anachorète, avec tout le mécanisme onanistique que comporte pareille existence », il dénonce, avec perfidie, une influence réelle [5]. Lorsque Valery Larbaud note que *Dedalus* se rapproche davantage de la casuistique jésuite que du naturalisme français, il fait une remarque à la portée de n'importe quel lecteur. Il y a plus encore dans *Dedalus* : un récit qui se déroule selon le rythme même des temps liturgiques, le goût de l'éloquence sacrée, de l'introspection morale (qu'on pense au sermon sur l'enfer, à la confession), tout cela résultant moins d'un instinct mimétique du narrateur que de son adhésion totale à un climat psychologique. Le texte, en contrefaisant un certain comportement, ne parvient pas à constituer un acte d'accusation. Il est tout entier parcouru par un mouvement d'adhésion radicale, que Joyce traduit à sa façon : témoigner d'une *forma mentis* par les cadences d'un langage. Si Thomas Merton se convertit au catholicisme après avoir lu *Dedalus*, inversant ainsi l'itinéraire de Stephen, ce n'est pas parce que les voies du Seigneur sont infinies, c'est que les voies de la sensibilité joycienne sont étranges et contradictoires, que le catholicisme y survit d'une façon diffuse et paradoxale.

Ulysse commence par l'*Introibo ad altare Dei* de Buck Mulligan, et la terrible Messe noire occupe le centre même de l'œuvre. L'extase érotique de Bloom, sa lubrique et platonique séduction de Gerty Mac Dowell, ont pour contrepoint les différents moments de la messe célébrée dans l'église proche de la plage par le Révérend Hugues. Le latin de cuisine qui conclut *Stephen le Héros*, que l'on retrouve dans *Dedalus*, et qui apparaît çà et là dans *Ulysse*, ne se contente pas de refléter sur le plan linguistique les intempérances des *Vagantes* du Moyen Age. A l'image de ceux qui abandonnent une discipline sans se dépouiller pour autant d'un acquis culturel et d'une façon de penser, Joyce conserve le sens du blasphème célébré selon un rituel liturgique[6]. « *Come up you, fearful jesuit !* » hurle Mulligan à Stephen; et, plus loin, il précise : « *Because you have the cursed jesuit strain in you, only it's injected the wrong way*[7]... » Dans *Dedalus*, Cranly fait remarquer à Stephen à quel point son esprit est curieusement pénétré par cette religion à laquelle il dit ne pas croire. Enfin, des réminiscences liturgiques de la messe réapparaissent de façon inattendue au milieu des calembours qui constituent la trame de *Finnegans Wake* :

« *Enterellbo add all taller Danis ; Per omnibus secular seekalarum ; Meac Coolp ; Meas minimas culpads ! ; Crystal elation ! Kyrielle elation ! ; I believe in Dublin and the Sultan of Turkey ; Trink off this scup and be bladdy orafferteed ! ; Sussumcordials ; Grassy ass ago ; Eat a missal lest ; Bennydick hotfoots onimpudent slayers...* »

On peut expliquer ces textes (et beaucoup d'autres), soit par un goût de l'assonance, soit par une volonté explicite de parodie. Mais dans un cas comme dans l'autre, il s'agit de réminiscences. Et s'il est quelquefois difficile de retrouver, par delà les réminiscences, les intentions de Joyce, le symbolisme des superstructures d'*Ulysse* et de *Finnegans Wake* est, lui, explicite. Dans *Ulysse*, le triangle Stephen-

Bloom-Molly doit, pour acquérir une signification dans l'ensemble de l'œuvre, être considéré comme une figure de la Trinité. Le héros de *Finnegans Wake,* H. C. Earwicker, symbolise le bouc émissaire et représente l'humanité entière *(Here Comes Everybody)* entraînée dans la chute et sauvée par la résurrection. Dépouillée de toute interprétation théologique précise, reliée à tous les mythes et à toutes les religions, la figure symbolique de H. C. E., qui est à la fois l'histoire et l'humanité, ne vaut cependant que par sa référence ambiguë à un Christ déformé et s'identifiant au flux des événements[8]. Au cœur de cette évolution cyclique de l'histoire humaine, l'auteur se sent à la fois victime et logos, *in honour bound to the cross of your own cruel fiction.*

Si l'on retrouve dans toute l'œuvre de Joyce cette figuration quasi inconsciente et obsessionnelle, le catholicisme joycien prend également la forme d'une attitude mentale efficace sur le plan de la construction de l'œuvre. Il se traduit à la fois par l'obsession mythique que nous avons dite et par une certaine façon d'*organiser* les idées. Là, ce sont les symboles et les figures qui sont décantés et utilisés dans le cadre de ce que l'on pourrait presque appeler une foi différente; ici, c'est un habitus mental qui est mis au service de *summae* hétérodoxes. Tel est le second moment du catholicisme joycien : le moment *scolastique* médiéval.

Joyce attribue à Stephen des « prédispositions naturelles » pour le thomisme, mais qui « n'allaient pas jusqu'aux prémisses de la scolastique[9] ». Selon Harry Levin, « une tendance à l'abstraction nous rappelle sans cesse que Joyce vint à l'esthétique par la théologie. Il recherche pour son art, s'il ne le fit pas pour sa foi, la sanction de saint Thomas d'Aquin. Dans un des fragments inédits du *Portrait de l'Artiste,* il confesse que sa pensée est scolastique en tout, sauf les prémisses. Il perdit la foi mais demeura fidèle au système orthodoxe. Il donne l'impression parfois, même dans les œuvres de sa maturité, de demeurer un réaliste, au sens le plus médiéval du mot[10]. »

Avec *Ulysse,* la forme du raisonnement continue de se plier à la discipline du syllogisme : chez Stephen en particulier, qu'il se parle à lui-même ou s'exprime en public (rappelons le monologue du chapitre III ou la discussion dans la bibliothèque). Et si le latin de cuisine dont se sert Stephen, dans *Dedalus,* est bien une plaisanterie, c'est très sérieusement que le même Stephen se demande si le baptême reste valable lorsqu'il est administré avec de l'eau minérale ; si, pour avoir acquis une fortune à partir d'une livre sterling volée, on doit restituer la livre ou bien la fortune entière ; si, quand un homme, dans un accès de fureur, taille à coups de couteau un morceau de bois et y sculpte la figure d'une vache, il s'agit ou non d'une œuvre d'art. Ces problèmes sont parents de ceux que se posaient les maitres de la scolastique à propos des *quæstiones quodlibetales* (saint Thomas s'interroge ainsi sur le point de savoir ce qui détermine le plus fortement la volonté humaine, du vin, de la femme ou de l'amour de Dieu). Enfin, lorsque Stephen se demande si le portrait de Monna Lisa est bon parce qu'il désire le voir, il se pose une question dont l'origine est manifestement scolastique, question rigoureusement et presque philologiquement médiévale, serait-on tenté de dire, alors que les précédentes relevaient plutôt de la casuistique de la contre-réforme.

Il importe donc de distinguer entre ce qui, dans les premières œuvres de Joyce, est substantiellement scolastique, et ce qui ne l'est qu'en apparence, par l'effet d'un goût naturel de la parodie, ou encore par une tentative pour introduire subrepticement des idées révolutionnaires en les plaçant sous l'égide du Docteur Angélique (méthode dont Stephen use abondamment au collège avec ses professeurs). Est-ce par simple coquetterie que Joyce donne à sa pensée une forme scolastique et les définitions de saint Thomas ne sont-elles pour lui qu'un tremplin ? Certains critiques inclinent à penser que le long débat qui se situe au chapitre v de *Dedalus* a pour seul but de démontrer la futilité de l'érudition scolastique [11]. Et de fait, on ne peut nier que Stephen adhère seulement aux aspects les plus formels de la scolastique. Les références médiévales et antiques de *Dedalus* proviennent, du reste, visiblement de la contre-réforme et nous y voyons citées une « réserve de brèves maximes poétiques et psychologiques d'Aristote, et un *Synopsis Philosophiæ Scholasticæ ad mentem divi Thomæ* [12] » : un genre de manuels dont on connaît assez la « richesse » et le « souffle » ! Lorsque Cranly lui demande pourquoi il ne devient pas protestant, Stephen répond qu'il ne voit pas pourquoi il abandonnerait « une absurdité qui est logique et cohérente pour en embrasser une autre, qui est illogique et incohérente ». Réponse où réside l'essentiel du catholicisme de Joyce : il repousse l'absurdité, non sans qu'elle continue de l'obséder, et il s'attache passionnément à la cohérence. La suite de son œuvre sera tout entière dominée par le souci de l'organisation formelle. Si le monde élaboré par Joyce est sans affinités avec le mythe catholique — que l'on y retrouve déformé, réduit précisément à l'état de mythe, de répertoire mythologique, de matériel symbolique — les catégories qui définissent ce monde sont, elles, *ad mentem divi Thomæ.* Il en est ainsi dans *Stephen le Héros,* dans *Dedalus,* et, à un moindre degré, dans *Ulysse.* Par catégories thomistes, il faut entendre non seulement les formules que Stephen utilise avec désinvolture pour travestir des idées nouvelles et inquiétantes, mais toute une attitude mentale, une vision implicite du monde comme Cosmos ordonné. Cette vision de l'univers — et, par conséquent, de la vie, de l'art — comme un tout susceptible de recevoir une seule définition, dans laquelle tout a une place et une raison d'être, a trouvé son expression la plus haute et la plus complète dans les grandes *summæ* médiévales. La civilisation moderne, tout en refusant cette vision d'un univers hiérarchisé, n'a pu se soustraire complètement à son attrait, à la commodité d'une formule d'ordre à l'intérieur de laquelle chaque chose trouvait sa justification. L'histoire de la culture moderne nous apparaît, en fait, comme une lutte continuelle entre la nécessité d'un ordre et le besoin de saisir dans le monde une forme changeante, ouverte à l'aventure, chargée de possibilités; et chaque fois que l'on a essayé de définir cette nouvelle conception de notre monde, on s'est retrouvé aux prises avec les formules, plus ou moins travesties, de l'ordre classique.

Toute l'évolution artistique de Joyce est une illustration vivante de cette dialectique, tant par les déclarations explicites que par la structure des œuvres. Joyce cherche à réaliser une œuvre d'art qui soit un équivalent du monde et, ce faisant, ne change jamais de but : parti de l'univers ordonné de la *Somme,* héritage de sa jeunesse, il aboutit à *Finnegans Wake,* c'est-à-dire à un univers « ouvert » qui continûment se développe et prolifère mais qui, cependant, *doit* posséder une formule d'ordre, une règle de lecture, une loi, une équation permettant de le définir : en un mot, une forme.

Au début du siècle, Joyce a dix-huit ans. Déjà, il remet en question la formation scolastique qu'il a reçue au collège. C'est l'époque où il découvre Giordano Bruno, rencontre qui sera pour lui ce qu'elle a été pour la pensée moderne, un pont entre le Moyen Age et le naturalisme. Joyce médite déjà le triple refus qui déterminera son exil définitif. Désormais, il a jaugé l'hérésie, il la connaît, il l'accepte : « Il disait que Bruno était un terrible hérétique. Je disais qu'il avait été terriblement brûlé [13]. »

Une fois débarrassé de l'orthodoxie, Joyce est prêt à toutes les suggestions des courants polémiques qui remuent la littérature irlandaise et mondiale : d'un côté, les symbolistes, les poètes de la renaissance celtique, Pater et Wilde; de l'autre, Ibsen et le réalisme de Flaubert (mais aussi, sa passion du mot, sa religion de l'esthétique).

Quatre textes fondamentaux de Joyce datent de cette époque : la conférence *Drama and Life*, prononcée en 1900; l'essai *Ibsen's New Drama*, publié la même année dans la « Forntgthly Review »; le pamphlet intitulé *The Day of the Rabblement* (« le Triomphe du vulgaire »), publié en 1901; et enfin, en 1902, l'essai sur *James Clarence Mangan*. On retrouve dans ces quatre textes les diverses contradictions au milieu desquelles le jeune écrivain se débat [14].

Les deux premiers essais traitent du rapport étroit qui doit exister entre le théâtre et la vie : le théâtre doit représenter la vie réelle; « acceptons la vie comme nous la voyons, les hommes et les femmes comme nous les rencontrons et non comme nous les imaginons dans un monde de féerie [15]. » Par cette représentation exacte, le théâtre doit dévoiler, à travers une action, les grandes lois qui régissent en profondeur, dans leur sécheresse et leur rigueur, le cours des événements humains. L'art a donc pour premier objectif la vérité, non pas une vérité didactique — car Joyce revendique la neutralité morale pour la représentation artistique —, mais la vérité pure et simple, la réalité. Que devient alors la beauté ?

La recherche de la beauté pour elle-même a quelque chose de spirituellement débilitant et de bassement animal. La beauté touche seulement à la surface, à la forme, et engendre un art morbide. Le grand art cherche à atteindre la vérité [16].

Cet apparent engagement dans le sens d'un contact vivant avec la réalité quotidienne fait apparaitre discordante la position de Joyce dans *le Triomphe du Vulgaire*. Il y manifeste une sorte de dédain pour toute compromission avec le public, une aspiration ascétique au détachement et à l'isolement absolu de l'artiste : « Nul, dit l'homme de Nola, ne peut être l'ami de la vérité ou du bien s'il n'abhorre la multitude [17]. »

On pourrait considérer ceci comme la simple manifestation d'une réserve sur le plan concret des contacts avec le public, comme un refus du compromis commercial, et non comme une prise de position esthétique, si l'essai sur Mangan ne nous introduisait à une tout autre dimension. Mangan, en effet, n'est pas un réaliste, il ne recherche pas la vérité poétique à travers la représentation de la vérité historique, au contraire, il incarne une imagination portée jusqu'aux limites de la voyance par l'exaltation des sens, par les drogues, par une vie déréglée. Sa poésie se rattache à la veine romantico-symboliste. Il appartient à la famille de Nerval et de Baudelaire, et c'est en cela qu'il intéresse Joyce. Dès cet essai, et plus tard également dans une conférence sur Mangan prononcée en 1907 à Trieste, Joyce parle longuement de cette poésie aux « terribles et magnifiques images... cet orient recréé dans un rêve flamboyant... ce monde jailli d'une activité mentale excitée par l'opium [18] ».

Ces contradictions pourraient être le fruit d'une intempérance juvénile, si elles n'apparaissaient comme le germe de contradictions plus vastes, d'aspirations divergentes que l'on retrouve dans toute l'œuvre de Joyce. Joyce lui-même nous en a donné la clef dans une phrase prononcée au cours de cette même conférence de 1907, à propos de Mangan : « Certains poètes ne se contentent pas de nous révéler une nouvelle phase de la conscience humaine, jusqu'alors inconnue, ils ont également le double privilège d'assumer les mille tendances opposées de leur époque et de constituer — si l'on peut dire — une réserve de forces neuves. » Ainsi, Joyce se propose de donner de notre humanité quotidienne une représentation exacte, impitoyable, profonde aussi, et subtile — et telle est bien la poétique qui préside aux récits de *Gens de Dublin* et aux descriptions d'*Ulysse* — mais il découvre en même temps avec Mangan la fonction révélatrice de la poésie, qui ne permet à l'artiste de rejoindre, de posséder et de communiquer la vérité qu'à travers la seule beauté. En d'autres termes, on assiste à un renversement de la situation, et lorsque, dans son essai sur Mangan, Joyce parle du beau comme de la splendeur du vrai, il ne pense plus à une vérité qui en tant que telle devient belle, mais à une beauté gratuite, née de la force provocatrice de l'image, et qui serait, en fait, la seule vérité possible.

Même lorsque son auteur reprend des expressions déjà employées à propos du drame, l'essai sur Mangan possède un ton qui lui est propre. On y parle le langage du décadentisme fin de siècle; Ibsen laisse la place aux poètes symbolistes, à un occultisme plus ou moins vague, que Joyce était effectivement en train de découvrir, au contact de A. E. (George Russel), mystique et théosophe [19].

Comment ces tendances divergentes ont-elles réussi à se fondre chez le jeune Joyce ? Nous savons, en tout cas, comment elles se fondent dans la pensée de Stephen Dedalus et de quelle façon Joyce, lorsqu'il écrivit *Stephen le Héros*, entre 1904 et 1906, chercha à synthétiser les diverses attitudes qui avaient été les siennes quelques années auparavant. La conférence intitulée *Art et Vie*, que Stephen prononce au collège devant la Literary and Historical Society, est une synthèse de *Drama and Life* et de *J.-C. Mangan* ; si elle évoque d'abord, par son titre, la conférence sur Ibsen, on y retrouve des arguments, et même des expressions, qui viennent de l'essai consacré à Mangan. Joyce, pour définir l'esthétique du jeune artiste, pour déterminer ses goûts et ses convictions critiques, se réfère à une esthétique de type nettement symboliste. Mais, en même temps (et ce n'est pas un détail sans importance, c'est même un trait qui change totalement la perspective) le discours de Stephen a pour fondement des catégories aristotéliciennes et thomistes.

Stephen entend souligner l'importance du nouveau théâtre, d'un art délivré de toute préoccupation morale, et célébrer chez Ibsen une « grande puissance d'objectivité, la volonté d'arracher à la vie son secret, l'indifférence absolue aux lois générales de l'art, des amis et des mots d'ordre », une volonté de rupture avec les conventions et les lois d'une société bourgeoise qui repose sur des valeurs qu'elle a elle-même établies. Seulement, une telle polémique recouvre une conception du poète et de son pouvoir créateur qui vient de l'essai sur Mangan ; et qui plus est, cette conception s'est développée par une utilisation très habile de la pensée thomiste.

L'esthétique de *Stephen le Héros* représente donc une synthèse, que l'on retrouvera sous des formes et avec des nuances diverses dans *Dedalus*. Il y a entre ces deux textes des différences importantes, mais on y reconnaît pourtant les lignes maîtresses d'une pensée esthétique que l'on peut systématiser et qui possède même une certaine rigueur. On voit s'y réaliser l'étonnante convergence de trois attitudes bien différentes : le souci du réalisme, la conception romantico-décadente du verbe poétique et la *forma mentis* scolastique.

PORTRAIT DU THOMISTE JEUNE PAR LUI-MÊME

Les principaux thèmes de l'esthétique de Stephen sont, en substance :

1. La subdivision de l'art en trois genres : lyrique, épique et dramatique ;
2. l'objectivité et l'impersonnalité de l'œuvre ;
3. l'autonomie de l'art ;
4. la nature de l'émotion esthétique ;
5. les critères de la beauté.

Sur ce dernier thème vient se greffer la théorie de l'*épiphanie*, notion à rapprocher des affirmations concernant la nature de l'acte poétique et la fonction du poète, et que l'on retrouve, sous une forme ou sous une autre, à propos de toutes les questions essentielles.

1. L'origine du problème des genres est quelque peu scolastique [20]. Dans la forme *lyrique* l'artiste présente une image en rapport immédiat avec lui-même, tandis que, dans la forme *épique*,

l'image est en rapport seulement médiat avec lui-même et avec les autres. La forme lyrique est « le plus simple vêtement verbal d'un instant d'émotion, un cri rythmique, pareil à ceux qui, jadis, excitaient l'homme tirant sur l'aviron ou roulant des pierres vers le haut d'une pente. Celui qui profère ce cri est plus conscient de l'instant de son émotion que de soi-même en train d'éprouver cette émotion ». La forme épique se distingue de la forme lyrique comme un prolongement, un épanouissement : poète, lecteur et centre émotionnel y sont équidistants. Le récit n'est plus à la première personne et la personnalité de l'artiste enveloppe figures et personnages « comme un océan vital ». Joyce cite l'exemple d'une vieille ballade *Turpin Hero,* qui commence à la première personne et se termine à la troisième. On arrive enfin à la forme *dramatique* « ... lorsque la vitalité, qui avait flué et tourbillonné autour des personnages, remplit chacun de ces personnages avec une force telle que cet homme ou cette femme en reçoit une vie esthétique propre et intangible. La personnalité de l'artiste, traduite d'abord par un cri, une cadence, une impression, puis par un récit fluide et superficiel, se subtilise enfin jusqu'à perdre son existence et, pour ainsi dire, s'impersonnalise. L'image esthétique exprimée dramatiquement, c'est la vie purifiée dans l'imagination humaine et reprojetée par celle-ci. Le mystère de la création esthétique, comme celui de la création matérielle, est accompli. L'artiste, comme le Dieu de la création, reste à l'intérieur, ou derrière, ou au delà, ou au-dessus de son œuvre, invisible, subtilisé, hors de l'existence, indifférent, en train de se curer les ongles [21]. »

Il est clair qu'au moins théoriquement, la forme dramatique représente pour Joyce la véritable forme de l'art. C'est à son propos qu'émerge avec vigueur le principe de l'*impersonnalité* de l'œuvre d'art, qui est l'une des caractéristiques de la poétique joycienne.

2. Au moment où il élaborait cette théorie, Joyce avait sans doute déjà eu connaissance des conceptions de Mallarmé [22] et, sans doute, avait-il présente à l'esprit la traduction anglaise d'un passage de *Crise de vers,* qui rappelle étrangement le discours de Stephen : « L'œuvre pure implique la disparition élocutoire du poète, qui cède l'initiative aux mots par le heurt de leur inégalité mobilisé; ils s'allument de reflets réciproques comme une virtuelle traînée

de feux sur les pierreries, remplaçant la respiration perceptible en l'ancien souffle lyrique ou la direction personnelle enthousiaste de la phrase [23]. »

Quoi qu'il en soit, le problème de l'impersonnalité de l'artiste s'était déjà posé à Joyce à travers d'autres lectures, et on peut aisément retrouver l'origine de ce concept chez Baudelaire, Flaubert et Yeats [24]. Il s'agit, par ailleurs, d'une notion familière aux milieux littéraires anglo-saxons de l'époque et qui allait trouver une formulation définitive avec Pound et Eliot. Pour ce dernier, la poésie n'est pas « la bride lâchée à l'émotion, mais une façon d'échapper à l'émotion », ce n'est pas « l'expression de la personnalité, mais une façon d'échapper à la personnalité [25] ».

Cette conception de la poésie objective nous ramène à Aristote : Joyce a incontestablement été influencé par la tradition critique anglo-saxonne, accoutumée à penser en termes aristotéliciens les problèmes de l'art. La distance qui sépare le texte de *Dedalus* de ce qui en est vraisemblablement la source mallarméenne est une bonne preuve de l'influence plus ou moins consciemment exercée par cette tradition sur la formulation joycienne. Au delà des analogies terminologiques, lorsque Mallarmé parle d'une œuvre pure dans laquelle le poète disparaît, c'est dans une perspective platonicienne : l'Œuvre aspire à devenir *le Livre*, reflet impersonnel de la Beauté qui est une essence absolue, par *le Verbe* qui l'exprime. L'Œuvre mallarméenne tend à n'être qu'un dispositif impersonnel, doté d'un pouvoir de suggestion que Mallarmé place au delà de son être charnel, dans un monde d'archétypes métaphysiques [26]. Au contraire, l'œuvre impersonnelle apparaît chez Joyce comme un objet tourné vers lui-même, qui trouve sa solution en lui-même, une imitation de la vie dans laquelle références et allusions demeurent intérieures à l'objet esthétique, lequel aspire à être le tout, à remplacer la vie, et ne constitue pas le moyen d'accéder à une vie ultérieure plus parfaite. L'œuvre de Mallarmé a finalement des ambitions mystiques; celle de Joyce voudrait être le triomphe d'un mécanisme parfait, qui trouve en lui-même sa propre justification [27].

Il est intéressant de relever que Mallarmé a emprunté à Baudelaire sa conception platonicienne de la beauté, que Baudelaire avait lui-même empruntée à Poe. Toutefois, chez Poe, la composante platonicienne se développe selon les modes d'une méthodologie artistotélicienne, en tenant compte du rapport psychologique œuvre-lecteur et de la logique constructive de l'œuvre. En somme, divers éléments partis de la tradition aristotélicienne anglo-saxonne se sont décantés à l'intérieur du Symbolisme français, pour réapparaître chez Joyce dans le cadre d'une sensibilité à nouveau aristotélicienne.

Ajoutons à toutes ces influences, celle des propositions de saint Thomas touchant l'esthétique. Dans les citations auxquelles Joyce pouvait se référer, il n'était pas question d'une œuvre susceptible d'exprimer la personnalité du poète. Joyce en conclut que saint Thomas était, lui aussi, partisan d'une œuvre impersonnelle et objective : c'était montrer une compréhension profonde de l'esprit du Moyen Age. La problématique aristotélico-thomiste se soucie peu d'affirmer la subjectivité de l'artiste; l'œuvre est un objet dont la beauté est tangible et mesurable; la valeur esthétique est fait de structure, elle renvoie à ses propres lois, et non à celles d'un artisan législateur. Joyce est si convaincu de cela qu'il ne croit pas possible d'élaborer, sur les bases de la pensée thomiste, une théorie du processus créateur. La scolastique comporte une théorie de l'*ars,* mais celle-ci n'est d'aucune utilité pour éclairer la création poétique. Dans la mesure où la notion d'*ars* comme *recta ratio factibilium,* ou comme *ratio recta aliquorum faciendorum* peut lui être utile, il la condense en une brève formule : « L'art est la façon humaine de disposer la matière sensible ou intelligible dans un dessein esthétique [28]. »

3. En ajoutant « dans un dessein esthétique » (précision qui n'existait pas dans la formule médiévale), Joyce modifie déjà l'ancienne définition; il passe de la notion gréco-latine de l'art-*technè* à la notion moderne d'*art* (dans le sens où l'on dit : les *beaux* arts [29]). Par ailleurs, Stephen est persuadé que son « saint Thomas appliqué » ne peut lui être utile que dans une certaine mesure : « Lorsque nous en arriverons aux phénomènes de la conception artistique, de la gestation, de la reproduction artistique, j'aurai besoin d'une terminologie nouvelle, d'une nouvelle expérience personnelle [30]. » De fait, les diverses affirmations concernant la nature du poète et sa fonction, qu'on trouve dans *Stephen le Héros,* sont totalement étrangères à la problématique aristotélico-thomiste,

comme le sont dans *Dedalus* certaines remarques sur le processus créateur.

Le discours sur l'autonomie de l'art est, à cet égard, très caractéristique. Le jeune Stephen y révèle la nature toute formelle de son adhésion à la scolastique et les formules empruntées à saint Thomas véhiculent hardiment une théorie de l'art pour l'art, que Stephen a évidemment puisée à d'autres sources. Saint Thomas affirme que *pulchra dicuntur quæ visa placent* et rappelle que l'*artifex* doit s'intéresser uniquement à la perfection de son œuvre, non aux fins extérieures auxquelles cette œuvre peut être utilisée. Mais la théorie médiévale se réfère en vérité à l'*art,* entendu au sens large — construction d'objets, artisanat, et pas seulement création d'œuvres d'art, au sens moderne du mot — et entend fixer d'abord un critère de probité artisanale. Pour l'homme du Moyen Age, l'œuvre d'art est une forme, et la perfection d'une forme doit être définie en termes de *perfectio prima* comme de *perfectio secunda.* Si la *perfectio prima* concerne bien la qualité formelle de l'objet créé, la *perfectio secunda* concerne, au contraire, la destination du même objet. En d'autres termes, pour qu'une hache soit belle, elle doit être construite selon des règles d'harmonie formelle, mais surtout s'adapter parfaitement à sa fin propre, qui est de couper le bois. Dans la perspective thomiste de la hiérarchie des fins et des moyens, la valeur positive de l'objet s'établit en relation avec une dépendance globale des moyens et des fins, le tout étant ordonné aux fins surnaturelles qui sont celles de l'homme. Beauté, Bonté et Vérité s'impliquent mutuellement et la fabrication, si parfaite soit-elle, d'une statue destinée à des fins obscènes ou magiques ne peut empêcher cette statue d'être intrinsèquement laide, comme si elle portait le reflet de sa finalité dépravée. En interprétant dans un sens étroitement formaliste la proposition de saint Thomas (comme l'ont fait, non sans désinvolture, bien des néo-thomistes fervents), on ignore la perspective substantiellement unitaire et hiérarchisée selon laquelle l'homme du Moyen Age affronte le monde [31]. Lorsque Stephen cherche à démontrer à ses professeurs que saint Thomas « est assurément du côté des véritables artistes » et qu'il n'y a en lui aucune référence à l'instruction, ou à l'élévation morale, il déguise, sous des apparences médiévales, avec une habileté casuistique, des propositions, comme celle de Wilde, selon laquelle « tout art est parfaitement inutile [32] ». Le plus curieux dans tout ceci est que les Jésuites auxquels il s'adresse, tout en manifestant certaines réticences, sont parfaitement incapables d'objecter quoi que ce soit aux citations de Stephen, victimes, eux aussi, d'un formalisme qui leur interdit de discuter les paroles du Docteur angélique. Ici encore, Joyce réussit à renverser la situation en sa faveur, en mettant à profit les faiblesses congénitales d'un système mental, et donne ainsi la preuve qu'il est à son affaire sur le terrain de la sensibilité catholique.

4. Stephen a maintenant les bases sur lesquelles il va développer son esthétique. Lorsqu'il analyse la nature de l'*émotion esthétique*, il se réfère à nouveau à l'autonomie de l'art pour affirmer que l'élément pornographique (la mise en jeu des instincts), tout comme l'élément didactique (la mise en jeu des principes éthiques), sont étrangers à la contemplation esthétique. Pour le reste, il se réfère à Aristote en reprenant la théorie de la catharsis. Il élabore une définition de la pitié et de la terreur (en déplorant qu'Aristote ne l'ait pas fait dans sa *Poétique* et en ignorant qu'elle se trouve dans la *Rhétorique*) : l'émotion esthétique est une sorte de stase, un arrêt de la sensibilité (qui n'entre plus en jeu) devant une pitié et une terreur idéales, une stase provoquée, prolongée et résolue par ce qu'il nomme le « rythme de la beauté [33] ». Une telle conception du plaisir esthétique pourrait se rattacher à diverses conceptions modernes si la définition que donne Stephen du « rythme esthétique » n'avait manifestement une origine pythagoricienne :

« Le rythme est le premier rapport de forme entre les différentes parties d'un ensemble esthétique, ou entre cet ensemble et ses parties, ou entre une quelconque de ses parties et l'ensemble auquel elle appartient [34]. »

Stuart Gilbert rapproche cette définition d'une autre, presque semblable, de Coleridge :

« *The sense of beauty subsists in simultaneous intuition of the relation of parts, each to each, and of all to a whole : exciting an immediate and absolute complacency, without intervenence, therefore, of any interest, sensual or intellectual* [35]. »

On pourrait également la rapprocher d'une autre formulation, dont l'auteur est, cette fois, un homme du Moyen Age, Robert Grosseteste :

> « *Est autem pulchritudo concordia et convenientia sui ad se et omnium suarum partium singularium ad seipsas et ad se invicem et ad se invicem et ad totum harmonia, et ipsius totius ad omnes.* »

Rencontre qui n'est pas un hasard : chez Coleridge, comme chez Grosseteste, on retrouve une influence platonicienne — et pythagoricienne — qui permet à l'organicisme transcendantal et à la scolastique de se rejoindre, comme ils le font dans la définition du jeune Stephen.

5. Lorsqu'il voudra définir les caractéristiques essentielles de la *beauté*, Stephen aura recours à des formulations analogues et, plus précisément, aux trois célèbres critères énoncés par saint Thomas. Ces concepts apparaissent dans la Première Partie (q. 39, a. 8) de la *Summa Theologiæ* :

> « *Ad pulchritudinem tria requiruntur. Primo quidem integritas, sive perfectio : quæ enim diminuta sunt, hoc ipso turpia sunt. Et debita proportio sive consonantia. Et iterum claritas, unde quæ habent colorem nitidum, pulchra esse dicuntur.* »

Lorsque la tradition nomme ces trois critères « critères formels du beau », elle ne fait que reprendre une définition implicite du thomisme, laquelle mérite d'être analysée avec soin. En effet, par réalité formelle, on entend ici la réalité de la chose en tant que substance complète, réalité définie et existant en acte, résultant de la fusion en *synolon* d'une forme substantielle et d'une matière *signata quantitate*. Les trois critères déterminent, par conséquent, les conditions de perfection d'une réalité existentielle, d'une structure vers laquelle se dirige effectivement une *visio* et qui est jugée non pas en tant que vraie ou bonne — même si elle est, en fait, vraie et bonne —, mais en tant que structuralement complète; et capable, pour cela même, de satisfaire nos exigences d'équilibre et d'achèvement (de satisfaire qui la perçoit, comme telle, de façon désintéressée).

Le premier critère d'une telle perfection est la *proportio* : proportion mathématique, rythme, rapport, harmonie (tous les éléments d'une esthétique de la proportion).

Au concept de *proportio* est lié celui d'*integritas,* cette dernière n'étant que l'adéquation à ce que la chose doit être, la réalisation de toutes les conditions structurales auxquelles elle doit satisfaire pour être telle qu'elle a été conçue *in mente Dei* ou *in mente artificis,* selon les lois de la nature ou de l'art.

Cela étant, la *claritas* ne doit pas être entendue seulement au sens physique, comme synonyme de lumière ou de vivacité de la couleur, mais bien comme la possibilité, pour l'organisme, de s'exprimer lui-même, comme la possibilité pour la structure de se signifier à l'intention d'une *visio* préparée à saisir la chose précisément comme belle et non comme vraie.

La discussion que Stephen a, sur ce sujet, avec Lynch commence par une allusion à l'identification du beau et du vrai. Ici, Joyce reste très proche de la tradition scolastique, même s'il ne s'intéresse pas aux implications métaphysiques :

« Le vrai est perçu par l'intellect qu'apaisent les rapports les plus satisfaisants dans l'intelligible; la beauté est perçue par l'imagination qu'apaisent les rapports les plus satisfaisants dans le sensible [36]. »

Cette définition rappelle par plus d'un point certaines gloses du texte thomiste dues, en particulier, à des commentateurs du siècle dernier et correspond peut-être, chez Joyce, à la réminiscence de commentaires entendus au collège. La nouveauté tient dans l'emploi du mot *imagination,* tout à fait étranger à la thématique médiévale et caractéristique de l'esthétique moderne. Coleridge et Poe parlent d'imagination, mais non saint Thomas. La *visio* thomiste n'est pas une faculté nouvelle, mais l'intelligence tout entière attachée aux caractéristiques esthétiques de l'objet.

Cette référence à l'imagination, qui apparaît dès les premiers textes de Joyce n'est guère élucidée dans l'esthétique de Stephen Dedalus; ici, l'imagination n'est qu'un rapport particulier de l'esprit aux choses, qui lui permet de les saisir d'un point de vue esthétique (et en ce sens, elle n'apparaît pas très différente de la *visio* thomiste). En fait, si « le premier pas vers le beau consiste à comprendre la nature et l'étendue de l'imagination, à connaître l'acte même de l'appréhension esthétique », la nature et l'étendue de l'imagination ne sont guère précisées : « Tous ceux qui admirent un bel objet trouvent en lui certains rapports qui les satisfont et qui coïncident avec les degrés mêmes de toute appréhension esthétique [37]. »

Au lieu d'expliquer ce qu'est l'imagination, Stephen décrit par quel processus l'esprit saisit les rapports dans le sensible. Déjà, dans *Stephen le Héros,* il affirmait que « la faculté appréhensive doit être examinée en pleine action [38] ». On pourrait qualifier cette définition d' « opératoire » si ne manquait à Joyce une intention méthodologique de ce genre, et si on ne trouvait ici un certain manque de rigueur [39].

Il est en tout cas remarquable que si l'imagination est définie par rapport aux critères objectifs de la beauté, ceux-ci sont définis à leur tour par rapport au processus de l'imagination qui les identifie. C'est en cela que l'attitude de Joyce diffère de celle de saint Thomas : chez Joyce, les modes ontologiques de la beauté deviennent les moyens d'appréhender (ou de créer) la beauté. Nous verrons l'importance de tout cela à propos de l'épiphanie.

Quoi qu'il en soit, Stephen doit maintenant interpréter les concepts d'*integritas,* de *proportio* et de *claritas,* qu'il traduit par *wholeness, harmony* et *radiance* :

« Regarde ce panier », dit Stephen à Lynch, et il explique : « Afin de voir ce panier, ton esprit le sépare d'abord de tout l'univers visible qui n'est pas ce panier. La première phase de l'appréhension est une ligne de démarcation tracée autour de l'objet. Une image esthétique se présente à nous soit dans l'espace, soit dans le temps. Ce qui concerne l'ouïe se présente dans le temps, ce qui concerne la vue, dans l'espace. Mais, temporelle ou spatiale, l'image esthétique est d'abord nettement perçue comme un tout bien délimité sur le fond sans mesure de l'espace ou du temps, qui n'est pas cette image. Tu l'appréhendes comme une chose une. Tu la vois comme un seul tout. Tu appréhendes son intégralité — voilà l'*integritas* [40]. »

A travers ces lignes, il apparaît clairement que l'*integritas* thomiste n'est pas l'*integritas* joycienne. Dans le premier cas, il s'agit de complétude substantielle, dans le second, de délimitation spatiale.

Ici, c'est un problème de périmètre physique, et là, un problème de volume ontologique. L'*integritas* joycienne résulte d'une mise au point psychologique; c'est l'imagination qui choisit et met en évidence la chose [41].

Plus fidèle sera l'interprétation joycienne du concept de *proportio* (moins aisé à déformer) :

« Ensuite... tu passes d'un point à un autre en suivant les lignes qui figurent l'objet. Tu l'appréhendes dans l'équilibre balancé de ses parties entre les limites de l'ensemble; tu sens le rythme de sa structure. En d'autres termes, la synthèse de la perception immédiate est suivie d'une analyse de l'appréhension. Après avoir senti que cette chose est *une,* tu sens maintenant que c'est une *chose.* Tu l'appréhendes complexe, multiple, divisible, séparable, composée de ses parties, résultat et somme de ces parties, harmonieuse. Voilà la *consonantia* [42]. »

Ce que nous avions dit du rythme éclairait déjà cette notion d'harmonie. Celle de *claritas,* en revanche, sera plus longue et plus difficile à définir et les textes de Joyce qui s'y réfèrent ne concordent pas toujours. Voici ce que dit Joyce dans la version définitive de *Dedalus :*

« La connotation de ce mot est assez vague. Saint Thomas emploie ici un terme qui paraît inexact. Son sens m'a échappé pendant longtemps. Nous pourrions être portés à croire qu'il entendait par là le symbolisme ou l'idéalisme, la suprême qualité du beau étant la lumière venue de quelque autre monde, l'idée dont la matière n'est que l'ombre, la réalité dont elle n'est que le symbole. Je pensais qu'il pouvait entendre par *claritas* la découverte et la représentation artistique du dessein divin dans toute chose, ou bien une force de généralisation qui donnerait à l'image esthétique un caractère universel, en la faisant rayonner au delà des limites de sa condition. Mais ce n'est là qu'un bavardage littéraire. Voici comment je comprends la chose. Lorsque tu as appréhendé le panier en question comme une chose une, lorsque tu l'as analysé dans sa forme, lorsque tu l'as appréhendé comme un objet, tu arrives à la seule synthèse logiquement et esthétiquement admissible : tu vois que ce panier est l'objet qu'il est, et pas un autre. La clarté dont il parle, c'est, en scolastique, *quidditas,* l'*essence* de l'objet [43]. »

Ici, l'interprétation joycienne se fait subtile. Joyce part de textes thomistes élémentaires et incomplets, isolés de leur contexte, et parvient à les pénétrer mieux que bien des commentateurs attitrés. Pour saint Thomas, la *quidditas* est la substance en tant que susceptible de compréhension et de définition (de même que l'essence est la substance en tant que sujet de l'*esse*, c'est-à-dire de l'acte existentiel, et que la nature est la substance en tant que sujet d'opération). En conséquence, parler de *quidditas* (à moins que l'on ne fasse des distinctions subtiles entre aspect logique et aspect esthétique, que l'on ne distingue des *rationes*) revient à parler de la substance en tant qu'organisme et structure. Ceci est dit plus nettement encore dans *Stephen le Héros* : « Nous constatons ensuite qu'il présente une structure composite et organisée... L'âme de l'objet le plus commun, dont la structure est ainsi précisée, prend un rayonnement à nos yeux [4]. »

Joyce a ainsi pénétré en profondeur la pensée thomiste; il ne lui a pas encore donné une orientation personnelle. Que l'effort fait pour comprendre le texte médiéval ne soit pour lui qu'une façon d'élucider ses propres positions, voilà qui apparaît nettement dans son refus des interprétations platonisantes du concept de *claritas* (lorsqu'il parle de « bavardage littéraire »); mais, en élucidant ses propres positions (d'une façon encore négative, à travers le refus de certains faux-sens), Joyce s'est, sans le vouloir, montré un interprète de premier plan. Ce sera seulement par la suite que les propos de Stephen s'affranchiront des conceptions thomistes et que la fidélité à saint Thomas se révélera comme un simple moyen pour le libre développement d'opinions personnelles. On lit dans *Dedalus* :

« L'artiste perçoit cette suprême qualité au moment où son imagination conçoit l'image esthétique. L'état de l'esprit en cet instant mystérieux a été admirablement comparé par Shelley au charbon sur le point de s'éteindre. L'instant dans lequel cette qualité suprême du beau, ce clair rayonnement de l'image esthétique se trouve lumineusement appréhendé par l'esprit, tout à l'heure arrêté sur l'intégralité de l'objet et fasciné par son harmonie, — c'est la stase lumineuse et silencieuse du plaisir esthétique, un état spirituel fort semblable à cette condition cardiaque que le physiologiste italien Luigi Galvani définit par une expression presque aussi belle que celle de Shelley : l'enchantement du cœur [4]. »

Dans *Stephen le Héros*, Joyce donnait à sa pensée une formulation un peu différente et le moment de la *radiance* devenait celui de l'*épiphanie* :

« Par épiphanie, il entendait une soudaine manifestation spirituelle surgissant au milieu tant des plus ordinaires des discours ou des gestes, que de la plus mémorable des situations intellectuelles. Il pensait qu'il incombe à l'homme de lettres de noter ces épiphanies avec un soin extrême, car elles représentent les instants les plus délicats et les plus fugitifs [46]. »

Or, des expressions telles que « charbon sur le point de s'éteindre », « états d'âme fugitifs », sont trop ambiguës pour s'adapter à un concept comme celui de la *claritas* thomiste : la *claritas* est une manifestation solide, claire, presque tangible, de l'harmonie formelle. Ici, au contraire, Stephen échappe à l'emprise des textes médiévaux et ébauche une théorie personnelle. Dans *Stephen le Héros*, il est question d'épiphanie; dans *Dedalus*, le terme lui-même disparaît (comme si Joyce considérait avec une certaine méfiance les élaborations théoriques de sa jeunesse), mais tout le passage où il parle de l'enchantement du cœur n'est, en définitive, qu'une façon différente de dire la même chose. Que devient donc le vieux concept de *claritas*, lorsqu'on l'entend au sens d' « épiphanie ? »

L'ÉPIPHANIE : DE LA SCOLASTIQUE
AU SYMBOLISME

Joyce a trouvé le concept (sinon le terme) d'épiphanie chez Walter Pater et, plus précisément, dans la Conclusion de l'*Essai sur la Renaissance,* qui eut une grande influence sur la culture anglaise à la charnière des deux siècles. En relisant Pater, on découvre que son analyse des phases successives de l' « épiphanisation » du réel se développe d'une façon qui annonce l'analyse joycienne des trois critères de la beauté.

Pourtant, chez Joyce, l'objet à analyser apparaît comme une donnée stable et objective, alors que, chez Pater, on trouve un

sentiment très vif de la fluidité insaisissable du réel ; il est significatif
que la célèbre Conclusion commence par une citation d'Héraclite.
La réalité est une somme de forces et d'éléments qui se défont au
fur et à mesure qu'ils deviennent ; seule, l'expérience superficielle
leur donne une consistance corporelle, leur attribue une présence
importune : « mais lorsque la réflexion commence de s'exercer sur
ces aspects, ceux-ci, sous son influence, se dissolvent et il semble
que leur force de cohésion soit suspendue comme par enchantement. »

Nous voici transportés dans un monde d'impressions instables,
fulgurantes, incohérentes : l'habitude ne joue plus, et la vie courante se désagrège. Il ne subsiste d'elle que des moments isolés
qui, à peine saisis, s'évanouissent aussitôt : « A tout moment, dans
une main ou dans un visage, apparaît une certaine perfection de
la forme ; certaine coloration sur les collines ou sur la mer est plus
exquise que le reste ; une passion, une vision, une excitation intellectuelle devient à nos yeux irrésistiblement réelle et attirante —
pour un moment seulement. » *Irresistibly real and attractive for us —
for that moment only* : le moment passe mais, pendant un instant, la
vie a acquis une valeur, une réalité, une raison d'être. « L'expérience en elle-même, et non le fruit de l'expérience, tel est le but. »
Conserver cette extase, voilà en quoi consiste « la réussite de la
vie ».

« Alors que tout se dissout sous nos pas, pourquoi ne pas chercher à saisir une passion exquise, une contribution à la connaissance qui, en éclairant un horizon, semble rendre pour un moment
sa liberté à l'esprit : une excitation des sens — étranges nuances,
étranges couleurs, odeurs bizarres —, ou une œuvre faite de main
d'artiste ou le visage d'un être cher ? »

Pater est tout entier dans ce portrait : il s'efforce, jour après jour,
de transformer en absolu l'instant fugitif et exquis. Les pages que
nous venons de citer n'auront une influence sur l'œuvre de Joyce
qu'une fois dépouillées de leur mollesse et de leur langueur :
Stephen Dedalus est bien différent de Marius l'Épicurien ; mais il
n'en s'agit pas moins d'une influence déterminante. On découvre
par là que l'armature scolastique sur laquelle repose l'esthétique de
Stephen sert, en réalité, à étayer une conception romantique du
verbe poétique, attaché à la révélation et à la fondation lyrique du

monde. Un romantisme selon lequel le poète seul peut donner une raison aux choses, un sens à la vie, une forme à l'expérience, une fin au monde.

Il est incontestable que toute l'argumentation de Stephen, bourrée de citations thomistes, va dans ce sens. Cette perspective donne toute leur valeur aux diverses affirmations que l'on trouve dans les discours de Stephen (et dans les écrits de jeunesse de Joyce) concernant la nature du poète et celle de l'imagination.

« Le poète est le centre puissant de la vie de son époque, avec laquelle nul autre n'a de rapports plus essentiels que les siens. Lui seul est capable d'absorber la vie qui l'entoure et de la projeter à nouveau dans l'espace parmi les musiques planétaires. Lorsque le phénomène poétique est signalé dans les cieux, il est temps pour les critiques de reviser leurs valeurs conformément à ce fait. Il est temps pour eux de reconnaître qu'ici l'imagination vient de scruter intensément, dans toute sa vérité, l'être du monde visible et que la beauté, la splendeur du vrai, vient de naître [47]. »

Le poète est donc celui qui, dans un moment de gêne, découvre l'âme profonde des choses; mais il est également celui qui donne à cette âme une existence objective par le seul moyen du verbe poétique. L'épiphanie est à la fois une *découverte* du réel et sa *définition à travers le langage*.

En réalité, cette notion d'épiphanie subira une évolution entre *Stephen le Héros* et *Dedalus*. Dans le premier de ces ouvrages, l'épiphanie est encore une manière de voir le monde, et par conséquent un certain type d'expérience intellectuelle et émotive. Telles sont les notes de vie vécue que le jeune Joyce recueillait sur son cahier d'*épiphanies* : des bribes de conversation, qui servent à définir un caractère, un tic, un défaut typique, une situation existentielle [48]. Telles sont les impressions rapides, impondérables, que Joyce relève dans *Stephen le Héros* [49]. Il peut s'agir d'un dialogue entre deux amants, entendu par hasard un soir de brume, et qui procure à Stephen « une impression si vive que sa sensibilité en demeura profondément affectée »; ou bien de l'horloge de la douane qui se trouve tout à coup épiphanisée et, sans raison apparente, devient brusquement « importante ».

Pourquoi et pour qui ? Pater a répondu par avance : pour l'esthète, qui perçoit l'événement par delà toute habitude. Certaines pages de *Dedalus* semblent inspirées directement par cette analyse :

« Ses réflexions n'étaient qu'un brouillard de doute et de méfiance envers lui-même, illuminé par quelques éclairs d'intuition, mais d'une splendeur si claire qu'à ces moments-là le monde disparaissait sous ses pieds, comme s'il eût été consumé par le feu ; après quoi sa langue devenait pesante et ses yeux ne répondaient plus aux regards des autres, car il sentait que l'esprit de beauté l'avait recouvert comme un manteau. »

Et, plus loin :

« Il se surprit examinant l'un après l'autre, au hasard, les mots qui se présentaient à son esprit, hébété de les voir tout à coup dépouillés de leur sens immédiat, jusqu'à ce que la moindre enseigne de boutique enchaînât sa pensée comme une formule magique et que son âme, soudain vieillie, se recroquevillât en soupirant[50]. »

Parfois, l'image est plus rapide encore : c'est la vision du Révérend Stephen Dedalus, le *Mulier cantat,* une odeur de chou pourri... Un fait insignifiant prend tout à coup du relief. Tels sont les exemples sur lesquels s'appuie la théorie dans *Stephen le Héros* : on dirait qu'il s'établit entre l'esthète et la réalité une sorte d'entente tacite qui permet à la réalité de livrer son secret à l'esthète, en lui faisant un signe de connivence. Mais ces expériences intérieures qui, dans *Stephen le Héros,* représentent le moment essentiel, unique, de l'expérience esthétique, identifiée avec l'expérience de la vie, deviennent, dans *Dedalus,* l'objet d'un rapport quelque peu ironique.

Dix ans se sont écoulés entre la composition de *Stephen le Héros* et la rédaction définitive de *Dedalus.* Entre les deux, se situe l'expérience de *Gens de Dublin.* Et chacune des nouvelles de ce recueil apparaît finalement comme une grande épiphanie ou, en tout cas, comme une organisation des événements telle qu'ils tendent à se résoudre en expérience épiphanique. Mais il ne s'agit plus de notes rapides, prises au vol, du rapport presque sténographique d'une expérience vécue. Le fait réel, l'expérience émotive sont ici isolés et « montés » par un habile déploiement de procédés narratifs, puis insérés au point culminant du récit, où ils deviennent *climax*, résumé et jugement sur l'ensemble de la situation.

Les épiphanies de *Gens de Dublin* apparaissent ainsi comme les moments-clefs, les symboles d'une situation déterminée; en dépit d'un contexte réaliste et bien qu'elles ne soient pas autre chose que des faits banals, des phrases ordinaires, elles acquièrent une valeur de signe moral, dénonçant le vide et l'inutilité de l'existence. La vue du vieux prêtre mort, dans la première nouvelle, la fatuité sordide de Corley et son sourire triomphant lorsqu'il montre la pièce d'or dans *les Deux Galants*, les larmes de Chandler dans *Un petit nuage*, la solitude de Duffy dans *Pénible Incident* sont autant d'instants très brefs qui constituent la métaphore d'une situation morale, en vertu d'un accent imperceptible que leur attribue le narrateur.

C'est une fois parvenu à ce point de son évolution artistique que Joyce semble réaliser ce que l'esthétique de *Stephen le Héros* laissait tout juste entrevoir. Le véritable artiste est « celui qui est capable de dégager dans toute sa précision l'âme subtile de l'image d'entre les mailles des conditions qui la déterminent et de la réincarner selon les conditions artistiques choisies comme les plus conformes à son nouvel office [51] ».

On comprend à partir de là comment, dans *Dedalus,* l'épiphanie n'est plus un moment émotif que le verbe de l'artiste viendrait seulement remémorer, mais bien une étape constructive de l'art : non pas tant une façon d'éprouver la vie qu'une façon de lui *donner forme.* Joyce renonce du même coup au terme d' « épiphanie », qui évoque trop précisément le moment où une chose se révèle [52]. Ce qui à présent intéresse Joyce, c'est l'acte de l'artiste qui *révèle lui-même quelque chose* à travers une élaboration stratégique de l'image. Stephen devient alors véritablement « prêtre de l'imagination éternelle, capable de transformer le pain quotidien de l'expérience en une radieuse substance de vie impérissable [53] », et l'on comprend l'affirmation de *Stephen le Héros,* pour lequel le style classique (« le syllogisme de l'art... le seul moyen légitime de passer d'un monde à un autre ») était, par nature, « attentif à observer les limites » et aime « se pencher sur les choses présentes pour les travailler et les façonner de telle sorte qu'une prompte intelligence puisse, en les dépassant, saisir leur signification toujours inexprimée [54] ». L'art ne se contente plus d'enregistrer, il engendre des visions épiphaniques pour permettre au lecteur de saisir la « *inside true inwardness of reality* » à travers la « *sextuple gloria of light actually retained* ».

Le plus bel exemple d'épiphanie qu'on puisse trouver dans *Dedalus* est celui de la jeune fille-oiseau. Il ne s'agit plus ici d'une brève expérience, que l'on peut noter et communiquer à l'aide de quelques signes ; le réel s'épiphanise précisément à travers la vaste stratégie des suggestions verbales utilisées par le poète. La vision — avec son pouvoir de révéler un univers transformé en beauté et en émotion esthétique — ne prend toute sa valeur que dans l'organisme complet et inaltérable de la page.

Voilà qui nous entraîne bien loin du thomisme. Les catégories thomistes deviennent ce qu'elles ont toujours été pour le jeune artiste : un tremplin commode, un exercice salutaire, à condition qu'il soit seulement le point de départ vers une conclusion nouvelle. Les épiphanies de *Stephen le Héros,* en se confondant avec une découverte de la réalité, avaient encore quelque rapport avec le concept scolastique de *quidditas*. Désormais, pour aboutir à la vision épiphanique, l'artiste choisit dans le contexte objectif des événements, des faits isolés, entre lesquels il établit des rapports nouveaux par une catalysation poétique des plus arbitraires. Un objet ne se révèle pas en vertu d'une structure objective et vérifiable, mais parce qu'il devient le symbole d'un moment de la vie intérieure de Stephen [55].

Pourquoi devient-il symbole ? L'objet épiphanisé n'a aucun titre à l'être, si ce n'est celui de l'être en fait. On trouve dans la littérature contemporaine, avant et après Joyce, de nombreux exemples d'un tel procédé, mais sans théorie. Et chaque fois, le fait n'est pas épiphanisé parce qu'il est digne de l'être, mais, tout au contraire, devient digne de l'être, parce qu'il l'est. Bénéficiant d'un synchronisme fortuit avec une disposition affective, ou bien se référant à cette disposition (de façon souvent inexplicable), ou bien la provoquant par accident, l'événement en devient le symbole. Chez Proust, certaines épiphanies subites sont objectivement déterminées par un phénomène de synesthésie mnémonique (l'analogie entre la sensation d'aujourd'hui et celle d'hier provoque le court-circuit et entraîne dans son sillage formes, sons et couleurs). Mais dans les *Vecchi Versi* de Montale, la phalène qui vient battre contre la lampe et retombe sur la table, *pazza aliando le carte,* ne semble avoir eu d'autres droits à survivre dans la mémoire de l'auteur que la force qu'il lui a fallu pour s'imposer et survivre aux autres faits. C'est seulement lorsqu'il a pris une importance que rien ne justifie, que le fait épiphanique peut se charger de signification et devenir symbole.

Il ne s'agit donc plus de voir la chose se révéler dans son essence objective *(quidditas),* mais de voir se révéler ce que la chose représente actuellement *pour nous :* c'est la valeur que l'on prête à la chose en ce moment qui *fait* effectivement la chose. L'épiphanie confère à la chose une valeur qu'elle n'avait pas avant de rencontrer le regard de l'artiste. En ce sens, la théorie des épiphanies et de la *radiance* est aux antipodes de la notion thomiste de *claritas.* Ce qui est, chez saint Thomas, soumission à l'objet et à sa splendeur devient, chez Joyce, un procédé pour séparer l'objet de son contexte habituel, l'assujettir à de nouvelles lois, lui attribuer une splendeur et une valeur nouvelles par une vision créatrice.

Dans cette perspective, l'*integritas* signifie, comme nous l'avons vu, un choix, une délimitation; elle consiste moins à suivre les contours de l'objet considéré qu'à attribuer des contours à l'objet élu. L'épiphanie devient alors une manière de retailler la réalité et de lui donner une forme nouvelle : l'artiste *disentangle* et *re-embody.* L'évolution de Joyce, depuis ses premières œuvres, encore dominées par un aristotélisme de principe, jusqu'aux textes de *Dedalus,* est ainsi achevée.

Essayons de suivre une dernière fois cette évolution, depuis le *Pola Notebook* de 1904 jusqu'à *Dedalus.*

Dans le *Pola Notebook,* Joyce avait essayé de déterminer les étapes de la perception ordinaire et le moment où y intervient une possibilité de jouissance esthétique, en identifiant dans l'acte d'appréhension deux activités fondamentales : la simple perception et la « reconnaissance » qui permet de juger que l'objet perçu est satisfaisant et, par suite, beau et agréable (même s'il s'agit, en fait, d'un objet laid — qui n'est beau et agréable qu'en tant qu'il est perçu dans sa structure formelle). Joyce se montrait ici plus scolastique qu'on ne pouvait s'y attendre et abordait la vieille question des « transcendantaux » : il se demandait si la beauté est une qualité co-extensive à l'être, si, par suite, tout objet, dans la mesure où il existe en vertu d'une forme réalisée dans une matière déterminée (et en tant qu'il est perçu dans ses caractéristiques structurales), n'est pas beau par cela même, qu'il s'agisse d'une fleur, d'un monstre, d'un acte moral, d'un caillou ou d'une table. A partir de ces données, auxquelles saint Thomas lui-même aurait pleinement souscrit (et qui rendent si difficile, dans la pensée scolastique, la distinction entre les possibilités d'une expérience esthétique privilégiée et la qualité esthétique de toute expérience quotidienne), Joyce pouvait conclure que « l'objet le plus horrible peut être qualifié de beau pour la seule raison qu'il peut être estimé beau *a priori,* dans la mesure où il se prête à l'activité de la simple perception [56] ».

Pour distinguer l'expérience esthétique proprement dite de l'expérience commune, Joyce proposait la solution suivante : l'appréhension comporte un troisième type d'activité, la « satisfaction », au cours de laquelle le processus de la perception s'apaise et s'accomplit. L'intensité de cette satisfaction et sa durée déterminent la valeur esthétique de l'objet contemplé. Joyce se rapprochait ainsi, une fois de plus, de la position thomiste, selon laquelle l'objet beau est celui *in cujus aspectu seu cognitione quietetur appetitus,* selon laquelle la plénitude de la perception esthétique consiste en une sorte de *pax,* de satisfaction contemplative. Cette *pax* rejoint sans peine la stase esthétique à laquelle Joyce réduisait, dans le *Paris Notebook,* la notion aristotélicienne de catharsis [57].

En fait (renonçant ainsi à une interprétation médico-psychologique de la catharsis comme fait dionysiaque, purification s'opérant à travers l'expression dynamique et paroxystique des passions, de façon à réaliser leur purgation par un choc), Joyce voyait alors dans la catharsis une interruption des sentiments de pitié et de terreur, et une invasion de la joie. Il donnait une interprétation rationaliste du concept aristotélicien, selon laquelle on parviendrait à exorciser les passions sur une scène en les détachant du spectateur, en les objectivant dans la trame de l'intrigue, en les rendant en quelque sorte étrangères, universelles et, finalement, impersonnelles. On comprend comment Stephen Dedalus, défenseur vigoureux de l'impersonnalité de l'art, devait être attiré par une telle interprétation et la faire sienne dans *Stephen le Héros*.

Mais si la forme générale est restée la même, la conception esthétique de Joyce s'est substantiellement modifiée entre les écrits de jeunesse et *Dedalus*, en passant par la première version du roman. Dans *Dedalus*, le plaisir esthétique et la stase des passions deviennent « *the luminous silent stasis of aesthetic pleasure* » et cette terminologie enrichit le concept d'implications nouvelles. Le plaisir statique n'a pas la pureté d'une contemplation rationnelle; il est frémissement devant le mystère, tension de la sensibilité, jusqu'aux limites de l'ineffable. Walter Pater, les Symbolistes et D'Annunzio ont remplacé Aristote.

Pour arriver à cette nouvelle vision des choses il a fallu que quelque chose changeât dans le mécanisme de la perception esthétique et dans la nature de l'objet contemplé; et c'est exactement ce qui s'est produit avec la théorie de la *claritas* et le développement de l'idée d'épiphanie. Le plaisir n'est plus donné par la plénitude d'une perception objective, mais par la promotion subjective d'un moment impondérable de l'expérience, par la traduction de cette expérience en termes de stratégie stylistique, par l'élaboration d'un équivalent linguistique du réel. L'artiste médiéval était esclave des choses et de leurs lois, esclave de l'œuvre même qu'il devait mener à bien selon des règles déterminées. L'artiste de Joyce, dernier héritier de la tradition romantique, dégage certaines significations d'un monde qui, sans cela, serait amorphe; et, ce faisant, il prend possession de ce monde, en devient le centre.

Joyce n'a pu, cependant, adopter pareille position sans se trouver aux prises avec des contradictions impossibles à résoudre et qui demeurent irrésolues jusqu'à la fin de *Dedalus*. Stephen, formé à l'école de saint Thomas, refuse, en même temps que la foi, la leçon de son maître, modernisant d'instinct, sans même s'en rendre compte, les catégories scolastiques. Il choisit pour cela, parmi les tendances de la culture contemporaine, celle qui est davantage susceptible de l'attirer et qui déjà l'avait imprégné peu à peu à travers lectures, polémiques et discussions : c'est-à-dire la conception romantique qui voit dans l'acte poétique un acte religieux de fondation du monde, qui tend même à résoudre le monde — le monde qu'elle refuse en tant que lieu de rapports objectifs — dans l'acte poétique et l'instauration de rapports subjectifs. Mais pareille poétique pouvait-elle satisfaire un auteur qui, à la suite d'Ibsen, avait cherché dans l'art un moyen de découvrir les lois qui régissent les événements humains ? qui s'était nourri de la pensée scolastique, perpétuelle invitation à l'ordre, à la structuration claire et définie, et refus d'un lyrisme évanescent ? qui avait enfin, depuis toujours, une vocation descriptive, l'instinct de découvrir et d'individualiser des caractères et des situations (comme on voit dans *Gens de Dublin*), au point de vouloir dissoudre dans l'impersonnalité de l'acte descriptif ces mêmes intrusions de la subjectivité et de l'émotion sans lesquelles, dans la stratégie de l'épiphanie, il ne serait pas possible d'élever jusqu'au lyrisme des expériences arrachées aux circonstances originaires et recomposées sur le papier ? La solution que propose *Dedalus* peut-elle satisfaire celui qui, après avoir renoncé à toute espèce de liens et de sujétion, s'en va « pour la millionième fois chercher la réalité de l'expérience » et « entend façonner, dans la forge de (s)on âme la conscience incréée de (s)a race [58] » ?

En d'autres termes, Joyce qui avait inauguré sa réflexion sur l'esthétique par un essai intitulé *Art et Vie*, et qui avait trouvé dans l'œuvre d'Ibsen une solution aux rapports profonds entre le verbe artistique et l'expérience morale, semble, avec *Dedalus*, prendre son parti de la dualité et accepter que l'art soit la négation de la vie, ou plutôt que la vie véritable soit dans la création de l'artiste. Si Joyce s'en était tenu là, il n'y aurait rien à reprocher aux formulations esthétiques du *Portrait*, et on pourrait identifier l'esthétique de Stephen avec celle de l'auteur. Mais lorsque Joyce commence *Ulysse*, il manifeste dès l'abord une conviction profonde : l'art est bien activité formatrice, « organisation d'une matière sensible et intelligible dans un but esthétique », *seulement* cette activité doit s'exercer sur un matériau déterminé, qui n'est autre que la trame des événements, des faits psychologiques, des rapports moraux, et finalement de la culture universelle [59]. Dès lors, l'esthétique de Stephen ne convient pas à l'élaboration d'*Ulysse* et les contradictions qu'elle recouvrait se rouvrent : les déclarations de Joyce à propos d'*Ulysse* s'écartent des catégories philosophiques et des choix culturels de l'artiste jeune.

Tout cela, Joyce le sait et *Dedalus* ne prétend pas être un manifeste esthétique, mais le portrait d'un Joyce qui n'existe plus lorsque l'auteur achève cette autobiographie ironique et commence à écrire *Ulysse* [60]. Dans *Ulysse,* précisément, c'est avec un humour complice que Stephen, se promenant sur la plage, évoque ses projets de jeunesse : « ... Rappelez-vous vos épiphanies sur papier vert de forme ovale, spéculations insondables, exemplaires à envoyer en cas de mort à toutes les grandes bibliothèques du monde, y compris l'Alexandrine [61]. »

Il est bien évident que la majeure partie des principes esthétiques du jeune Joyce restent valables pour la suite de son œuvre; mais l'esthétique de ses deux premiers livres demeure surtout caractéristique en ce qu'elle révèle, dans toute son ampleur, le conflit entre un monde conforme *ad mentem divi Thomæ* et les exigences de la sensibilité contemporaine. Conflit qui ne pourra manquer de réapparaître, bien que sous des formes différentes, dans les deux œuvres qui suivront : conflit entre l'ordre traditionnel et la vision nouvelle du monde, conflit intérieur à l'artiste qui tente de donner forme au chaos dans lequel il se meut et qui retrouve toujours entre ses mains les instruments de l'ordre ancien, qu'il n'a pas réussi à remplacer.

NOTES

1. En ce qui concerne la formation de Joyce, Cf. Richard Ellmann, *James Joyce*, Oxford Un. Press, 1959 (trad. fr. Gallimard, 1962). Sur l'influence d'Ibsen, du symbolisme, du naturalisme, sur la renaissance celtique, Cf. Harry Levin, *James Joyce*, New Direction Books, Norfolk, Connecticut, 1941 (trad. fr. éd. Robert Marin, 1950). Sur la vision du monde et la sensibilité symboliste de Joyce, Cf. Edmund Wilson, *Axel's Castle*, London, Charles Scribner's Sons 1931. En ce qui concerne les milieux français et irlandais et plus spécialement les analogies qui peuvent exister entre les deux poétiques, Cf. David Hayman, *Joyce et Mallarmé*, Lettres modernes, 1956. On trouvera dans Ellmann la liste des livres dont on a la *certitude* que Joyce les a lus au cours de ses années de formation.

2. Cf. ELLMANN, trad. fr., p. 553. Joyce découvrit la *Scienza Nuova* à travers Michelet (*Principes de philosophie de l'histoire traduits de la Scienza Nuova de J. B. Vico*) : telle est la conclusion que tire, de la lecture de *Finnegans Wake*, James S. Atherton, *The Books at the Wake*, New York, The Viking Press 1960. Nous aurons fréquemment recours à ce minutieux répertoire de tous les livres cités ou évoqués dans *Finnegans Wake*.

3. ELLMANN, *op. cit.*, trad. fr., p. 700.

4. *A Portrait of the Artist as a Young Man*. En français : *Dedalus : Portrait de l'artiste jeune par lui-même*, Paris, Gallimard, 1943, p. 246. Nous citerons cette édition en la désignant par la lettre D.

5. Cf. *The Universe of Death* dans *The Cosmological Eye*, Norfolk, 1939. Trad. fr., *Max et les phagocytes*, Paris, éd. du Chêne, 1947.

6. Dans une lettre datée du 7.8.1924 (Cf. Ellmann, trad. fr., p. 579), le frère de Joyce, Stanislas, écrit à celui-ci, à propos de l'épisode de Circé dans *Ulysse* : « C'est indubitablement catholique de nature. Cette rumination sur l'ordre le plus bas des actes naturels, cette réévocation et cette exagération du détail par le détail et la déjection spirituelle qui les accompagne sont purement dans l'esprit du confessionnal. Ta nature, comme la morale catholique, est avant tout sexuelle. Le baptême a laissé

en toi une forte propension à croire au mal. » (Cf. également Stanislas Joyce, *My Brother Keeper*, London, Faber & Faber, 1958.)

7. *Ulysses*, New York, The Modern Library, 1934, p. 5 et 10.

8. Cf. HENRY MORTON ROBINSON, *Hardest Crux Ever* in *A. J. J. Miscellany* (M. Magalaner éd.), Second Series, Southern Illinois Press, Carbondale, 1959, p. 195-207.

9. *Stephen Hero,* trad. fr., *Stephen le Héros,* Paris, Gallimard, 1948, p. 76. Nous désignerons cette traduction par les lettres S. H.

10. HARRY LEVIN, *op. cit.*, trad. fr., p. 48.

11. Cf. WILLIAM POWELL JONES, *J. J. and the Common Reader*, Norman, Un. of Oklahoma Press, 1955, p. 34.

12. *D.,* p. 177. Ce sont les seules références que l'on trouve dans *Dedalus ;* la biographie d'Ellmann ainsi que le recueil des *Critical Writings* (London, Faber & Faber, 1959) prouvent une connaissance plus étendue des textes thomistes et aristotéliciens. Pour d'autres hypothèses concernant les lectures thomistes de Joyce, Cf. le livre fondamental de William T. Noon *Joyce and Aquinas,* New Haven, Yale Un. Press (London, Oxford Un. Press), 1957. Sur les notes manuscrites prises pendant ces lectures thomistes et aristotéliciennes, Cf. J. J. Slocum et H. Cahoon, *A Bibliography of J. J.,* New Haven, Yale Un. Press, 1953, section E.

13. *S. H.,* p. 173.

14. Cf. *Critical Writings,* p. 38-83.

15. In Ellmann, trad. fr., p. 88.

16. On trouve dans cet essai une polémique visant les symbolistes (et plus précisément *Langueur* de Verlaine) : il n'est pas vrai qu'il n'y ait plus rien à dire et que nous soyons venus trop tard sur la scène du monde ; car chaque événement de la vie quotidienne comporte un élément dramatique qui ne demande qu'à se manifester (allusion à Ibsen). Au vrai, à côté de cette apologie d'une *sameness* de l'existence quotidienne, susceptible de devenir matière poétique, on trouve dans ce texte une définition du drame comme « pressentiment symbolique » de notre nature profonde. Ce n'est pas par hasard : le drame d'Ibsen *Quand nous nous réveillerons d'entre les morts* analysé par Joyce dans *Ibsen's New Drama* a un caractère nettement symbolique ; et la réalité vers laquelle progressent allègrement les personnages — ils le font avec une extrême exaltation — est la vitalité ambiguë d'un tourbillon dans lequel vie et mort se confondent. Ainsi cette « belle et miraculeuse vie terrestre... », cette « insondable vie terrestre » dont parle Ibsen au troisième acte se confond, dans l'esprit du jeune critique, avec cette « mort » conçue comme la « plus haute forme de vie » à laquelle il fait allusion dans son essai

sur Mangan et sur laquelle il reviendra, en reprenant sur le mode ironique cette idée de jeunesse, dans *Ulysse*.

17. In Ellmann, trad. fr., p. 105. « L'homme de Nola », c'est-à-dire Bruno.

18. *Critical Writings*, p. 175 et suiv.

19. Ce n'est pas par hasard que le vocabulaire du premier essai sur Mangan rappelle le vocabulaire de Walter Pater. Plus d'une phrase de Joyce évoque l'esthétique de Pater (ainsi que nous le verrons plus loin). Ainsi, celles qui servent de conclusion à l'essai : « La beauté, splendeur du Vrai est une présence de grâce quand l'imagination contemple intensément la vérité de son propre être ou le monde visible; et l'esprit, qui procède de la beauté et de la vérité, est le saint esprit de la joie. Telles sont les seules réalités et elles seules crient et soutiennent la vie... Dans ce vaste parcours qui nous enveloppe et cette grande mémoire qui est plus grande et plus généreuse que notre mémoire, nulle vie, nul moment d'exaltation n'est perdu jamais, et tous ceux qui ont noblement écrit n'ont pas écrit en vain. » (Pour cette seconde phrase, Cf. Ellmann, trad. fr., p. 112.) Mais tout ne vient pas de Pater : la conception du poète comme unique sauveur de l'humanité (le seul qui donne un sens à la vie) et l'exaltation d'une existence dans laquelle le dérèglement coïncide avec la voyance, sont autant d'éléments symbolistico-décadents. D'autre part, l'allusion à une « grande mémoire » cosmique et au « miracle de la vie éternellement renouvelé dans l'âme imaginative » sont des éléments des doctrines théosophiques que Joyce avait assimilées à travers Yeats et Russel. A la lumière de ces diverses remarques, la définition du Beau comme splendeur du Vrai se colore d'ambiguïté : elle n'a plus grand-chose à voir avec les formules de la scolastique et de la contre-réforme, ni même, comme on l'a dit, avec Flaubert (Cf. Flaubert, lettre à Mlle Leroyer de Chantepie, du 18 mars 1857 — citée par Ellman in *Critical Writings*, p. 41, note 1 — in *Préface à la vie d'écrivain*, corr. choisie par G. Bollème, éd. du Seuil, Paris, 1963, p. 188). Désormais, c'est la beauté qui fonde la vérité, et non la vérité qui fonde la beauté.

20. La distinction se trouve chez Aristote dans la *Poétique*, 1447 a et b, 1450 à 1462 a et b ; chez Joyce, dans *SH*. chap. XIX passim, et dans *D*. ch. V. Selon Noon (*op. cit.*, p. 55), cette tripartition rappelle celle, proposée par Hegel, des formes symbolique, classique et romantique, ainsi que celle de Schelling : la particularité du lyrique, l'infinité de l'épique et l'union dramatique du général et du particulier, du réel et de l'idéal. Mais si Joyce a connu Hegel et Schelling à l'époque de sa maturité, il n'est pas prouvé qu'il les ait eus présents à l'esprit à ce stade de sa formation.

21. *D.*, trad. fr., p. 214.

22. Cf. Hayman, *op. cit.*, en particulier au vol. I.

23. S. Mallarmé, *Œuvres complètes*, Gallimard, Paris, 1945, p. 366.

24. Joyce avait trouvé chez Baudelaire *(Sur Théophile Gautier)* l'appel à l'impersonnalité; mais le jugement qu'il porte sur le poète dans son essai sur Mangan (qualifiant la poésie baudelairienne de « littérature » au sens péjoratif que Verlaine avait donné à ce mot) nous amène à ne pas prendre trop au sérieux cette influence. Celle de Flaubert est en revanche profonde : « *Madame Bovary* n'a rien de vrai. C'est une histoire *totalement inventée* ; je n'y ai rien mis ni de mes sentiments, ni de mon existence. L'illusion (s'il y en a une) vient au contraire de l'*impersonnalité* de l'œuvre. C'est un de mes principes qu'il ne faut pas *s'écrire*. L'artiste doit être dans son œuvre comme Dieu dans la Création, invisible et tout puissant, qu'on le sente partout mais qu'on ne le voie pas. » (Lettre à Mlle Leroyer de Chantepie du 18 mars 1857, in *Préface à la vie d'écrivain*, corr. choisie par G. Bollème, éd. du Seuil, Paris, 1963, p. 188). Flaubert dit encore : l'artiste ne doit pas « mettre sa personnalité en scène. Je crois que le grand art est scientifique et impersonnel. Il faut, par un effort d'esprit, se transporter dans les personnages, et non les attirer à soi » (à George Sand, 15-16 décembre 1866, *ibid.* p. 239). Lorsque Proust dit de Flaubert qu'il rendait « sa vision sans, dans l'intervalle, un mot d'esprit ou un trait de sensibilité » et note qu'il parvenait à exprimer une nouvelle vision de la réalité simplement par une nouvelle utilisation des conjonctions (*Chroniques*, 1927, in *Œuvres complètes*, t. X., p. 210. Gallimard, Paris, 1936), on pense à certaines phrases de l'essai sur Mangan où Joyce parle de la véritable poésie comme de « l'expression rythmique d'une émotion que rien d'autre ne saurait traduire ou du moins ne traduirait aussi parfaitement » (*Cr. Wr.* p. 75). Quant à Yeats, toute sa doctrine du « masque » n'est rien d'autre que l'établissement d'un corrélatif objectif de la personnalité, d'un anti-soi (Cf. Wilson, *Axel's Castle*, essai sur Yeats). Certaines phrases de Yeats affirment qu'aucun grand poète n'a été un sentimental. Et le jeune Joyce, interrogé par Stanislas sur l'objet réel de ses poèmes d'amour, répond que pour écrire de tels poèmes il n'est pas nécessaire d'être amoureux : l'artiste qui écrit des tragédies n'en est pas pour cela l'acteur. (Cf. Ellmann, trad. fr., p. 80.)

25. Cf. *Tradition and the Individual Talent*, 1917, in *Selected Essays*, London, Faber & Faber, 1932, trad. fr. *Essais choisis*, éd. du Seuil, Paris, 1950, p. 36. Sur l'évolution de cette idée, Cf. *On Poetry and Poets*, London, Faber & Faber, 1956, trad. fr. *De la poésie et de quelques poètes*, éd. du Seuil, Paris, 1964.

26. Cf. en particulier Guy Delfel, *l'Esthétique de Mallarmé*, Paris, Flammarion, 1951. Il y a chez Mallarmé une poétique de l' « absence » (comme le fait remarquer très justement Marcel Raymond, *De Baudelaire au Surréalisme*, Paris, Corti, 1947), qui est aux antipodes de la poétique de la maturité joycienne, laquelle aspire au contraire à rendre présents le plus grand nombre possible de niveaux de la vie concrète.

27. Ici interviennent divers problèmes ayant trait à l'interprétation de la notion d'impersonnalité : imprécise chez Flaubert et plus encore chez Eliot, elle semble contestable chez Joyce lui-même. Dans l'article *Mr Mason's Novels* (daté de 1903 et paru le 15 octobre dans le *Daily Express* de Dublin; Cf. *Cr. Wr.* p. 130), Joyce se réfère à une remarque de Léonard de Vinci, selon laquelle l'esprit créateur a tendance à imprimer sur ce qu'il crée un analogue de sa propre image; et toute la dissertation sur Hamlet, dans *Ulysse,* tourne autour d'une œuvre qui se fait image spéculaire de la situation personnelle de son auteur. Mais impersonnalité signifie volonté d'échapper à l'émotion et non pas refus de raconter les émotions; l'autobiographie, les schémas psychologiques caractéristiques d'un auteur doivent devenir tissu objectif de rythmes et de symboles. En ce sens, une œuvre comme celle de Joyce peut être à la fois une immense fresque autobiographique et un univers linguistique achevé qui vaut par lui-même sans aucune référence extérieure, ni à l'historiographie, ni à la métaphysique.

28. *D.,* p. 206.

29. A ce sujet Cf. Noon, *op. cit.,* p. 28 et suiv. Joyce médita longuement sur la définition scolastique de l'art en lisant Aristote et saint Thomas à Paris. On relève dans les notes du *Paris Notebook* et du *Pola Notebook* (*Critical Writings*, p. 139-148) de curieuses questions du type : Pourquoi les enfants et les excréments ne sont-ils pas des œuvres d'art ? (réponse : il s'agit bien d'une disposition de la matière sensible mais conformément à un processus naturel, non dans un but esthétique). Une photographie peut-elle être une œuvre d'art ? (réponse : non, car elle correspond à une disposition de la matière sensible, mais dont l'homme n'est pas l'auteur — *sic*). Les vêtements, les maisons, etc. sont-ils des œuvres d'art ? (réponse : oui, quand ils ont un but esthétique). On le voit, il s'agit ici de questions scolastiques dont les réponses sont limitées par la rigidité de la définition. Le problème, auquel nous avons déjà fait allusion, de la tête de vache sculptée au hasard par un homme en colère, entaillant dans sa rage un morceau de bois, se trouve ainsi posé avec netteté et résolu de manière expéditive (il ne s'agit pas d'œuvre d'art, puisque l'œuvre ne correspond pas à une disposition humaine de la matière dans un but esthétique). Encore faudrait-il définir nettement les termes de « matière », « disposition », « acte humain », etc. Pour une étude plus complète des interrogations joyciennes, nous renvoyons le lecteur à l'essai intitulé *le Hasard* que nous avons publié dans « l'Arc » numéro de printemps 1963.

30. *D.,* p. 209.

31. Sur l'autonomie de l'*ars*, Cf. *Summa Theologiæ*, I-II, 57, 3 co; sur la distinction entre *perfectio prima* et *secunda*, Cf. I, 73, 1 co et 3 co; et II-II, 169, 2 à 4. Tous les éclaircissements qui vont suivre, concernant la pensée de saint Thomas, demanderaient à être développés; pour cela

nous renvoyons le lecteur à nos deux monographies : *Il problema estetico in San Tommaso*, Torino, Edizioni di Filosofia, 1956, et *Sviluppo dell' estetica medievale* in *Momenti e problemi di storia dell'estetica*, Milano, Marzorati, 1959.

32. Dans *S.H.*, chap. xix, au cours d'une discussion avec le président, Stephen affirme que la théorie didactique du drame est *surannée :* quant à saint Thomas, « il semble considérer le beau comme ce qui satisfait l'appétit esthétique et rien de plus — ce dont la seule appréhension procure un plaisir » (il pense à *pulchrum autem respicit vim cognoscitivam : pulchra enim dicuntur quæ visa placent, S.Th.* 1, 5, 4 ad 1). Le président cherche à donner à la phrase une interprétation morale (« Mais c'est le sublime qu'il entend... ») et Stephen riposte : « Sa remarque pourrait s'appliquer à un plat d'oignons, peint par un artiste hollandais... Thomas d'Aquin est assurément du côté des véritables artistes. Je ne l'entends pas parler d'instruction ni d'élévation. » (*S.H.*, p. 96.)

33. Les définitions de la pitié et de la terreur se trouvent au chapitre v de *Dedalus*. « La pitié est le sentiment qui arrête l'esprit devant ce qu'il y a de grave et de constant dans les souffrances humaines et qui l'unit avec le sujet souffrant. La terreur est le sentiment qui arrête l'esprit devant ce qu'il y a de grave et de constant dans les souffrances humaines et qui l'unit avec la cause secrète » (trad. fr., p. 204). Comparons ces définitions à celles d'Aristote : « La terreur est une douleur ou un trouble provenant de l'imagination d'un mal qui peut se produire, apportant destruction ou douleur » (*Rhet.* 1382 a); « Définissons donc la pitié comme une douleur provoquée par un mal destructeur ou douloureux, qui semble affecter une personne qui ne le mérite pas et qui peut éventuellement nous frapper ou frapper l'un des nôtres » (*Rhet.* 1485 b). Les définitions de Stephen sont assez proches de celles d'Aristote (que Joyce connaissait sans doute indirectement), à cela près qu'à propos de la terreur, il parle d'union à la cause secrète, conférant ainsi à cette émotion un caractère cognitif qu'elle n'avait pas dans la formule aristotélicienne. Ce qui importe peut-être plus est qu'il considère ces émotions comme « dynamiques », aptes par conséquent à provoquer le désir ou la répugnance; l'émotion esthétique, qui doit, elle, être statique, devra donc tendre à provoquer une pitié et une terreur seulement idéales. Chez Joyce, le problème de la pitié et de la terreur ne se pose pas seulement à propos d'Aristote; en ce qui concerne les rapports avec la scolastique et la philosophie moderne (Kant en particulier); Cf. l'étude approfondie de Noon, *op. cit.*, p. 37-43.

34. *D.*, p. 206.

35. *On the Principles of Genial Criticism Concerning Fine Arts ;* Cf. Stuart Gilbert, *James Joyce's Ulysses*, London, Faber & Faber, 1930 (nous le citerons dans l'édition New York Vintage Books 1955; Cf. p. 24 et suiv.). Notons chez Coleridge l'allusion à l'absence d'intérêt dynamique.

36. *D.*, p. 207. Nous avons modifié la traduction. *(N. d. T.)*

37. *D.*, p. 207.

38. *S.H.*, p. 217.

39. Que Joyce ait hérité de la tradition romantique la notion d'imagination, cela est incontestable; ce n'est pas par hasard que le terme apparaît pour la première fois dans l'essai sur Mangan, au beau milieu d'une apologie des facultés créatrices du poète et de sa dignité (Cf. plus haut note 19). Dans ce texte — mais également dans la conférence *l'Art et la Vie* de *Stephen le Héros* (*S.H.*, p. 79) — l'imagination est présentée comme la contemplation de la vérité de l'être : définition classique à l'origine, mais qui prend ici une coloration romantique; quand on parle de la beauté comme splendeur du vrai, on ne pense plus à une vérité qui, en tant que telle, se résoudrait en beauté, mais bien à une beauté qui, dans la mesure où elle est réalisée, devient l'unique vérité possible (seul le poète « est capable d'absorber la vie qui l'entoure et de la projeter à nouveau dans l'espace parmi les musiques planétaires » *S.H.*, p. 79). Il est curieux de constater que ces accents romantiques paraissent précisément dans un discours au cours duquel Stephen affirme la prééminence du tempérament « classique » sur le tempérament « romantique ». Il est vrai que, par classicisme, il entend la faculté créatrice dans son sens le plus absolu : le pouvoir de donner vie à un objet impersonnel dans lequel les émotions de l'auteur ne sont pas reflétées à l'état brut, un objet qui sera « l'expression rythmique d'une émotion que rien d'autre ne saurait traduire » (on retrouve la même idée dans l'essai sur Mangan et dans *Stephen le Héros*) : ce n'est en définitive qu'une manière différente de proposer une théorie du *corrélat objectif*.

40. *D.*, p. 211.

41. NOON (*op. cit.*, p. 113) suggère également un rapprochement avec la philosophie de Berkeley.

42. *D.*, p. 211-212.

43. *D.*, p. 212.

44. *S.H.*, p. 218.

45. *D.*, p. 212.

46. *S.H.*, p. 216. Nous avons retraduit d'après le texte anglais la fin de la première phrase *(N. d. T.)*.

47. *S.H.*, p. 79-80; Cf. également l'essai sur Mangan dans *Critical Writings*, p. 82-3.

48. Le manuscrit des *Épiphanies* est conservé dans la Lockwood Memorial Library de l'Université de Buffalo. Ces textes sont très significatifs de l'attitude du jeune Joyce : l'une des épiphanies les plus savoureuses est sans doute ce dialogue entre Joyce et Mr Skeffington, après la mort

du jeune frère de Joyce. *Skeffington* : « J'ai été désolé d'apprendre la mort de votre frère... désolant que je ne l'aie pas su à temps... pouvoir venir à l'enterrement... » *Joyce* : « Oh, il était vraiment jeune... un enfant... » *Skeffington* : « Quoi qu'il en soit... désolé... » Incontestablement, ce dialogue définit un caractère, une dimension humaine, cerne un type. Dans ce cas, l'artiste ne fait rien pour rendre « épiphanique » la réalité ; il enregistre seulement ce qu'il a entendu.

49. *S.H.*, p. 215-6.

50. *D.*, p. 177 et 178.

51. *S.H.*, p. 77. On rapprochera cette phrase d'une phrase de Baudelaire (*Salon de 1859*, IV) : « Tout l'univers visible n'est qu'un magasin d'images et de signes auxquels l'imagination donnera une place et une valeur relative ; c'est une espèce de pâture que l'imagination doit digérer et transformer. »

52. Selon Noon (*op. cit.*, p. 71), Joyce serait parvenu à la notion d' « épiphanie » à travers l'interprétation que donnait de la *claritas* thomiste Maurice De Wulf en 1895. Noon suppose même que le terme d'épiphanie aurait été suggéré à Joyce par l'expression « épiphénomène » qu'employait De Wulf pour désigner la qualité esthétique d'un phénomène. En l'absence de documents prouvant que Joyce a lu De Wulf, l'hypothèse demeure incontrôlable et elle marque bien chez Noon une tendance à rendre Joyce plus thomiste qu'il ne l'était. La vérité est autre : l'origine incertaine du mot « épiphanie » s'éclaire si l'on sait que Joyce avait lu *Il Fuoco* de D'Annunzio et que ce roman l'avait profondément influencé. (Cf. Ellmann, *op. cit.*, trad. fr., p. 74.) Aucun des commentateurs de Joyce ne semble avoir remarqué que la première partie d'*Il Fuoco* s'intitule précisément *Epifania del Fuoco* et que toutes les extases esthétiques de Stelio Effrena y sont présentées comme des épiphanies de la Beauté. A relire les textes de *Dedalus* qui décrivent les épiphanies de Stephen et ses moments d'exaltation esthétique, on y trouve quantité d'expressions, une adjectivation, des envolées lyriques qui révèlent une incontestable parenté avec D'Annunzio. Ceci vient confirmer le caractère décadent de la notion joycienne d'épiphanie, et le côté peu orthodoxe de son thomisme.

53. *D.*, p. 220.

54. *S.H.*, p. 77.

55. Pour saint Thomas, l'objet révèle sa structure objective. Pour Pater, seule compte l'émotion subjective. Pour Stephen, cette émotion compte aussi, mais il la résout en un nouvel objet, qui est la page.

56. *Critical Writings*, p. 146-148.

57. *Ibid.*, p. 144.

58. *D.*, p. 252.

59. Sur l'exigence morale chez Joyce et sur le classicisme d'une telle poétique, Cf. S. L. Goldberg, *The Classical Temper*, London, Chatto & Windus, 1961, et en particulier le chapitre *Art and Life*.

60. Ce n'est pas un hasard si le titre original de *Dedalus* précise que le portrait dont il s'agit n'est pas celui de l'artiste Stephen — c'est-à-dire d'*un* artiste — mais celui de l'*Artiste* en général; il s'agit de représenter dans son ensemble une situation culturelle dont Joyce, arrivé à la maturité, veut rendre compte et qu'il éloigne de soi. *Stephen le Héros*, en revanche, était encore une autobiographie et l'auteur y était à ce point compromis que le texte est encombré de jugements, souvent négatifs, sur le comportement de Stephen, comme si Joyce avait ainsi voulu distinguer les responsabilités. Dans *Dedalus*, on ne trouve plus trace de cette préoccupation : la matière est décantée; l'auteur a pris par rapport à elle une distance critique.

61. *Ulysse*, trad. fr., Paris, Gallimard, 1942, p. 42-43.

> *... ils disent que le Démiurge voulut imiter la nature infinie, éter-*
> *nelle, étrangère à toute limite et à tout temps de l'Ogdoade supé-*
> *rieure, mais qu'il ne put reproduire sa stabilité et sa perpétuité*
> *parce qu'il était lui-même le fruit d'un défaut. Aussi, pour se*
> *rapprocher de l'éternité de l'Ogdoade, fit-il des temps, des*
> *moments, des séries d'innombrables années, s'imaginant imiter,*
> *par cette accumulation des temps, l'infinité de celle-ci.*
>
> (Hippolyte, *Philosophoumena*, VI, 5, 55,
> traduction A. Sionville, Paris, 1928)

Joyce voulait faire de *Gens de Dublin* une « histoire morale » de son pays; on retrouve dans *Ulysse* la même préoccupation, à la fois éthique et réaliste. Mais l'Irlande n'est plus ici que la donnée initiale : la « paralysie » de la vie irlandaise, qui formait la matière première des *Nouvelles*, devient, dans *Ulysse*, un point de départ parmi d'autres. Goûts, personnages et caractères de la vie dublinoise — saisis avec une acuité, avec une pénétration magistrales, par l'utilisation de toutes les ressources de la gamme narrative, depuis l'ironique jusqu'au pathétique, depuis le dramatique jusqu'au grotesque, dans le mélange d'un comique effréné, quasi rabelaisien, et d'une profondeur psychologique, d'une précision verbale à la Flaubert — ne constituent que la dimension *littérale* d'un dessein allégorique et anagogique infiniment plus vaste.

Pour Joyce, ce roman devait constituer, il l'a dit, une somme de tout l'univers :

« Par la conception et la technique, j'ai essayé de peindre la terre pré-humaine, et peut-être post-humaine [62]. » « C'est l'épopée de deux races (Israélite-Irlandaise), en même temps que le cycle du corps humain et la petite histoire d'un jour (vie)... C'est aussi une sorte d'encyclopédie. Mon intention est de transposer le mythe *sub specie temporis nostri*. Chaque aventure (c'est-à-dire chaque heure, chaque organe, chaque art intimement lié et en étroite corrélation avec le schéma structurel du tout) ne doit pas seulement conditionner, mais même créer sa propre technique [63]. »

Joyce pense donc à une œuvre totale, à une œuvre-cosmos, dont le point de référence n'est pas la subjectivité du poète isolé dans sa tour d'ivoire, mais la communauté humaine, l'histoire et la culture. Le livre n'est pas le journal de l'artiste exilé *de* la ville, mais celui de l'homme quelconque exilé *dans* la ville. Il est en même temps une encyclopédie, une somme littéraire (« La tâche que je me suis fixée, techniquement, d'écrire un livre de dix-huit points de vue différents en autant de styles, tous apparemment inconnus ou inaperçus de mes confrères [64]... »), une entreprise qui devrait jouer sur la culture dans son ensemble, par une assimilation complète, une destruction critique, une reconstruction radicale :

« Chaque épisode successif qui traite d'un domaine quelconque de la culture artistique (rhétorique, musique ou dialectique) laisse derrière lui un champ ravagé. Depuis que j'ai écrit les *Sirènes*, il m'est impossible d'écouter n'importe quelle musique [65]... »

De telles déclarations sont extrêmement ambitieuses. A travers elles, *Ulysse* apparaît comme l'inquiétant creuset dans lequel va se réaliser une expérience inédite : la destruction des rapports objectifs sanctionnés par une tradition millénaire. Notons qu'il ne s'agit plus de détruire les rapports qui relient un événement isolé à son contexte originel pour l'insérer dans un contexte nouveau à travers la vision lyrico-subjective de l'artiste jeune. Il s'agit bel et bien ici de la destruction de l'univers de la culture et — à travers lui — de l'univers tout court. L'opération ne se réalise pas sur les choses, mais *dans* le langage, *par* le langage et *sur* le langage (sur les choses vues à travers le langage, et sur la culture qui s'exprime à travers lui).

C'est ce qu'avait bien compris Jung, lorsqu'au moment de la parution d'*Ulysse*, il notait comment, à travers un « abaissement du niveau mental » allant jusqu'à l'abolition de la « fonction du réel », la dualité du subjectif et de l'objectif disparaît pour laisser place à « un ténia dont on ne sait s'il appartient à l'ordre physique ou transcendantal ». Victime d'une certaine déformation professionnelle, Jung faisait remarquer qu'à première vue, le texte d'*Ulysse* ressemble au monologue d'un schizophrène. Pourtant, il discernait bientôt l'intention que dissimule ce parti pris d'écriture; la schizo-phrénie a ici valeur de référence analogique et doit être considérée comme une sorte d'opération « cubiste », par laquelle Joyce, sui-vant les tendances de l'art moderne, dissout l'image de la réalité dans un cadre infiniment complexe « dont le ton est donné par la mélancolie de l'objectivité abstraite ».

Par cette opération, remarquait Jung, l'écrivain ne détruit pas sa propre personnalité, comme ferait le schizophrène : au contraire, il retrouve et fonde sa propre unité en détruisant hors de soi quelque chose. Ce quelque chose, c'est l'image classique du monde. « Nous ne nous trouvons pas devant une attaque portant sur un point déterminé, mais devant un bouleversement quasi universel des niveaux spirituels de l'homme moderne. Celui-ci se libère du monde ancien, en bloc. » Le livre de Joyce attaque l'Irlande et le Moyen Age irlandais, dans la mesure où l'une et l'autre ont une portée universelle. Entreprise gigantesque, qui nécessite l'exil et la « dis-parition élocutoire » du poète, à condition, corrige Jung, qu'imper-sonnalité ne soit pas ici synonyme d'aridité, mais plutôt, comme l'aurait aimé Stephen, d'habileté : « Le cynisme d'*Ulysse* recouvre une pitié profonde : le monde n'est ni beau, ni bon et, ce qui est plus grave, il est privé d'espérance, car à travers l'éternelle répéti-tion des jours, il entraîne la conscience humaine dans la folle danse des heures, des mois et des années [66]. »

Jung considère l'œuvre de Joyce comme un matériau clinique qu'il faut étudier au microscope et son essai manque parfois de bienveillance; c'est, sans doute, la raison pour laquelle Joyce ne lui pardonna jamais cette analyse de son œuvre. Néanmoins, le point de vue de Jung, dans la mesure précisément où il est étranger à toute préoccupation, recherche ou polémique littéraire, est sans doute l'un des plus lucides qui ait été émis sur la portée théorique d'*Ulysse*. Le thème de la rupture et de la destruction du monde, énoncé en termes dramatiques par le psychologue suisse, trouve diverses confirmations dans le texte même de Joyce et constitue l'un des nombreux chapitres d'une poétique du livre.

Ulysse commence par un acte de rébellion, une parodie liturgique, un feu d'artifice de répliques estudiantines subversives et méprisantes. Après avoir, dans le premier chapitre, mis en cause une nouvelle fois son éducation religieuse, Stephen attaque (dans le deuxième chapitre) ses maîtres d'éducation civile, la génération des gens comme il faut, les pontifes des préjugés réactionnaires et philistins. Au chapitre III, il s'en prend à la philosophie : le vieux monde est remis en question non plus dans ses manifestations accidentelles, mais dans sa nature même de cosmos ordonné, d'univers achevé et défini de façon univoque, selon les principes inaltérables de la syllogistique aristotélico-thomiste.

Ce chapitre III, s'ouvre sur une citation d'Aristote [67]. La nature de la citation (un passage du *De Anima*) importe peu. Seule importe la référence et le fait que Stephen commence sa promenade sur la plage en pensant à Aristote. Il fait mieux : il pense *comme* Aristote. Les premiers paragraphes procèdent par distinctions claires, par formulations sans équivoque, selon un rythme rationnel et une argumentation précise. Stephen réfléchit sur lui-même : il a cessé d'être quelque chose et n'est pas encore devenu quelque chose d'autre. Au cours de sa réflexion, il continue de raisonner dans les formes de ce qu'il était auparavant. Mais au fur et à mesure que ses yeux se tournent vers la mer et qu'on voit apparaître la silhouette du noyé, le rythme du monologue se fait plus heurté, plus irrégulier; la répartition ordonnée des arguments se change en une sorte de flux ininterrompu dans lequel idées et choses perdent leur physionomie propre et deviennent confuses, ambiguës, ambivalentes. Le ton du monologue justifie la référence à Protée (titre homérique du chapitre). Et désormais, non seulement le contenu, mais la forme même des pensées de Stephen révèle le passage d'un cosmos ordonné à un cosmos fluide, comme aqueux, au sein duquel mort et renaissance, contour des objets, destin de l'humanité, tout devient imprécis, lourd de *possibilités*. Le monde de Protée n'est pas le chaos, mais un univers où les rapports entre les choses se trouvent modifiés; Protée nous introduit au centre même d'*Ulysse* et pose les fondements d'un monde soumis à la métamorphose, où paraissent continuellement de nouveaux centres de relations. Protée, a-t-on dit, transforme la philosophie aristotélicienne en musique marine [68].

Il y a là l'exposé d'une poétique — même si le poète ne parle pas explicitement de son œuvre — *de par la seule forme du discours*. C'est dire qu'il peut exister un livre dont la forme soit le principal et le plus explicite des messages. Si l'on compare les différentes versions d'*Ulysse,* on s'aperçoit que l'œuvre évolue dans le sens de ce qu'on a appelé la « forme expressive » : la forme même du chapitre ou du mot en expriment le contenu [69].

En réalité, il s'agit là d'une condition commune à toute œuvre d'art : dans toute œuvre réussie, l'expérience s'organise selon une forme et reçoit de celle-ci qualification et jugement. Il arrive cependant que, tout en reposant sur une structure formelle qui la « met en valeur », la matière d'une expérience soit communiquée dans un discours qui est *déjà* un jugement explicite sur cette expérience. Lorsque Dante veut flétrir la paralysie et la corruption de sa patrie et lance contre elle sa célèbre invective « *Ahi serva Italia...* », il donne à son discours une unité formelle, la cadence expressive du tercet, mais il lui soumet des mots et des images qui traduisent *déjà* son indignation, son mépris; plus : dans son discours même, il explicite son dédain en usant de la forme rhétorique de l'apostrophe, qui signifie directement l'attaque ou l'appel [70]. *Au contraire,* lorsque Joyce veut stigmatiser la paralysie de la vie irlandaise et, à travers celle-ci, la paralysie et la désagrégation du monde, dans le chapitre d'*Eole,* par exemple, il ne fait qu'enregistrer les propos vides et présomptueux des journalistes, sans émettre aucun jugement. Le jugement réside *uniquement dans la forme* du chapitre, où l'on retrouve *toutes* les figures rhétoriques connues (métonymie, chiasme, métaphore, asyndète, épiphore, onomatopée, anacoluthe, hyperbate, métathèse, prosopopée, polysyndète, hypotypose, apocope, ironie, syncope, solécisme, anagramme, métalepse, tautologie, anastrophe, pléonasme, palindrome, sarcasme, périphrase, hyperbole, pour n'en citer que la moitié) et où les phases de la discussion correspondent à autant de paragraphes, dont les titres rappellent ceux des articles de journaux, constituant une sorte de rétrospective des titres — du journal victorien au quotidien du soir amateur de scandales, du titre « classique » au titre en « slang ».

Cette conversion radicale de la *signification comme contenu* à la *structure signifiante* est une conséquence directe du refus et de la destruction du monde traditionnel tels qu'ils sont réalisés dans *Ulysse*. Une expérience dominée par une vision univoque du monde, et reposant sur des valeurs stables, peut s'exprimer par des mots (des concepts) qui la jugent dans le même temps qu'ils la désignent. Mais lorsque nous nous trouvons devant une expérience sans posséder les schémas qui nous permettraient de l'interpréter — lorsque nous concevons que ces schémas pourraient être différents, plus ouverts, plus souples, plus riches, tout en ne les possédant pas encore —, l'expérience doit se manifester à travers le mot, sans que celui-ci (toujours lié à ce schématisme axiologique qu'on entend précisément remettre en question) puisse porter sur elle un jugement.

L'expérience, alors, *se montre,* et c'est la forme qu'elle revêt qui parle pour elle. Il s'agit encore de la forme ancienne; les figures rhétoriques ont été conservées par la tradition linguistique et l'écrivain n'a pas à les réinventer, il les utilise comme des instruments usuels : mais, précisément, en les assemblant sans fard, *en réduisant l'expérience à ces formules* qui, pendant des siècles, l'ont exprimée jusqu'à s'user et à ne plus être que formes vides, l'écrivain pose les prémisses d'un jugement et amorce une rupture. Le jugement n'est pas suspendu; on attend que l'expérience s'incorpore aux formes du langage qui l'ont exprimée jusqu'ici et qu'en cela même elle se manifeste. La structure que les choses sont portées à assumer quand on leur laisse la possibilité de se regrouper comme elles le font habituellement, voilà qui les définit, et qui définit leur crise. Dans ces conditions, affirmer et juger — en utilisant pour cela des instruments qui sont étrangers à la situation sociale et culturelle dont on parle — ne constituerait qu'une abstraction. Au contraire, « montrer » n'est peut-être pas une solution définitive, mais évite le recours à des essences périmées et conserve au matériau (débarrassé de l'accumulation de valeurs idéales qui prétendaient le définir et l'encadrer) son individualité immédiate et brutale [71].

Cette forme de récit, qui est en même temps *image* révélatrice de l'ensemble d'une situation, constitue, pour employer les catégories de Stephen Dedalus, une sorte d'épiphanie. Il ne s'agit plus de l'enchantement évanescent d'une épiphanie-vision, comme celle de la jeune fille-oiseau, mais d'une *épiphanie-structure*, à la consistance claire et cartésienne. On peut dire, plus exactement, que cette réduction du jugement et de l'intervention de l'auteur à l'automanifestation de la forme expressive est la pleine réalisation de l'idéal « dramatique » et « classique » que proposaient les premières œuvres de Joyce. Alors que le roman traditionnel est dominé par le point de vue d'un auteur omniscient qui pénètre l'âme de ses personnages, les explique, les définit et les juge (et qui en fait autant pour les objets et les événements naturels), la technique « dramatique » élimine cette présence continuelle de l'auteur et substitue à son point de vue celui des personnages et des événements eux-mêmes. Le journalisme moderne sera présenté selon l'optique même du journalisme moderne; les bruits qui entourent Bloom seront perçus comme Bloom les perçoit; les passions de Molly seront analysées comme Molly elle-même pourrait les analyser au moment où elle les vit.

Ce type d'œuvre ne dissimule pas **un** auteur indifférent, occupé à se curer les ongles; au contraire : l'auteur se porte au point de vue d'autrui, il s'exprime à travers une forme objective (Flaubert affirme qu'il n'a rien mis de ses sentiments, ni de sa vie, dans *Madame Bovary,* mais, par ailleurs, il affirme : « *Madame Bovary,* c'est moi »). Après Flaubert, James et surtout Joyce, chaque fois qu'on tente de réaliser, dans le roman contemporain, un idéal impersonnel et dramatique, ce n'est plus l'auteur qui parle, mais il ne se borne pas non plus à faire parler ses personnages; il fait parler, il rend expressive la manière même qu'ont les personnages de s'exprimer et les choses de se présenter. Le cinéma, depuis ses origines, utilise une technique analogue. Eisenstein, dans *le Cuirassé Potemkine,* ne « juge » pas le rapport entre l'équipage et son navire, si ce n'est à travers le montage heurté du visage qui lance les ordres et des machinistes qui, liés à leur machine, font corps avec elle et avec ses mouvements. Et, lorsque Godard, dans *A bout de souffle*, raconte l'histoire d'un garçon asocial, d'une « tête brûlée », il monte son film et propose de voir les choses à la manière dont son héros l'aurait fait, bousculant les temps et les rapports, choisissant des enchaînements et des cadrages incongrus. Le montage du metteur en scène est la façon de penser du héros [72].

LA POÉTIQUE DE LA COUPE EN LARGEUR

Pour réaliser son projet, pour enfermer la narration dramatique dans la valeur expressive de la forme, Joyce doit supprimer, en même temps que l'objet de la narration, son instrument : la structure même de ce roman « bien fait » qui, depuis le début du siècle, avait paru se confondre avec le roman en général; à la poétique de l'intrigue, il doit substituer une poétique de la « coupe en largeur ».

La poétique du roman « bien fait » remonte à Aristote; ses règles sont celles-là même qui devaient, selon le philosophe, présider à l'élaboration d'une « intrigue » tragique. Alors que « l'histoire » (j'entends : la vie quotidienne) se compose d'un ensemble d'événements désordonnés, qui ne sont unis entre eux par aucun lien logique et qui peuvent au cours d'un laps de temps donné concerner un ou plusieurs individus, « la poésie » (et l'art en général) introduit entre ces divers événements un lien logique, une succession nécessaire; elle en choisit certains et en néglige d'autres, conformément aux exigences, tenues pour inévitables, de la vraisemblance. Telle est la loi du roman traditionnel, celle qu'énonçait Maupassant dans la préface de *Pierre et Jean* :

« La vie... laisse tout au même plan, précipite les faits ou les traîne indéfiniment. L'art, au contraire, consiste à user des précautions et des préparations... à mettre en pleine lumière, par la seule adresse de la composition, les événements essentiels et à donner à tous les autres le degré de relief qui leur convient, suivant leur importance... »

Maupassant énonce ici les principes d'une narration réaliste, qui prétend restituer la vie telle qu'elle est. Mais il n'en accepte pas moins la règle immuable du roman traditionnel, qui consiste à enchaîner conformément à la vraisemblance des événements dits *importants* :

« S'il fait tenir dans trois cents pages dix ans d'une vie, pour montrer quelle a été, au milieu de tous les êtres qui l'ont entouré, sa signification particulière et bien caractéristique, il devra savoir éliminer, parmi les menus événements innombrables et quotidiens, tous ceux qui lui sont inutiles, et mettre en lumière, d'une façon spéciale, tous ceux qui seront demeurés inaperçus pour des observateurs peu clairvoyants... »

En vertu du principe selon lequel l'essentiel s'identifie avec le romanesque, on ne raconte pas, dans un roman traditionnel, que le héros s'est mouché, à moins que ce geste n'ait son importance pour le déroulement de l'action. S'il n'en a pas, c'est un acte dépourvu de signification, « stupide » du point de vue romanesque.

Or, avec Joyce, les actes stupides de la vie quotidienne prennent valeur de matériau narratif [73]. La perspective aristotélicienne se trouve ainsi complètement renversée ; ce qui, auparavant, était secondaire, devient le centre de l'action. Dans le roman, ce ne sont plus de grandes choses qui arrivent, mais la somme des petites choses, sans rapport les unes avec les autres, en un flux incohérent, les pensées comme les gestes, les associations d'idées comme les automatismes du comportement.

Ce renoncement au choix et à l'organisation hiérarchique des faits est une nouvelle façon d'éliminer les conditions traditionnelles d'un jugement de valeur. L'intrigue du roman « bien fait » enveloppait déjà un jugement. Une intrigue suppose des rapports (et, par conséquent, des explications) de causalité : le fait B s'est produit à cause du fait A. Et pareille explication causale est déjà, dans un récit historique ou fictif, une justification, une classification selon un certain ordre de valeurs : même une explication purement objective en termes de *Realpolitik* est, dans le contexte de l'histoire, une justification, selon une perspective axiologique de type machiavélien.

Écrire un roman « bien fait », c'est choisir les faits selon un seul point de vue (qui sera celui de l'auteur) et les ranger dans la ligne directrice d'un système de valeurs. Aristote dirait qu'il s'agit d'éliminer ce que l' « histoire » a de fortuit (la présence non décantée des *res gestæ*), en l'orientant dans la perspective de la « poésie » (comme organisation d'une *historia rerum gestarum*). Or, avec *Ulysse* il semble que les *res gestæ* prennent le pas sur l'*historia rerum gestarum* ; et « la vie » sur « la poésie ». Tous les événements sont recueillis sans discrimination, l'auteur renonce au choix, le fait insignifiant est mis sur le même plan que le fait important — si bien qu'aucun fait ne peut être jugé plus ou moins insignifiant qu'un autre, et que tous les faits, privés de leur poids, ont même importance. *Ulysse* réalise l'ambitieux projet de l'Édouard des *Faux Monnayeurs* :

« Mon roman n'a pas de sujet... Mettons, si vous préférez, qu'il n'y aura pas *un* sujet... Une tranche de vie, disait l'école naturaliste. Le grand défaut de cette école, c'est de couper sa tranche toujours dans le même sens; dans le sens du temps en longueur. Pourquoi pas en largeur ? où en profondeur ? Pour moi, je voudrais ne pas couper du tout. Comprenez-moi : je voudrais tout y faire entrer, dans ce roman. Pas de coup de ciseaux pour arrêter ici plutôt que là sa substance. Depuis plus d'un an que j'y travaille, il ne m'arrive rien que je n'y verse et que je n'y veuille faire entrer : ce que je vois, ce que je sais, tout ce que m'apprend la vie des autres et la mienne [74]... »

Cette poétique d'Édouard, si claire soit-elle dans sa définition, arrive fort en retard, non seulement sur l'œuvre de Joyce, mais sur toute une tendance du roman et de la psychologie contemporaine, qu'on retrouve avant Joyce dans la poétique du *monologue intérieur*, et qui a été reprise, perfectionnée par Joyce lui-même. La notion de *stream of consciousness* apparaît en 1890, avec les *Principles of Psychology* de William James [75]; l'*Essai sur les données immédiates de la conscience* de Bergson a été publié l'année précédente; en 1905, Proust commence la *Recherche*.

Ainsi se trouve amorcée la discussion sur l'expérience intérieure comme flux ininterrompu, impossible à localiser dans l'espace, amalgame de ce qu'on a déjà accompli et de ce qu'on continuera d'accomplir, selon la formule de James, ou, selon la comparaison bergsonienne, invisible progrès d'un passé qui mord sur le futur. Mais les romanciers s'étaient interrogés, avant même les recherches des psychologues et des philosophes, sur l'irréductibilité de l'expérience aux simplifications narratives. En 1880, un débat sur la nature du roman avait opposé Henry James à Walter Besant; Robert Louis Stevenson avait participé également à la discussion. On avait vu se heurter à la vision classique la conscience inquiète d'une réalité nouvelle à découvrir et à exprimer. Besant répétait que si la vie est « monstrueuse, infinie, illogique, inattendue et spasmodique », l'œuvre d'art doit être, au contraire, « nette, achevée, *self-contained*, fluide ». James répliqua :

« L'humanité est immense et la réalité prend des myriades de formes; tout au plus peut-on affirmer que bien des fleurs du roman possèdent ce parfum, alors que d'autres ne l'ont pas. De là à dire à chacun comment il doit composer son bouquet, c'est une autre affaire... L'expérience n'est jamais limitée, elle n'est jamais complète : elle est comme une espèce d'énorme toile d'araignée faite des fils de la soie la plus fine, suspendue dans la chambre de la conscience, prête à saisir dans sa trame chacune des parcelles de l'air. Elle est la véritable atmosphère de l'esprit; lorsque l'esprit est prêt à imaginer — et plus encore s'il s'agit d'un homme de génie — il accueille les plus légères allusions de la vie et convertit les moindres frémissements de l'air en révélations [76]. »

Le texte de James semble plus près, par son climat culturel, des théories du jeune Stephen que de la poétique d'*Ulysse*. Aussi bien, le dialogue que nous venons de citer se situe, dans la carrière artistique de James, entre *The Americans* (publié en 1877) et les romans suivants, dans lesquels on verra se préciser peu à peu la poétique du *point de vue* qui devait influencer l'ensemble des romanciers contemporains, Joyce compris. Cette poétique détermine : un déplacement de l'action, qui quitte les faits extérieurs pour l'âme des personnages; la disparition du narrateur omniscient et juge (premier pas vers l'impersonnalité « dramatique » du Dieu de la création); enfin, l'ébauche d'un univers narratif susceptible d'être considéré de différentes façons et de prendre des significations diverses, complémentaires [77].

Donc, quand Joyce aborde la composition d'*Ulysse,* une tradition littéraire a déjà fixé la technique de la coupe en largeur et du monologue intérieur; cela ne lui retire pas le mérite d'avoir été le premier à révéler toutes les possibilités d'une telle méthode; mais cela permet de reconnaître les grandes lignes de cette poétique dans une tradition qu'il accepte sans hésiter. Ainsi qu'il l'a dit lui-même à plusieurs reprises, c'est chez Dujardin que Joyce a découvert le monologue intérieur. Voici en quels termes Dujardin lui-même, dans un essai postérieur à la publication d'*Ulysse,* définit cette technique :

« Le monologue intérieur, comme tout monologue, est un discours du personnage mis en scène qui a pour objet de nous introduire directement dans la vie intérieure de ce personnage sans que l'auteur intervienne par des explications ou des commentaires et, comme tout monologue, c'est un discours sans auditeur et un discours non prononcé; mais il se différencie du monologue traditionnel en ce que : quant à sa matière, il est une expression de la pensée la plus intime, la plus proche de l'inconscient; quant à son esprit, il est un discours antérieur à toute organisation logique, reproduisant cette pensée en son état naissant et d'aspect tout venant; quant à sa forme, il se réalise en phrases directes, réduites au minimum syntaxial; et ainsi répond-il essentiellement à la conception que nous nous faisons aujourd'hui de la poésie [78]. »

Dans la même perspective, Joyce, lorsqu'il met en œuvre le *stream,* cherche à saisir et à montrer une vie tranchée « par le milieu », là où pullulent tous les ferments, conscients et inconscients qui errent dans l'esprit du personnage. Le monologue intérieur détruit ainsi l'image traditionnelle du monde, communiquée à travers un discours constitué, et soumise à une censure préventive de la conscience.

Mais Joyce ne renonce pas pour autant à *recueillir* les fragments de ce monde détruit ou saisi dans un état encore informe. On rejoint par là une des objections les plus faciles que l'on puisse adresser à la technique du *stream of consciousness :* elle ne correspond pas à l'enregistrement de tous les phénomènes psychologiques du personnage, mais résulte encore d'une sélection opérée par l'auteur et constitue, en définitive, un retour à une poétique de l'intrigue, même si celle-ci repose sur de nouveaux critères. Et il est bien vrai que le monologue intérieur joycien résulte d'un long et minutieux travail artisanal. Seulement, l'objection n'est valable que si l'on considère le rapport entre roman et réalité comme un rapport d'imitation. Conception naïve à laquelle les anciens eux-mêmes ne croyaient guère; ils disaient bien : *ars imitatur naturam*, mais ajoutaient : *in sua operatione*, entendant par là que l'art reproduit moins la nature que son processus créateur et pose en cela même un équivalent de la nature [79]. Le monologue intérieur enregistre la *totalité* du flux de conscience du personnage, *à condition* qu'on accepte de réduire le vrai et le vérifiable à ce qui est dit par l'artiste, de réduire donc l'univers réel à l'œuvre. Cette convention narrative est essentielle pour comprendre les termes d'une poétique joycienne : au moment même où celle-ci utilise une technique qui a toutes les apparences du naturalisme et du réalisme le plus caractérisé, elle opère une identification entre vie et langage, qui vient tout droit des poétiques symbolistes; et dans le même temps, elle prétend épuiser l'univers dans le cadre verbal d'une immense encyclopédie, avec un goût de la *somme* qui est proprement médiéval.

Encore une fois, les poétiques de Joyce se heurtent et s'interpénètrent; et l'œuvre qui en jaillit n'est pas réductible aux règles d'un quelconque courant littéraire : elle est l'expression originale d'une dialectique.

LA POÉTIQUE DE L' « ORDO RHETORICUS »

Avec *Ulysse*, on voit éclater non seulement l'intrigue et le traditionnel choix narratif, mais également le *temps*. Une intrigue classique suppose l'écoulement du temps vu de l'éternité, qui permet de l'évaluer; seul un observateur omniscient peut saisir en un instant, sur un fait déterminé, ses antécédents lointains et ses conséquences futures, de façon à lui attribuer une signification dans l'enchaînement global des causes et des effets. Dans *Ulysse*, au contraire, le temps est éprouvé comme changement *de l'intérieur*.

Lecteur et auteur cherchent à se l'approprier, mais du dedans. S'il existe une loi du déroulement historique, elle ne peut être recherchée à l'extérieur, et la pensée est déjà déterminée par la position particulière qui est la nôtre au sein du développement général [80].

Il y a plus : si l'on se meut à l'intérieur des faits de conscience, enregistrés avec une absolue fidélité, comme autant d'événements équivalents, ne sera-t-on pas amené à mettre en doute l'identité même de la *personne* ? Dans le flux des perceptions qui assaillent Bloom au cours de sa promenade à travers les rues de Dublin, il devient extrêmement difficile de distinguer entre ce qui est « au dedans » et ce qui est « au dehors », entre ce que Bloom éprouve devant Dublin et ce que Dublin détermine en lui (on risque de réduire sa conscience à une sorte d'écran anonyme, chargé d'enregistrer tout ce qui, autour de lui, le sollicite). Un personnage peut, à la rigueur, penser la même chose qu'un autre personnage dans un chapitre précédent; dans le vaste sein du *stream of consciousness,* il devrait y avoir non pas des consciences individuelles qui pensent les événements, mais — si l'on pousse le principe à ses ultimes conséquences — des événements qui flottent dans une distribution uniforme et qui sont à l'occasion pensés par tel ou tel. Ce serait, finalement, la somme des événements pensés qui constituerait un champ de coordination et, par suite, l'entité fictive de la « conscience » qui les aurait pensés [81].

Nous n'aborderons pas ici la question de savoir dans quelle mesure cette situation évoque certaine problématique des psychologies et des gnoséologies modernes; dans quelle mesure, par conséquent, les problèmes qui se posent au romancier, lorsqu'il utilise les nouvelles techniques, présentent des analogies avec ceux du philosophe entreprenant une redéfinition des concepts de « personnalité », de « conscience individuelle » ou d' « émergence du champ perceptif »... Retenons seulement qu'en décomposant la pensée (et, par suite, l'entité traditionnelle dite « âme ») en une somme de pensées « actuelles » ou « éventuelles », le narrateur se heurte, en même temps qu'à une crise du temps romanesque, à une crise du personnage.

Le problème n'existe, toutefois, qu'au point de vue de l'auteur qui procède à la construction de l'histoire. Pour le lecteur, dès qu'il s'est familiarisé avec la technique narrative d'*Ulysse,* il distingue facilement les différents personnages dans ce magma de voix, de silhouettes, d'idées, d'odeurs qui composent le champ du récit. Il ne se contente pas d'identifier Bloom, Molly ou Stephen, mais parvient à les définir et à porter sur eux un jugement.

La raison en est apparemment simple : chaque personnage subit le même champ indifférencié d'événements physiques et mentaux, mais les unifie dans le cadre de la page en un *style personnel,* qui rend le monologue intérieur de Bloom bien différent de celui de Stephen, celui de Stephen de celui de Molly, et chacun d'eux des divers flux perceptifs qui concourent à définir les autres personnages. L'efficacité, la valeur de ces propos stylistiques est telle que les personnages d'*Ulysse* sont finalement plus vivants, plus vrais, plus complexes, plus individualisés que ceux de n'importe quel roman traditionnel, dans lequel un auteur omniscient prend le temps d'expliquer et de motiver chacune des démarches intérieures de son héros.

Le problème est tout différent lorsqu'on se place au point de vue du créateur. Le lecteur peut relier entre eux deux événements mentaux différents en reconnaissant leur commune appartenance à Bloom, grâce au bon fonctionnement de l'appareil stylistique. Mais comment cet appareil peut-il faire corps avec la matière première qui constitue la substance même du discours ? Joyce, après avoir accepté la dissolution du concept traditionnel de conscience individuelle, nous restitue des personnages-consciences ; mais pour ce faire — résolvant ainsi une série de problèmes que l'anthropologie philosophique n'est pas toujours parvenue, elle, à résoudre —, il faut qu'il dispose d'instruments de cohésion : tentons de les identifier.

Une fois encore, nous allons rencontrer ce goût indéfectible du compromis qui est le sien : les nouvelles coordonnées de la personnalité sortent d'anciens schémas que Joyce réintroduit habilement dans un nouveau contexte.

On a dit que, dans *Ulysse,* personne ne commettait de crime (comme il convient dans toute tragédie ou tout roman policier qui se respectent) parce que la passion fait défaut aux personnages — alors qu'elle est, au contraire, l'élément moteur de toute mécanique narrative et joue un rôle déterminant dans l'articulation dramatique d'un récit ordinaire. Mais n'est-ce pas une passion que l'humiliation de Bloom, errant et trahi, ou bien encore son besoin désespéré de paternité ? On peut se demander, en revanche, comment il est possible de distinguer, chez Bloom, ces « vecteurs pathétiques », sans se perdre dans la masse des événements mentaux répartis de façon quasi statistique et présentés sans aucun accent. Or, le vecteur pathétique s'éclaire du fait que chacun des gestes du personnage, chacune de ses paroles, de ses « événements mentaux » — ainsi que les gestes, les paroles et les « événements mentaux » de ceux qui l'entourent, et la forme même du récit, et la technique utilisée — sont considérés *en référence à un système de coordonnées*. C'est ce système qui permet d'identifier certaines articulations, certains rapports, dans le continuum espace-temps où, initialement, tout peut être rattaché à tout, et où la seule loi stable est cette possibilité de rapprochements multiples.

L'établissement de ces coordonnées constitue le problème central d'*Ulysse*, le problème de l'art, tel qu'il se posait à Stephen : si l'art est la manière humaine de disposer la matière sensible ou intelligible dans un but esthétique, le problème artistique d'*Ulysse* est celui de la réalisation d'un *ordre*. Selon Jung, *Ulysse* est un livre dans lequel on procède à la destruction du monde. E. R. Curtius affirme à son tour qu'il a pour base un nihilisme métaphysique, qu'en lui macrocosme et microcosme reposent sur le vide, et que la civilisation y est réduite en cendres comme par un bouleversement cosmique [82]. Richard Blackmur écrit à son tour que « Dante a cherché à donner un ordre aux choses selon la raison et la tradition, alors que Joyce refuse l'une et l'autre pour proposer un type de nihilisme lié à un ordre irrationnel [83] ». Les uns et les autres considèrent comme essentielle, dans l'œuvre de Joyce, l'affirmation du désordre. Cependant, pour que le désordre et la destruction se manifestent de façon aussi évidente, pour qu'ils soient devenus communicables, il faut bien qu'on leur ait conféré un certain ordre.

Du fait qu'il affronte le magma de l'expérience, et le traduit avec un réalisme absolu à l'intérieur de la page, du fait que chaque événement — chargé de toutes les implications historiques et culturelles du mot qui le désigne — prend la dimension d'un symbole et se rattache à d'autres événements en vertu de rapports possibles que l'auteur court le risque de ne plus dominer puisqu'il les abandonne à la libre réaction du lecteur, Joyce se retrouve devant l'Érèbe et la Nuit, le déchaînement des puissances chtoniennes, l'obsession de la réalité atomisée et la malédiction de cinq mille ans de civilisation incrustée sur chaque geste, chaque mot, chaque respiration. Il entend donner l'image d'un monde dans lequel les événements (et c'est, dans son livre, la somme même des références culturelles : Homère, la théosophie, la théologie, l'anthropologie, l'hermétisme, l'Irlande, la liturgie catholique, la kabbale, les réminiscences scolastiques, les faits quotidiens, les processus psychiques, les gestes, les illusions sabbatiques, les liens de parenté et d'élection, les processus physiologiques, odeurs et saveurs, bruits et apparitions) se heurtent, se composent, s'appellent l'un l'autre et se repoussent, comme dans une répartition statistique d'événements subatomiques, permettant au lecteur d'envisager selon des perspectives multiples l'œuvre-univers.

Les possibilités du symbolisme ne sont plus dans un tel monde ce qu'elles étaient dans le Cosmos médiéval où chaque réalité en manifestait une autre, selon un répertoire symbolique homologué par la tradition et déterminé de façon univoque par les Bestiaires, les Lapidaires, les Encyclopédies, les *Imago Mundi*. Dans le symbole médiéval, le rapport signifiant-signifié était parfaitement clair, en vertu d'une homogénéité culturelle.

Or, c'est précisément cette homogénéité qui fait défaut au symbole poétique contemporain, issu de la multiplicité des perspectives culturelles. Signifiant et signifié fusionnent par un court-circuit poétiquement nécessaire, mais ontologiquement gratuit et imprévu. Le langage chiffré ne se réfère pas à un cosmos objectif, extérieur à l'œuvre ; sa compréhension n'a de valeur qu'à l'intérieur de l'œuvre et se trouve conditionnée par la structure de celle-ci. L'œuvre, en tant que Tout, propose de nouvelles conventions linguistiques auxquelles elle se soumet et devient elle-même la clef de son propre chiffre.

Le Roman de la Rose était plein de figures symboliques, d'emblèmes, que l'auteur n'éprouvait pas le besoin d'expliquer : ses contemporains savaient de quoi il parlait. Eliot a beau compléter par d'innombrables notes *The Waste Land*, citer Frazer, Miss Weston et les Tarots, il n'en est pas moins difficile, pour le lecteur, de se retrouver dans un message dont les clefs restent imprévisibles.

Recenser la totalité des possibilités symboliques qui s'enchevêtrent dans l'univers de la culture contemporaine, telle est l'entreprise désespérée à travers laquelle Joyce — qui, il n'y a pas si longtemps encore, était Stephen — découvre l'horreur du chaos. Au
collège de Conglowes Wood, Stephen écrivait, sur la page de garde
de son livre de géographie : « Stephen Dedalus — Classe élémentaire — Collège de Conglowes Wood — Sallins — Comté de
Kildare — Irlande — Europe — Monde — Univers [84]. » Les
endroits dont il devait apprendre les noms « se trouvaient dans des
pays différents et les pays étaient sur des continents, et les continents étaient dans le monde, et le monde était dans l'univers ».
Première découverte enfantine de ce Cosmos ordonné, dont le
Moyen Age s'était satisfait, et dont la disparition a coïncidé avec
la naissance de la sensibilité moderne. En renonçant à la Famille,
à la Patrie, et à l'Église, Stephen sait qu'il renonce au Cosmos
ordonné pour collaborer à la tâche de l'homme moderne, qui est
de réorganiser sans cesse le monde à partir de sa propre situation.
Le souvenir de l'Ordre de Conglowes Wood continue de le hanter,
avec toute la séduction de la mémoire ; le défi du chaos, dans lequel
il reconnaît un monde nouveau à défricher, l'incite à chercher de
nouvelles lignes directrices.

C'est alors que Joyce réagit en scolastique impénitent, « steeled
in the school of old Aquinas [85] », et applique au déroulement même de
son activité créatrice ce goût du compromis qu'il a hérité des
Jésuites. Il use, en le défigurant, d'un matériel qui n'est pas le sien
et revendique des prédécesseurs qui ne l'auraient pas reconnu.
Avec la même souveraine désinvolture, avec ce génie du formalisme, avec cette familiarité irrespectueuse et déloyale envers les
auctoritates qui caractérise les commentateurs des écoles de théologie
médiévales (toujours prêts à trouver chez saint Basile ou chez
saint Jérôme l'expression apte à justifier la solution philosophique
qui leur paraît la plus raisonnable), Joyce demande à l'Ordre
médiéval, précisément, de garantir l'existence du monde nouveau
qu'il a découvert et choisi. Au magma de l'expérience mis à jour
par la technique de la coupe en largeur, il superpose un réseau
d'ordres traditionnels, de correspondances symétriques, d'axes car-

tésiens, de grilles directrices, de grilles modulaires — comme celles qui servaient autrefois aux sculpteurs ou aux architectes pour déterminer les points de symétrie de leurs constructions —, de schémas généraux aptes à servir de base au discours, à le soutenir par une hiérarchie des sujets et un système des correspondances. Schémas analogues à celui qu'on peut trouver dans la *Summa Theologiæ* ; celle-ci se subdivise à la manière d'un arbre généalogique partant de Dieu, considéré comme cause exemplaire tant en lui-même que par rapport aux créatures, dont il est également cause efficiente, finale et réparatrice, chacune de ces subdivisions conduisant à son tour à l'étude de la création des anges, du monde et de l'homme, à la définition des actes, des passions, des habitudes et des vertus, enfin au mystère de l'incarnation, aux sacrements en tant qu'instruments permanents de rédemption et aux réalités dernières, la mort, le Jugement, la vie éternelle. Dans cette grille directrice, aucune *quæstio* n'est placée par hasard à tel endroit, et le sujet le plus banal (la beauté de la femme, le caractère licite des cosmétiques, ou la perfection de l'odorat dans les corps ressuscités) a une raison d'être, une fonction essentielle de complément qui doit être considéré à la lumière du tout auquel il vient donner une confirmation supplémentaire.

Ce caractère organique, cette mise en ordre selon les critères les plus rigoureux d'un formalisme traditionnel, se retrouvent dans la *Somme* à rebours qu'est *Ulysse*. Chaque chapitre d'*Ulysse* correspond à un épisode de l'*Odyssée ;* à chaque chapitre correspondent une heure du jour, un organe du corps, un art, une couleur, une figure symbolique et l'emploi d'une technique stylistique déterminée. Les trois premiers chapitres sont consacrés à Stephen, les douze suivants à Bloom, les trois derniers à la rencontre Stephen-Bloom, qui tend à devenir plus étroite et plus définitive dans le dernier chapitre, tout entier dominé par la figure de Molly, où apparaît la possibilité d'un triangle adultérin qui réunirait les trois personnages. Un autre schéma vient alors orienter l'attention du lecteur : l'identification des trois personnages avec les trois personnes de la Trinité.

L'utilisation de ces divers schémas [86] — abstraction faite d'autres systèmes de références qu'on peut découvrir ici ou là (par exemple, le plan de Dublin) — est la preuve que Joyce assume totalement, dans cette phase de son activité, la *forma mentis* médiévale et la poé-

---

tique « scolastique » dont Stephen croyait s'être délivré. On voit, du coup, réapparaître les trois critères thomistes de la beauté, et la *proportio* médiévale permet à Joyce de diriger et d'orienter les correspondances. L'interprétation qu'a donnée, en son temps, T. S. Eliot[87] de l'œuvre de Joyce, reste valable : Joyce refuse la substance de l'*ordo* scolastique et accepte le chaos du monde moderne; mais il tente en même temps d'en réduire les apories en les intégrant précisément aux formes de cet *ordo* qu'il remet en question. Tout cela s'opère grâce à l'emploi de modules proportionnels dont l'origine est typiquement médiévale, si bien qu'on peut parler à propos d'*Ulysse* de l'application constante d'un type de proportion historiquement défini, celui des *artes rhetoricæ*, les règles d'un discours bien construit conformément au principe de la création divine. Mathieu de Vendôme ou Evrard l'Allemand se seraient plu à retrouver la rigueur de fer de la règle qui régit le discours d'*Ulysse*. Avec ses trois parties, la première et la troisième se composant de trois chapitres, la première introduisant le thème de Stephen, la seconde introduisant le thème de Bloom pour le mêler peu à peu, à travers une masse d'éléments polyphoniques, au premier, la troisième reprenant ces deux thèmes pour les achever avec l'épilogue symphonique constitué par le monologue de Molly, *Ulysse* a pu à juste titre être comparé à une *sonate*. On retrouve également dans *Ulysse* cette *consonantia*, cette *unitas varietatis*, cette *apta coadunatio diversorum,* qui était pour les scolastiques la condition essentielle de la beauté et du plaisir esthétique, *sicut in sono bene harmonisato.*

Le onzième chapitre, celui des *Sirènes,* dont la structure est déterminée par des analogies musicales, avec récurrence de thèmes narratifs et de timbres sonores, est une image réduite de la composition musicale de l'ensemble. Pendant tout le Moyen Age, on a identifié esthétique musicale et esthétique des proportions, en sorte que la musique, conformément à la tradition pythagoricienne, apparaissait comme la figure symbolique de l'esthétique. Et comme les théoriciens médiévaux avaient, à partir de Boèce et du Pseudo-Denys l'Aréopagite, orchestré sur ce modèle le jeu immense des rapports entre microcosme et macrocosme, les dix-huit chapitres d'*Ulysse,* dont chacun se réfère à une partie du corps humain, composent en définitive l'image totale d'un corps qui symbolise,

sur le plan cosmique, le vaste univers joycien. Les divers épisodes
de l'œuvre utilisent toute la gamme des techniques narratives, qui
sont reprises à une échelle réduite dans les dix-huit paragraphes
de l'épisode central des *Wandering Rocks*.

N'est-ce pas là une *universitas in modo cytharæ disposita in qua diversa
rerum genera in modo chordarum sint consonantia,* telle qu'apparaissait à
Honorius d'Autun l'image du monde [88] ? N'y trouve-t-on pas la
réalisation intégrale de l'*ornatus facilis* et de l'*ornatus difficilis,* de
l'*ordo naturalis* (commencement, milieu et fin), compliqué par l'*ordo
artificialis* (renversement de la phrase commençant par la fin, ou
par le milieu, voire n'importe où — avec un goût singulier pour
les procédés d'inversion ou à l'écrevisse, utilisés dans la série dodécaphonique), c'est-à-dire des procédés recommandés par Geoffroy de Vinsauf dans la *Poetria nova,* procédés propres aux rhéteurs
médiévaux, dont Faral dit qu'ils « savaient par exemple quels effets
on peut tirer de la symétrie de scènes formant diptyque ou trip-
tyque, d'un récit habilement suspendu, de l'entrelacement de nar-
rations conduites simultanément [89] » ?

Par cette trame serrée d'artifices, l'auteur d'*Ulysse* cherche et
rejoint le même résultat que le poète médiéval : un récit tissé de
symboles et d'allusions chiffrées, qui crée une sorte de complicité
entre deux intelligences, deux cultures, et permet de retrouver,
sous des vers insolites, une réalité supérieure, en sorte que chaque
mot, chaque figure, tout en représentant une chose, en désigne une
autre.

Comme le rappelle Alain de Lille :

> *Omnis Mundi creatura*
> *quasi liber et pictura*
> *nobis est in speculum.*
> *Nostræ vitæ, nostræ mortis,*
> *nostri status, nostræ sortis*
> *fidele signaculum* [90].

C'est précisément de par sa nature médiévale que l'œuvre de
Joyce possède une efficacité symbolique et qu'on peut lui attribuer,
outre un sens littéral, un sens moral, un sens allégorique, un sens
anagogique. On y trouve l'odyssée de l'homme ordinaire exilé
dans un monde quotidien et inconnu; l'allégorie de la société

moderne et du monde, à travers l'histoire d'une ville; on y trouve également une référence à la cité céleste, un sens anagogique, une allusion à la Trinité.

Si toutefois, dans le poème médiéval, le sens anagogique s'appuie sur le sens littéral, si les personnages y vivent en fonction de la réalité céleste qu'ils dissimulent, on assiste dans *Ulysse* à un renversement de la situation : la réalité céleste, à laquelle il est constamment fait allusion, sert à donner corps et « direction » aux événements concrets. En d'autres termes, le schéma trinitaire n'est pas, comme il aurait pu l'être dans le poème médiéval, la fin ultime d'un récit qui devient clair quand on est capable d'interpréter les faits au delà de leur littéralité; il faut à présent l'utiliser comme un ordre parmi beaucoup d'autres, tous utiles pour bien comprendre les faits et donner signification concrète à la ronde des événements qui se déchaînent sous nos yeux.

Encore une fois, ce sont des idées anciennes, sanctionnées par une tradition culturelle, qui permettent à Joyce de faire jaillir, par des rapprochements significatifs, des rapports nouveaux, ou d'en laisser entrevoir la possibilité. L'adoption du schéma trinitaire est caractéristique de la libre utilisation par Joyce d'un schéma théologique (auquel il ne croit pas), dans le seul but de dominer une matière qui lui échappe [91]. Si *Gens de Dublin* exprime un état de « paralysie », *Ulysse* révèle une exigence d'intégration. Dans les deux cas, le point de départ est le manque de rapports. Stephen a refusé l'univers religieux qui était le sien, la famille, la patrie, l'église, et il cherche quelque chose qu'il ignore encore. Il se trouve dans la situation d'Hamlet : il a perdu son père et ne reconnaît aucune autorité établie. Il a refusé de prier pour sa mère mourante. Il est maintenant oppressé par le remords d'avoir fait ce qu'il ne pouvait pas ne pas faire. Il ne croit même plus à l'analyse qu'il donne de sa propre désintégration. Ainsi, il consacre deux heures à analyser le rapport père-fils dans *Hamlet* et dans la vie personnelle de Shakespeare (de nombreux interprètes d'*Ulysse* chercheront, dans cette analyse, les clefs d'un schéma de l'œuvre), et quand, enfin, on lui demande s'il croit aux théories qu'il vient d'exposer, Stephen répond « promptement » : *non*. Bloom, de son côté, est privé de tout véritable rapport avec la ville parce qu'il est juif, avec sa femme parce qu'elle le trompe, avec son fils parce que Rudy est mort. C'est un père qui souhaiterait se retrouver dans son fils, mais c'est aussi Ulysse qui n'a plus de patrie. Molly, enfin, voudrait entrer en rapport avec tout le monde, mais elle en est empêchée par sa paresse naturelle et par le caractère purement charnel de ses rapports avec autrui.

La situation révèle une totale dissociation. Le monde se reconnaît pour tel, sans parvenir à trouver des schémas internes d'organisation. Joyce doit donc recourir à un schéma externe. Il fait alors de son récit une allégorie dénaturée du mystère trinitaire : un père qui ne peut se reconnaître que dans son fils, un fils qui ne se retrouve ou ne se retrouvera qu'en relation avec son père, une troisième personne qui réalise leur relation par une caricature — ou un renversement — de l'amour consubstantiel [92]. Là encore, cependant, si l'on voulait pousser jusqu'au bout le parallèle et déceler dans chaque événement une correspondance subtile et vérifiable, on serait à coup sûr déçu. Il faut dire, encore une fois, que Joyce utilise certaines données culturelles d'abord et surtout pour produire une sorte de musique d'idées [93]; il aborde certaines notions, fait éclater des rapports, joue sur des réminiscences, mais ne fait pas de philosophie. Dans ce jeu de miroirs, le schéma trinitaire introduit un ordre parmi beaucoup d'autres. Il fournit un cadre extérieur et, par conséquent, rigide, qui permet de repousser à chaque instant (au nom d'une tradition d'ordre et de nécessité) la mobilité incontrôlable des expériences, en une dialectique sans fin [94].

A partir de là, on est parfois tenté de se demander si l'ordre est véritablement dans *Ulysse* un cadre de référence nécessaire pour la lecture du texte, s'il ne constitue pas plutôt un simple échafaudage qui aurait permis de construire l'œuvre mais serait appelé à disparaître, une fois celle-ci achevée. Ainsi, selon certains théoriciens de l'histoire de l'art, la croisée d'ogives aurait servi à soutenir l'édifice gothique au cours des diverses phases de sa construction, mais une fois l'œuvre terminée, le seul jeu des poussées et des contre-poussées permettait à l'édifice de se tenir debout.

Quand on suit la genèse de l'œuvre et ses rédactions successives, on s'aperçoit que l'ordre était effectivement, pour Joyce, un moyen d'appréhender un matériau qui sans cela lui aurait échappé [95]. Le fait que les références aux divers épisodes de l'*Odyssée* ne sont pas mentionnées dans les titres des chapitres, et le refus réitéré de Joyce de les voir paraître dans les éditions de son livre, montre bien que ces références avaient une fonction pour l'élaboration d'*Ulysse,* mais la perdaient une fois cette élaboration achevée. Après avoir exercé sa fonction correctrice, l'ordre n'est plus qu'une sorte d'autodiscipline du matériau narratif, que le lecteur doit subir sans être obligé de la découvrir. Pourtant, de ce que quiconque veut démêler cet écheveau qu'est *Ulysse* doit obligatoirement recourir à Gorman ou à Stuart Gilbert, dépositaires des confidences de l'auteur pour tout ce qui touche à son utilisation du module homérique, on peut conclure que ce squelette vaut *également* comme grille, qu'il faut le superposer au roman pour pouvoir déchiffrer ce dernier. Le *message* ne peut être séparé du *code* : non que le message lui-même soit obscur, mais parce que le code constitue l'une des significations du message.

En somme, l'ordre représente ici comme le « carton [96] » de la mosaïque que Joyce compose peu à peu, dont il dispose un à un les éléments, de façon parfois discontinue ; c'est le projet initial qui dirige toute l'opération, même s'il est par la suite destiné à disparaître ; mais en même temps, l'ordre constitue plus qu'un point de départ, il est aussi un point d'arrivée, puisque la plupart des trouvailles techniques, qui permettent à chaque épisode de s'insérer dans le schéma des correspondances établies avec les arts ou avec les différentes parties du corps humain, sont introduites par Joyce en fin d'élaboration, comme si cette correspondance schématique n'était pas seulement un moyen opératoire, mais l'un des résultats recherchés [97].

En réalité, les deux aspects sont complémentaires. Si l'on prend l'une après l'autre les rédactions d'un texte de Joyce, on s'aperçoit que celui-ci ne cesse d'augmenter la somme des allusions, de répéter ses *leitmotive,* de se référer à d'autres apparitions dans d'autres chapitres ; tous ces procédés renforcent le schéma général des correspondances et la trame des références. D'une part, le cadre général de l'œuvre permet cette prolifération d'éléments vitalisants ;

d'autre part, ces mêmes éléments, en proliférant, font ressortir le cadre, et le rendent plus apparent [98].

Il suffit, en fait, d'accepter et d'identifier ses schémas pour pénétrer sans effort dans l'univers d'*Ulysse*. Nous avons désormais à notre disposition un fil d'Ariane, dix boussoles, une centaine de plans différents. On peut entrer dans cette ville polyédrique qu'est Dublin, comme dans la maison des mystères ou dans le palais des miroirs, et s'y mouvoir sans difficulté. Que Molly ait un rôle dans le schéma trinitaire, que, dans une perspective anthropologique, elle soit Cybèle ou *Gea Tellus,* ou bien que, suivant les abscisses du mythe grec, elle s'identifie à Pénélope, — tout cela n'empêche pas le lecteur d'avoir accès à son individualité, ni d'y reconnaître un type universel. C'est alors, au contraire, qu'il devient possible de faire cristalliser le flux perceptif du personnage, d'y découvrir des noyaux d'intentions et de significations, de donner diverses interprétations à ses gestes. C'est lorsqu'on est environné de schémas rigides, comme dans un musée de figures de cire, de schémas intellectuels et savants qui tueraient les personnages de tout autre poète, c'est alors justement que l'on voit apparaître l'humanité de Molly, sa détresse et son insatisfaction, la gloire et la misère de ce qu'il y a de charnel en elle, l'immensité enveloppante de sa féminité tellurique.

Si dans un poème médiéval symboles et allégories n'existent que comme instruments de l'Ordo à célébrer, dans *Ulysse,* c'est l'Ordo qui sert d'instrument pour l'établissement de rapports symboliques. Qu'on refuse de prendre en considération cet ordre, qu'on croie y reconnaître le penchant des interprètes à l'intellectualisme, et le livre se disloque, se désagrège, perd tout pouvoir de communication.

LES CORRESPONDANCES SYMBOLIQUES

Respectons donc le schéma, et acceptons-le dans son intégralité : il rend à son tour possible — comme par un jeu de prestidigitation — une poétique de la suggestion, une technique du chiffre, qui s'apparente bien moins à l'esprit médiéval qu'au courant *symboliste* auquel Joyce avait emprunté, dans sa jeunesse, bon nombre d'impératifs et de thèmes.

On chercherait en vain, dans le monde contemporain dont *Ulysse* est le miroir et la figure, des bases pour une unité des différents discours symboliques. La condition fondamentale du symbolisme médiéval était une vue unitaire du monde. Mais c'est précisément le recours au cadre de l'ordre médiéval qui va rendre compréhensible un jeu de suggestions, de chiffres, d'allusions, désormais fondé sur une décision toute subjective de l'auteur.

Lorsque Joyce déclare à Frank Budgen qu'il veut « que le lecteur comprenne toujours par suggestion, non au moyen d'affirmations directes [99] », il se réfère de façon assez explicite à la poétique mallarméenne. Les suggestions joyciennes s'appuient de fait sur une série d'artifices stylistiques qui ressemblent beaucoup à ceux du symbolisme : analogies sonores, onomatopées, solutions asyntaxiques, rapides associations d'idées, et symboles proprement dits. Néanmoins, ces divers artifices ne sont pas régis par la seule magie évocatrice du mot, du son ou de l'espace blanc qui entoure la phrase, comme chez Mallarmé; l'artifice ne « fonctionne » que si le fait suggestif possède une « direction » : si la suggestion, une fois réalisée, peut s'appuyer sur l'*ensemble* d'un *schéma* référentiel. « Direction » ne signifie d'ailleurs pas univocité : le schéma référentiel ne fige pas la suggestion, comme ferait un signe à dénotation précise. La référence demeure ambiguë, la signification reste multiple; mais le schéma lui offre un champ suggestif, l'encadre dans une série de directions déterminées.

Prenons deux exemples que Joyce lui-même propose dans ses confidences à Frank Budgen [100]. Alors qu'il se dirige, affamé, vers le restaurant, Bloom pense aux jambes de sa femme et note mentalement : « *Molly looks out of plumb* » (« Molly semble disproportionnée »). Il y avait, remarque Joyce, plusieurs manières de formuler cette idée; mais c'est le mot « *plumb* », qui rappelle le mot « *plum* » (« prune »), qui vient à l'esprit de Bloom. Au vrai, l'éclaircissement de Joyce était superflu : tout le chapitre où Bloom formule cette pensée joue d'une série d'onomatopées qui rappellent la nutrition, la mastication, la déglutition ou le mâchonnement des aliments. Toutes les pensées de Bloom ont quelque rapport avec la nourriture; « *Monday* », quelques alinéas plus loin, deviendra « *munch-*

day »; le « *plum* » dissimulé dans « *plumb* » sera évoqué à nouveau par le slogan publicitaire du pâté de viande *Plumtree* ; ces diverses réminiscences soutenues par le sujet même de la narration, qui est l'attente et la consommation du repas, le sont à un autre niveau par la structure générale du livre, où le chapitre en question, le huitième, se réfère à l'épisode homérique des *Lestrygons* et marque treize heures. (Plus : selon Stuart Gilbert, cet épisode a pour symbole l'*œsophage* et sa technique est dite *péristaltique*.)

C'est encore Joyce lui-même qui nous fournit le deuxième exemple : quelques lignes plus loin, Bloom regarde dans une vitrine des vêtements de soie féminins; brusquement, il est envahi par des réminiscences orientales (qu'a d'abord déclenchées la lecture du panneau de l'agence d'importation Agendath Netaim) et par une montée du désir; mais désirs et souvenirs, se fondant par une participation de tous les sens, prennent la forme d'un appétit et se muent en une sorte d'aspiration famélique :

« *A warm human plumpness settled down of his brain. His brain yielded. Perfume of embraces all him assailed. With hungered flesh obscurely, he mutely craved to adore.* »

Ici encore, le jeu des allusions intérieures au chapitre et la référence au schéma homérique viennent renforcer les suggestions : les compagnons d'Ulysse tombent aux mains d'Antiphatès, le roi des Lestrygons cannibales, parce qu'ils sont attirés (séduits, suggère Joyce) par l'apparence honnête de sa fille. Dans le texte joycien, la féminité est un élément de séduction qui se résout en « phagie ».

A l'intérieur du schéma, Joyce utilise tous les éléments d'une poétique moderne; il recourt fréquemment à une disposition asyntaxique qui permet au lecteur de se sentir enveloppé par un réseau de suggestions sémantiques, ne le déterminant pas de manière unilatérale. Joyce, faisant allusion à la phrase déjà citée (« *perfume of embraces all...* »), note : vous voyez de combien de façons cette série de mots pouvait être organisée. On a ainsi, *d'une part* — en vertu d'une technique affranchie de préjugés et qui, manifestement, doit beaucoup à la syntaxe symboliste — la libre disposition de toute la gamme suggestive et, *d'autre part*, un rapport rigide entre les coordonnées de référence et les phonèmes ou les sémantèmes qui en dépendent [101].

Cette tension entre *ordre* et *liberté* permet aux deux passages que nous venons de citer de s'enrichir encore d'implications nouvelles; ils mettent, en particulier, en valeur le caractère sensuel du petit-bourgeois qu'est Bloom : figure reprise inlassablement, de façon à permettre une compréhension globale du personnage et de sa valeur représentative.

Nous nous limiterons à ces deux exemples; mais le livre est plein de procédés stylistiques du même genre. Ainsi, les onomatopées des *Sirènes ;* le parallèle entre les processus physio-psychologiques décrits dans l'épisode de *Nausicaa* et le rythme du discours qui en rend compte, encore complété par l'analogie — élémentaire du point de vue symbolique, mais poétiquement très efficace — du mouvement de la fusée qui explose dans le ciel; les divers enchaînements d'idées qui accompagnent chaque monologue intérieur; l'utilisation de symboles presque classiques, comme la verge (sceptre, journal enroulé, baguette de l'accordeur aveugle, *Asphlant* de Stephen) ou la clef (laquelle revient de façon quasi obsessionnelle comme représentant de la virilité, évocation de la maison, signe d'une patrie possible, allusion aux possibilités interprétatives des chiffres, emblème de la sécurité, du pouvoir, etc. [102]).

Dans chacun de ces exemples, comme dans ceux que nous avons analysés, le système de suggestions ne renvoie pas *au delà* du livre, à un Absolu possible, à un *Verbe* comme chez Mallarmé; les procédés de style suggèrent constamment des *rapports internes*. Ils sont à plusieurs fins : ils peuvent se référer à la fois au schéma trinitaire, au parallèle homérique, à la structure technique des chapitres, aux symboles mineurs qui soutiennent en ses points stratégiques l'ossature du livre, sans que jamais intervienne une règle précise pour nous dire comment les interpréter; mais l'interprétation nous laisse toujours à l'intérieur du livre, labyrinthe dans lequel on peut se déplacer suivant plusieurs directions, découvrant une série infinie de choix possibles dans le cadre d'une œuvre achevée et définitive, tel un cosmos en dehors duquel rien n'existe. L'Ordre scolastique, tout à la fois, enferme le livre dans un réseau de *signacula fidelia,* et en fait une œuvre ouverte.

Encore une fois, Joyce a réussi à concilier deux poétiques

apparemment opposées; paradoxalement, c'est par la superposition d'un ordre classique au monde du désordre, accepté et reconnu comme le lieu d'élection de l'artiste contemporain, que prend forme l'image d'un univers qui présente de surprenantes affinités avec celui de la culture contemporaine. Edmund Wilson, qui fut sans doute le premier à saisir la véritable nature d'*Ulysse*, le disait déjà :

« Joyce est donc véritablement le grand poète d'une nouvelle phase de la conscience humaine. Comme celui de Proust, de White-head ou d'Einstein, le monde de Joyce se modifie continuellement, selon qu'il est perçu par des observateurs différents, à des moments différents. C'est un organisme fait d'événements dont chacun, infiniment grand ou infiniment petit, englobe tous les autres, bien qu'il demeure unique. Un tel monde ne peut être représenté au moyen d'une de ces abstractions artificielles, autrefois conventionnelles : institutions stables, groupes, individus jouant le rôle d'entités distinctes. Il n'est pas moins impossible de le définir à l'aide des facteurs psychologiques traditionnels : dualisme du bien et du mal, de l'âme et de la matière, de la chair et de l'esprit, conflits entre passion et devoir, conscience et intérêt. Bien que de tels concepts ne soient pas absents du monde de Joyce, — ils restent, au contraire, présents dans l'âme des divers personnages — tout se définit finalement en termes d'événements et chacun de ces événements, à l'image de ce qui se passe dans la physique ou dans la philosophie moderne, s'insère dans un continuum, tout en pouvant être, également, considéré comme un infiniment petit [103]. »

UNE MÉTAPHORE DE LA SCIENCE NOUVELLE

S'il s'apparente aux visions de la science nouvelle [104], s'il est ouvert de façon inquiétante, et avec des intuitions souvent prophétiques, aux acquisitions de l'anthropologie culturelle, de l'ethnologie et de la psychologie [105], *Ulysse* reflète également le devenir des arts — quand il ne fraye pas un chemin à l'avant-garde. On y trouve une telle richesse d'implications qu'on a pu parler, à son sujet, d'impressionnisme, d'expressionnisme, d'une coupe « cubiste », d'un sens du montage cinématographique, de bouleversantes anticipations des « textures », ou encore de « variations de fréquence », la dernière expression valant pour un épisode comme celui du *Cyclope,* où l'alternance de la déformation comique et de la révélation mystique produit « un effet de dissonance d'une intensité telle, que l'on songe à la musique de Schœnberg ou d'Alban Berg [106] ».

Ulysse est en somme l'image improbable d'un univers édifié, comme par miracle, sur les structures portantes du vieux monde auxquelles il reconnaît une valeur formelle, tout en leur refusant une valeur substantielle. Il représente un moment transitoire de la sensibilité contemporaine, il apparaît comme le drame d'une conscience dissociée, qui tente de récupérer son intégrité sans trouver la direction à suivre, si ce n'est d'adopter, mais pour s'y opposer, des cadres anciens. A cet égard, l'épisode des *Wandering Rocks* est significatif. A travers dix-huit paragraphes, ce même épisode est repris et, pour ainsi dire, évalué de dix-huit points de vue différents, correspondant à autant de situations spatiales et de moments distincts de la journée : le cortège du vice-roi, qui se déroule dans les rues de Dublin, prend dix-huit formes différentes selon la situation spatio-temporelle à partir de laquelle on le mesure. Il n'était pas difficile de voir dans l'épisode une image de l'univers einsteinien. Mais si l'on examine chacun des paragraphes, on découvre que la complexité de la situation spatio-temporelle repose sur des enchevêtrements narratifs qui sont parmi les plus nets de tout le livre, et que, hors de la perspective relativiste, l'épisode pourrait parfaitement être considéré comme un de ces exercices d'*ordo artificialis* qui apparentent l'œuvre de Joyce avec les *artes rhetoricæ.* Ainsi, l'image d'un univers nouveau repose sur des cadres euclidiens et c'est une géométrie traditionnelle qui nous donne l'illusion d'un espace renouvelé. Opération assez semblable à celle réalisée par Einstein au moment où — après avoir remis en question la vision traditionnelle de l'univers — il tente de parvenir à une unité nouvelle en utilisant des cadres géométriques différents, mais aussi axiomatisés que ceux de la géométrie euclidienne. Disons encore : d'un point de vue formel, et comme métaphore d'une autre situation épistémologique contemporaine, *Ulysse* ressemble à un volumineux traité de physique quantique qui, paradoxalement, se plierait aux divisions de la *Summa Theologiæ* et utiliserait des concepts ou des exemples empruntés à la physique grecque (un traité dans lequel on dirait « locus » tout en pensant à l'électron comme à une onde de position indéterminée; ou bien dans lequel on dirait « quantum d'énergie », tout en pensant à la vieille *dynamis* aristotélicienne).

Une base aussi ambiguë et aussi précaire est précisément ce qui fait l'œuvre de Joyce révélatrice; les contradictions de sa poétique sont celles-là même de toute une culture [107]. Mais si on définit *Ulysse* au niveau de cette poétique, implicite ou explicite, si on considère le livre comme le résultat final d'une série d'intentions opératoires dont il élabore en même temps le programme implicite, il faut convenir qu'il ne résiste pas à l'analyse. Disons, encore une fois, que la poétique joycienne permet de comprendre non pas tant Joyce lui-même que l'histoire des poétiques contemporaines; en artiste qui surmonte d'instinct et avec vigueur les apories d'une philosophie souvent incertaine, Joyce réalise une œuvre qui va au delà de sa poétique (et qui, de ce fait, peut témoigner pour deux, trois, quatre poétiques, et les soumettre à notre réflexion critique, sans pour autant se perdre dans l'enquête ainsi conduite). *Ulysse* échappe à la masse salutaire de ses contradictions théoriques, parce qu'il est une œuvre romanesque, une histoire, un récit épique; parce que, paradoxalement, il apparaît comme l'aboutissement de la grande tradition romantique, comme le dernier roman « bien fait », le dernier théâtre où l'on saisit en pleine action les personnages humains, les événements historiques et l'ensemble d'une société.

Les poètes symbolistes qui rêvaient de l'*Œuvre,* du Livre total, résumé métaphysique de l'Histoire et de la Réalité Intemporelle, échouèrent dans leur entreprise parce qu'il leur manqua ce qui avait distingué des poètes tels que Dante, Homère ou Gœthe qui, eux, étaient parvenus précisément à créer le livre global, l'œuvre où se rejoignent le ciel et la terre, le Passé et le Présent, l'Histoire et l'Éternité. Dante, Homère, Gœthe se considéraient comme profondément concernés par la réalité historique (le monde grec, l'Europe médiévale...) qui les entourait, et c'est seulement à travers elle, qu'ils parvinrent à donner forme à l'Univers entier. Les symbolistes, le plus souvent détachés du monde dans lequel ils vivaient, cherchaient à réaliser le livre total, non en y introduisant la réalité contemporaine, mais en l'en chassant, en travaillant sur un acquis culturel plutôt que sur des expériences vivantes [108].

Ulysse peut, au contraire, être considéré comme une vaste épopée de style classique : l'œuvre de Joyce, qui s'est inspiré de Dublin, comme autrefois Dante s'était inspiré de Florence, contient une véritable somme d'expérience, la totalité des problèmes de l'homme contemporain, si bien que la masse des réminiscences culturelles reste toujours dominée par la vitalité du présent.

Ulysse n'est pas seulement la relation déformée d'un ordre médiéval en révolte contre lui-même, mais, comme l'écrivait Jung, « un véritable livre de piété pour l'homme de peau blanche... un exercice, une ascèse, un rituel torturant, un procédé magique, une chaîne de dix-huit alambics dans lesquels on distille avec des acides et des vapeurs empoisonnées, à froid et à chaud, l'homuncule d'une nouvelle conscience du monde ». Dans *Ulysse* prend forme une certaine image de l'homme et de ses comportements qui sera ensuite approfondie par l'anthropologie philosophique, en particulier par la phénoménologie.

Si l'on accepte la superposition des ordres rhétoriques à la libre prolifération de la coupe en largeur, si l'on prend l'habitude de les utiliser sans penser aux contradictions théoriques qu'ils entraînent, si l'on recourt à eux sans préjugé aucun et (selon l'optique même de Joyce) comme à de purs instruments, renonçant à y voir les éléments d'une poétique (ainsi qu'on le faisait avant Joyce), usant d'eux avec la liberté et l'irresponsabilité de qui, ayant trouvé les clefs, décide de « lire » le roman sans élaborer à son propos de théories — alors on voit disparaître tous les problèmes qui pourraient se poser à une réflexion philosophique. On cesse de se demander s'il existe, dans *Ulysse,* des personnages individualisés, des consciences particulières; progressivement, on perd de vue les termes d'une problématique déterminée à l'avance, on oublie les catégories habituelles, parce qu'on est entraîné dans le mouvement d'une « réalité » qui se révèle peu à peu dans sa plénitude.

Insensiblement, Joyce donne une image absolument neuve de l'homme et du monde, et de cette unité qu'est le rapport homme-monde.

Dans cette image disparaît enfin la dualité que la vision classique du monde n'était pas parvenue à résoudre, dont Stephen l'apostat avait perçu le caractère angoissant et dont il avait tenté de se libérer par une affirmation d'unité factice et cérébrale, fruit d'une vision enchantée du monde, dans l'instant privilégié de l'épiphanie. Au vrai, il ne s'agissait pas alors de reconstruire une unité-monde, mais de faire basculer le monde réel dans l'acte arbitraire d'une imagination étrangement angélique. C'est avec *Ulysse* seulement que disparaît la distinction abstraite entre intériorité et extériorité, esprit et matière, bien et mal, idée et nature.

Dans les monologues philistins et « économiques » de Bloom, la présence de la ville, avec son mouvement, ses bruits, ses couleurs et ses odeurs, vient se mêler aux évasions de l'imagination, aux pathétiques exigences de l'âme, aux désirs de la chair. Il suffit d'une banale sensation thermique pour déclencher, chez Molly, à la fois les passions les plus élémentaires et les sentiments féminins les plus profonds, les impératifs de la chair et ceux de la maternité, les exigences de l'utérus et celles de la foi. Pour Stephen, les faits extérieurs se transforment en références abstraites, en exercices syllogistiques, en angoisses métaphysiques; les excitations corporelles deviennent des citations livresques, les réminiscences savantes se font excitations sensori-motrices. Nous sommes ici au point exact où l'ancien cosmos médiéval (théâtre de la lutte entre le pur et l'impur, le Ciel et la Terre) fait place à l'horizon indistinct et total du monde, au royaume de l'ambiguïté originelle, antérieure et sous-jacente aux distinctions qu'introduiront les catégories de la science. La phénoménologie a décrit ce *Lebenswelt* que les phantasmes de la raison n'ont pas encore détruit et dans lequel il faut chercher l'explication de notre origine et de notre nature. Les distinctions pratiques et provisoires, ces instruments utiles d'une connaissance organisée que notre paresse érige en fétiches, se heurtent à pareille présence; ils sont indispensables pour parvenir à une possession raisonnable du monde, *mais ils ne sont pas le monde.*

Au moment où l'ordre rhétorique vient se greffer sur le désordre de la coupe en largeur, où l'un et l'autre, en ne faisant plus qu'un, permettent au lecteur de s'orienter à l'intérieur de l'œuvre, voici qu'apparaît, au sein même du chaos, une espèce d'ordre qui n'a plus rien d'une grille formelle, qui est *l'ordre de notre être au monde*, qui correspond à notre insertion dans la trame des événements, à notre manière d'être dans la nature, d'être-la-nature. Il y a, dans le quatrième chapitre d'*Ulysse,* un passage déplaisant, mais essentiel, au cours duquel Bloom satisfait ses besoins les plus naturels, tout en lisant un morceau de journal trouvé là. Il ne s'agit pas, en l'occurrence, d'une simple notation « réaliste » : certes, le jeu complexe des mouvements péristaltiques auxquels est soumis le corps de Bloom est ici décrit contraction après contraction; mais le rythme musculaire n'est pas seul en cause; le flux de pensées qu'inspire à Bloom sa lecture se développe parallèlement, et les deux ordres d'événements interfèrent constamment, les pensées étant déterminées par le rythme musculaire qui, à son tour, est stimulé ou ralenti par le flux de conscience. En fait, le flux de conscience devient inséparable du rythme musculaire; la « primauté du spirituel », tout comme le déterminisme des processus physiques, sont abolis. Le rythme de Bloom prosaïquement assis sur le water-closet est véritablement un rythme naturel, intégré, unitaire, qui échappe aux rapports univoques de cause à effet, et donc à l'Ordo, en tant que hiérarchie des êtres ou des événements. Toute hiérarchie est une simplification formelle, alors qu'il s'agit ici, concrètement, d'un champ d'événements réagissant les uns sur les autres.

Tel est le moment sordide, mais réel (et ce qui est réel cesse d'être sordide au sein d'un univers débarrassé de toute primauté établie une fois pour toutes) où l'on retrouve l'image, exacte bien que réduite, de cette *Weltanschauung* qui domine tout le livre. Entendons par là l'épopée du non-signifiant, de la bêtise, du non-choisi; car le monde est précisément cela : l'horizon total des événements insignifiants reliés en constellations continues, chacun étant origine et fin d'une relation vitale, centre et périphérie, cause première et ultime effet d'une chaîne de rencontres et d'oppositions, d'affinités et de discordes. Bon ou mauvais, tel est le monde auquel se heurte l'homme d'aujourd'hui, dans la science abstraite comme dans l'expérience vivante et concrète; tel est le monde avec lequel il apprend à se familiariser et dans lequel il reconnaît peu à peu sa patrie d'origine.

NOTES

62. Lettre à Harriet Shaw Weaver du 8 février 1922 (pour celle-ci comme pour les suivantes, Cf. *Letters of J. Joyce,* réunies et présentées par Stuart Gilbert, London, Faber & Faber, 1957, trad. fr., *Lettres de J. Joyce,* Gallimard, 1961, p. 212).

63. Lettre à Carlo Linati du 6 septembre 1920, trad. fr., p. 168.

64. Lettre à H.S.W. du 24 juin 1921, trad. fr., p. 194. Dans une lettre à Mlle Guillermet, du 5 août 1918, Joyce critique le roman de sa correspondante parce qu'il est rédigé sous forme épistolaire, méthode « séduisante » mais qui a le défaut de montrer les choses sous un seul angle.

65. Lettre à H.S.W. du 20 juillet 1919, trad. fr., p. 144.

66. CARL GUSTAV JUNG, *Ulysses,* in « Europäische Revue », 1932.

67. « Limite du diaphane dans. Pourquoi dans ? Diaphane, adiaphane. » (*Ulysse,* trad. fr., p. 39.) Le texte d'Aristote est extrait du *De Anima* VII 30 a.

68. Cf. les brillantes analyses de Glauco Cambon *La lotta con Proteo,* Milano, Bompiani, 1962. Dans ce passage du monde antique au monde moderne, on a vu également une allusion à Berkeley (Cf. Noon, *op. cit.,* p. 113); à la page 50 d'*Ulysse* (trad. fr.), Stephen se demande en effet : « Où et par qui seront jamais lus ces mots que j'écris ? Des signes sur champ blanc », réduisant ainsi le réel à une sorte de message par signes à l'adresse de l'homme. P. 39, les mots *nacheinander* et *nebeneinander* viennent renforcer le texte d'Aristote pour désigner la succession temporelle et la contiguïté spatiale des perceptions (les « inéluctables modalités de l'audible et du visible »). E. Paci suggère (*Diario fenomenologico,* Saggiatore, Milano, 1962, p. 113) une référence à la phénoménologie mais ceci semble difficile à prouver; Richard Ellmann m'a confirmé n'avoir retrouvé la trace d'aucune lecture de Joyce dans ce sens. Sans doute ne s'agit-il pas de références explicites et littérales : l'ensemble du chapitre témoigne d'un rapprochement avec la problématique moderne de la perception et traduit un effort pour repousser les catégories classiques. Ce faisant, Joyce mettait à profit toute une série de suggestions, recomposées de manière acritique et proposées en bloc — comme dans

l'enregistrement d'un monologue intérieur. Ce qui est en jeu, incontestablement, c'est la dissolution des vieilles théories de la perception devant l'expérience irréfutable d'un monde qui n'est plus constitué selon une nécessité ontologique inaltérable, mais dans son rapport au sujet et au sujet en tant que corps, en tant que centre de relations spatio-temporelles.

69. Sur ce point Cf. WALTON LITZ, *The Art of J. Joyce*, London, Oxford Un. Press, 1961, en particulier au ch. II. D'une manière générale, l'esthétique contemporaine insiste sur la valeur de la technique comme organisation structurale de l'œuvre, organisation signifiante qui définit l'œuvre non seulement « formellement », mais aussi « substantiellement », et qui a valeur de message et de déclaration. Le moment technique apparaît comme le passage du *lump of experience* à l'*achieved content* (Cf. Max Schœrer, *Technique as Discovery* in *Critiques and Essays on Modern Fiction*, New York, The Ronald Press Cº, 1952, d'abord publié dans la « Hudson Review », printemps 1948) : « L'ordre de l'intelligence et l'ordre de la morale n'existent pas de par eux-mêmes dans l'art; il faut qu'ils soient organisés dans l'ordre de l'art. »

Paraphrasant Buffon, on pourrait dire que le style, c'est « le sujet ». Le moment du style est celui où, au monde de l'action, est imposé un rythme, comme l'a dit T. S. Eliot dans *Four Elizabethan Dramatists* (*Selected Essays*, London, Faber & Faber, 1932, trad. fr. *Essais choisis*, éd. du Seuil, Paris, 1950) et où une série d'innovations syntaxiques exprime une vision différente du monde (qu'on pense aux études de Léo Spitzer sur les Symbolistes français). Tout ceci rejoint ce qu'écrit Joseph Frank — étudiant Flaubert, Proust et Joyce — de la « forme spatiale » créée par une organisation technique du matériau narratif (*Spatial Form in the modern Literature*, in « Sewanee Review », 1945; repris dans *The Widening Gyre*, Rutgers Un. Press, 1963).

70. Autrement dit, et les sémantiques utilisés, et la figure rhétorique — ou le syntagme — de l'apostrophe sont déjà signifiants d'un jugement de valeur. Chez Joyce, la forme du chapitre est seule à avoir ce sens.

71. ARNOLD HAUSER (dans sa *Sozialgeschichte der Kunst und Literatur*) montre comment un certain montage technique du matériau narratif dans l'épisode de la salle des machines du *Cuirassé Potemkine* acquiert valeur de déclaration philosophique, exprime une vision matérialiste de la réalité et des rapports de l'homme avec son milieu. Ce n'est pas par hasard que Hauser réunit dans un même chapitre l'analyse des nouvelles techniques narratives et celle de la technique cinématographique.

72. Avec le montage-jugement apparaît le problème d'un apprentissage du spectateur : la lecture, au lieu d'être instantanée, doit devenir raisonnée, et reposer non plus sur l'intuition immédiate d'une « image » lyrique, mais sur la découverte progressive d'une forme signifiante complexe. Si une épiphanie comme celle de la « jeune fille oiseau » dans *Dedalus* peut être rapprochée de l'image au sens de Pound, on ne peut

en dire autant de l'épiphanie comme structure technique à valeur expressive. Signalons, sur ce point, les notes de W. Litz (*op. cit.*, p. 54-55) ainsi que l'étude de Walter Sutton, *The Literary Image and the Reader* in « The Journal of Æsthetics and Art Criticism », septembre 1957 : si l'on considère l'image comme une organisation technique, « le processus de lecture enveloppe une appréhension progressive et approchée de la forme (liée au caractère complexe et multiforme du phénomène), dans une perspective temporelle perpétuellement changeante. Dans le processus de lecture comme dans celui de composition... le temps devient un facteur essentiel. »

73. Cf. sur ce point, WARREN BEACH, *The Twentieth Century Novel : Studies in Technique,* New York, 1932, et en particulier les chapitres concernant l'évolution du « point de vue » depuis Henry James jusqu'à Joyce.

74. A. GIDE, *les Faux Monnayeurs,* II, 3.

75. Cf. sur ce point LEON EDEL, *The Modern Psychological Novel,* New York, Grove Press, 1955.

76. Cité par EDEL, *op. cit.,* p. 23.

77. Cf. BEACH, *op. cit.,* p. 174-205.

78. *Le Monologue intérieur, son apparition, ses origines, sa place dans l'œuvre de James Joyce et dans le roman contemporain,* Paris, Messein, 1931.

79. JOYCE avait bien compris cela, on le voit à son commentaire de la définition aristotélicienne de l'art, dans le *Paris Notebook (Critical Wr.).*

80. Cf. l'étude approfondie de HANS MEYERHOFF, *Time in Literature,* Un. of California Press, 1955.

81. Il s'agit ici du problème de la construction *artistique* d'un *stream* : au point de vue *psychologique,* la perspective est différente. William James voyait précisément dans la notion de *stream of consciousness* la garantie d'une survivance du *moi personnel.* Lorsqu'il s'agit d'analyser son propre *stream,* l'étude procède d'une méthodologie « introspective » où l'on n'est pas porté à douter de soi et où l'on conserve une notion nette de la différence entre soi et le monde extérieur. En revanche, lorsque le narrateur enregistre sur la page une série de flux de conscience qui lui sont étrangers et les situe dans un contexte d'événements extérieurs, il réduit le flux de conscience et les événements aux mesures d'une méthodologie « behavioriste », et se trouve ainsi amené à ne pas distinguer entre externe et interne. Par ailleurs, en psychologie même, la conception de la conscience comme flux dans lequel on emprisonne et coordonne des images provenant de la réalité extérieure, amène à matérialiser l'image, et lui donne une impensable autonomie par rapport à la conscience qui l'enregistre : c'est là-dessus que porte l'essentiel de la critique adressée par J.-P. Sartre à la psychologie traditionnelle (*l'Imagination,* Paris, P.U.F., 1936).

82. ERNST ROBERT CURTIUS, *James Joyce und sein « Ulysses »*, in « Neue Schweizer Rundschau », XII, 1929.

83. RICHARD P. BLACKMUR, *The Jew in Search of His Son*, in « Quaterly Review », janvier 1948.

84. *D.*, p. 25.

85. *The Holy Office.*

86. Les textes critiques auxquels on peut se référer sont évidemment le *James Joyce's « Ulysses »* de S. Gilbert *(op. cit.)*, le *James Joyce* de W. Y. Tindall *(op. cit.)*, le *James Joyce* de Herbert Gorman (New York, Rinehart 1940), le *James Joyce and the making of Ulysses* de Frank Budgen (London, Grayson, 1934); pour d'autres renseignements, Cf. la *Correspondance* et la *Biographie* d'Ellmann. En ce qui concerne le schéma trinitaire, Cf. l'important ouvrage de Noon, *op. cit.*, et l'article de William Empson, *The Theme of « Ulysses »* in « Kenyon Review », hiver 1956.

87. T. S. ELIOT, *Ulysses, Order and Myth* in « The Dial », novembre 1923 (trad. fr. : *Ulysse, ordre et mythe* dans « la Revue des lettres modernes », automne 1959 : *Configuration critique de J. J.*). Eliot nie le caractère chaotique du livre de Joyce qu'il définit comme un exemple de style « classique », comme la réalisation d'un ordre : l'utilisation du mythe « est tout simplement un moyen de contrôle, de mise en ordre, de mise en forme, un moyen pour investir de signification cet immense panorama de futilité et d'anarchie qu'est l'histoire contemporaine... C'est là, j'en suis convaincu, un pas de fait pour que le monde moderne devienne accessible à l'art. » Joyce lui-même a plus d'une fois affirmé l'origine scolastique de cette capacité d'ordonner. Cf. la réponse qu'il donne à Frank Budgen lorsque celui-ci lui demande ce qu'il doit à son expérience du catholicisme et des jésuites : « *How to gather, how to order and how to present a given material* » (Frank Budgen, *Further Recollections on J. J.*, in « Partisan Review », IV, 1956).

88. Cf. *Liber duodecim quæstionum*, PL 170, col. 1179. L'opposition terrestre des contraires y rappelle beaucoup le foisonnement de personnages d'*Ulysse* et la complexité de leurs relations : « *Similiter corporalia vocum discrimina imitantur, dum in varia genera, in varias species, in individua, in formas, in numero separantur : quæ omnia concorditer consonant, dum legem sibi insitam quasi tinnulis modulis servant. Reciprocum sonum reddunt spiritus et corpus, angelus et diabolus, cœlum et infernus, ignis et acqua, aër et terra, dulce et amarum, molle et durum, et sic cætera in hunc modum.* »

89. E. FARAL, *les Arts poétiques du XIIe et du XIIIe siècle*, Paris, Champion, 1923, p. 60. Geoffroy de Vinsauf part de l'histoire de Minos et du roi Nisus d'Athènes pour montrer comment un récit peut être conduit à partir de n'importe quel point, les différentes parties étant ensuite développées et enchaînées au moyen des artifices rhétoriques voulus. On trouve ici l'ébauche d'une poétique romanesque plus proche du roman contemporain que du roman « bien fait » dans la tradition du XIXe siècle,

lequel rejoint finalement la poétique d'Aristote. On peut alors se demander si les rhéteurs du Moyen Age n'étaient pas des précurseurs ou s'il n'y aurait pas lieu de chercher dans le Moyen Age, et ceci précisément à cause de la médiation joycienne, les racines de certaines poétiques contemporaines (et d'un roman comme *Dans le labyrinthe*).

90. L'établissement de tels parallèles n'est pas, comme on pourrait le croire, simple jeu d'érudit; Joyce vient sans cesse nous rappeler que là se trouve la véritable source de son inspiration. En ce qui concerne son goût de l'ordre rhétorique, relisons les pages qu'il écrivait à University College, en 1898, sur *The Study of Languages,* et qui révèlent les influences d'un enseignement imprégné de rhétorique classique et scolastique. Il y parle de l'expression des idées à travers l'utilisation de « tropes et de figures variées, présentant, fût-ce au moment de la plus grande émotion, une symétrie innée ». Il parle également du style, de la syntaxe, de l'éloquence, de la rhétorique comme « des champions et des représentants... de la Vérité » (*Critical Writings*, p. 27).

91. Peut-être Joyce ne prête-t-il autant d'attention au problème trinitaire qu'entraîné par ses préoccupations esthétiques; les textes de saint Thomas sur les critères de la Beauté font partie précisément de la *quæstio* concernant les noms des trois personnes de la Sainte Trinité (*Summa Th.*, 1, 39, 8 co.).

92. Cf. à ce sujet Noon, *op. cit.*, p. 94 et suiv., et Litz, *op. cit.*, p. 22. Une note sur le manuscrit de l'épisode d'*Eumée* (note qui fut ensuite barrée de bleu) dit : « *Ul. & Tel. exchange unity* »; sur les problèmes théologiques que soulève cette notion d'unité (et l'allusion déclarée à l'hérésie de Sabellius dans *Ulysse*, trad. fr., p. 204), Noon s'étend longuement; Cf. également Julian B. Kaye, *A Portrait of the Artist as Blephen-Stoom* dans *A James Joyce Miscellany* (M. Magalaner Ed.). Noon soutient que l'union entre Stephen et Bloom se réalise conformément à la doctrine trinitaire (hérétique) de Sabellius (identification totale du Père et du Fils, sans que subsiste cette « relation » sur laquelle repose l'existence du Saint-Esprit); Kaye soutient au contraire l'orthodoxie du schéma trinitaire d'*Ulysse* : Stephen et Bloom restent deux personnes distinctes, unies par le fait que toutes deux sont l'auteur; ainsi se trouve mis en valeur le rôle médiateur de Molly (que l'interprétation de Noon laissait davantage dans l'ombre, comme pour atténuer les aspects les plus blasphématoires de cette parodie trinitaire. Noon est un jésuite et son analyse tend à exagérer l'influence du thomisme orthodoxe sur Joyce). Ces subtiles discussions ont finalement pour résultat de conférer au schéma trinitaire une importance plus substantielle qu'il n'a en réalité, attribuant une portée théorique à ce qui, selon toute probabilité, n'est qu'une simple formule pratique.

93. Ceci rejoint en définitive ce que Levin *(op. cit.)* dit de Joyce : il ne faut pas y chercher un système d'idées, ni juger toute l'architecture culturelle de ses deux dernières œuvres d'un point de vue philosophique,

mais technique; l'ambition de Joyce est d'utiliser la totalité de la culture universelle comme terrain de jeu.

94. Évidemment, nous nous tenons ici à l'intérieur d'une enquête sur la poétique, et considérons seulement ses *projets opératoires*. Envisagé d'un point de vue psychologique et biographique, le parallèle trinitaire se prête à d'autres considérations. On pourrait ainsi parler du complexe de trahison qui reste lié à toute la vie privée de Joyce, de son goût presque masochiste de l'adultère (Cf. divers passages du livre d'Ellmann, en particulier l'épisode de Cosgrave, ch. 17), ainsi que de l'idée souvent reprise d'un adultère dans lequel, à travers la femme, se réaliserait une sorte d'union mystique entre deux amis. C'est le thème des *Exilés* (Robert et Richard tendent à communier charnellement en la personne de Bertha) et ce schéma permet de mieux comprendre la fonction médiatrice de Molly. Le schéma trinitaire apparaît de ce nouveau point de vue comme l'instrument symbolique d'un état d'âme qui s'enracine, d'une part, dans la biographie de l'auteur et, d'autre part, dans certains ferments de la sensibilité romantique auxquels Rousseau fournit leur première incarnation (Cf. le triangle Jean-Jacques, Madame de Warens, Anet). Sur le complexe de Joyce Cf. R. Ellmann, *A portrait of the Artist as a Friend* paru dans la « Kenyon Review », hiver 1953; et Jean Paris *J.-J. par lui-même*, Paris, éd. du Seuil, 1957, p. 23 et suiv.

95. Sur les rédactions successives du livre, Cf. les œuvres de Gorman, de Budgen, et surtout celle de Litz où les rééélaborations successives sont soigneusement relevées.

96. Litz, *op. cit.*, p. 27.

97. « Bien qu'un processus sélectif soit encore perceptible — dans la recherche joycienne du *mot juste* et le souci d'enregistrer avec une absolue fidélité le rythme du discours de ses personnages — la plupart des corrections sont *expansives*. La version originale fournit un contour approximatif de la situation et en établit les bases réalistes; puis grâce à un processus de rééélaboration et d'accroissement, cette première ébauche est perfectionnée et amplifiée. Presque tous les éléments majeurs de la version définitive sont identifiables en germe dans la première version. Joyce a développé ces éléments selon un processus d'association conventionnel. Les correspondances formelles qui caractérisent chaque épisode d'*Ulysse* et que Stuart Gilbert a soigneusement classées... sont le plus souvent l'aboutissement du travail final de Joyce. » (Litz, *op. cit.*, p. 29.)

98. Litz note (*op. cit.*, p. 34-36) que la prolifération des correspondances symboliques, de la première à la dernière version, est aux antipodes de cet exercice de *sélection* et de *concentration dramatique* qui avait déterminé le passage de *Stephen le Héros* à *Dedalus*. (Cf. à sujet l'*Introduction* de Théodore Spencer à *Stephen le Héros*.) La révision des premières œuvres de Joyce a été « centripète »; celle d'*Ulysse* est « centrifuge », dominée par un idéal d'*inclusion* progressive. Litz note que la première

méthode relève de la notion d'épiphanie (réduction au noyau lumineux de l'événement, à sa *quiditas*), tandis que dans les deux œuvres suivantes, l'idée de relation multiple se substitue à celle d'essence substantielle ; l'événement, au lieu de se condenser, se présente comme gros d'une série de *correspondances*. Et ce n'est pas tout. Dans les premiers romans de Joyce, il existe encore une conception lyrico-suggestive du mot et de la stratégie stylistique (autrement dit, le verbe doit déclencher la suggestion, même si le lecteur ne se rend pas compte des moyens qu'il utilise) ; dans *Ulysse*, en revanche, Joyce semble s'en tenir à cette règle que les formalistes russes trouvaient pleinement réalisée chez le plus « joycien » des prédécesseurs irlandais de Joyce : Laurence Sterne. Pour Chklovski, la force du style de Sterne réside dans le fait qu'il viole la forme du roman en mettant ces violations en évidence. Les formalistes jugeaient essentiel que les « artifices » stylistiques et structuraux *se donnent à voir*, puisque la conscience de leur fonction était selon eux indispensable à la perception de la forme réussie (Cf. V. Erlich, *Russian Formalism*, La Haye, 1955). C'est finalement une manière différente de désigner ce que nous avons appelé « un message qui transmet, entre autres choses, son code ».

99. F. Budgen, *op. cit.*, p. 20-21.

100. *Ibid.*

101. Budgen donne un exemple concret de cette exigence d'ordre à l'intérieur d'une relative liberté des syntagmes. Un jour qu'il demande à Joyce si son travail avance, Joyce répond qu'il a travaillé toute la journée. Qu'a-t-il fait ? Deux phrases. Budgen pense à une épuisante recherche du mot juste, mais Joyce assure que le mot juste ne lui fait jamais défaut : « J'ai toujours le mot juste. Ce que je cherche, en revanche, c'est l'ordre qui convient le mieux aux mots, dans la phrase. A chaque cas correspond un ordre approprié. Je pense l'avoir trouvé. » (F. Budgen, *James Joyce* in *Two Decades of Criticism*, New York, 1948.)

102. Pour une analyse des procédés stylistiques à valeur suggestive dans *Ulysse*, Cf. la deuxième partie, ch. 3, du livre de Hayman : *Joyce and Mallarmé, op. cit.*, vol. I.

103. Edmund Wilson, *Axel's Castle*, London, Ch. Scribner's Sons, 1931 (éd. Collins, 1961, p. 177-178).

104. Sur Joyce et la théorie de la relativité ; sur l'inclusion de l'observateur — et de son acte de vision — dans le champ de l'observation, aussi bien dans le livre de Joyce que dans l'univers relativiste ; sur la réduction subséquente, tant du « narrateur comme idée » que du langage avec lequel il décrit, à des procédés inclus dans la description ; sur tout cela et sur d'autres rapports entre *Ulysse* et une nouvelle vision du monde Cf. l'essai de Herman Broch, *James Joyce und die Genenwart* in *Dichten und Erkennen*, Rhein Verlag, Zurich, 1955 (mais l'essai date de 1936), p. 183-210. (Trad. fr. in « les Lettres Nouvelles », avril 1961.)

105. Sur les relations entre Joyce et Frazer ou Lévy-Bruhl, et plus généralement sur les intuitions anthropologiques d'*Ulysse*, consulter, outre Tindall (*James Joyce*, New York, Scribners, 1950), l'essai déjà cité de Cambon. D'autre part, c'est seulement *a posteriori* que Joyce a connu la coïncidence des hypothèses homériques de son *Ulysse* avec les découvertes de Bérard, et la coïncidence des visions mythologiques de *Finnegans Wake* avec celles de Zimmer : « Il est arrivé un étrange parallèle avec le cas *Ulysse* — Victor Bérard. Son étude homérique est venue confirmer ma théorie du sémitisme de l'Odyssée, quand j'avais déjà écrit trois quarts du livre. Voilà que je trouve ma théorie sur le scandinavisme de mon héros Finn Mac Cool (le Fingal de Macpherson, père d'Ossian et grand-père d'Oscar), confirmée par les recherches d'un savant allemand, Zimmer, dont j'ignorais l'œuvre. » (Lettre à L. Gillet, 8.9.1938; *Corr.*, trad. fr., p. 501.)

106. G. CAMBON, *Ulysses ; la proteiformità del linguaggio, op. cit.* Ce n'est pas par hasard que certaines définitions de l'espace musical données par Schœnberg semblent fournir autant de règles pour la lecture de l'œuvre joycienne : « N'importe quel événement, apparaissant en un point quelconque de cet espace musical, provoque un effet non limité à son aire immédiate; autrement dit, n'agit pas seulement sur un plan spécifique, mais dans toutes les directions et sur tous les plans, étendant son influence aux points les plus éloignés. » (A. Schœnberg, *Style and Idea*, New York, Philosophical Library, 1950.)

107. On y retrouve, en effet, l'opposition de toute la physique contemporaine, entre l'essai de définition systématique, « déterministe », propre à la physique einsteinienne, et les définitions probabilistes, indéterministes, de la physique quantique. Mais il y a plus encore : au sein de ce dernier courant indéterministe, on assiste aujourd'hui à une tentative qui présente de nombreuses affinités avec celle de Joyce : il s'agit de faire entrer une description quantique d'événements discontinus dans le cadre d'un système — et selon les lois d'un *ordo* — qui reproduisent ceux de la tradition classique. Si Joyce soumet la discontinuité et l'imprévisibilité des événements narratifs aux coordonnées d'un univers rhétorico-scolastique, Werner Heisenberg tente de replacer la physique du discontinu, qu'il a contribué à créer, dans les limites d'une formulation mathématique unique qu'il compare lui-même à la philosophie pythagoricienne du *Timée ;* il revient à la terminologie aristotélicienne de la « matière » et de la « forme », et donne à la physique mission d'identifier ce « Logos » unique et omni-englobant que religion, philosophie et poésie avaient autrefois placé « au commencement ». Ce qui constitue jusqu'à nouvel ordre l'aboutissement de la méditation de Heisenberg (Cf. la conférence prononcée aux *Rencontres internationales de Genève*, éd. de la Baconnière, Neuchâtel, 1957-58) n'est toutefois pour Joyce qu'une étape transitoire; *Finnegans Wake* tentera de la dépasser.

108. Cf. GOLDBERG, *op. cit.*, p. 220.

III

Scriptorum tanta barbaria est, et tantis vitiis spurcissimis sermo
confusus ut nec qui loquatur nec quibus argumentis velit probare
quod loquitur, potuerim intelligere. Totum enim tumet, totum
iacet : attollit per se singula, et quasi debilitatus coluber, in ipso
conatu frangitur. Non est contentus nostro, id est, humano more,
loqui, altius quidam agreditur... Præterea sic involvit omnia et
quibusdam inextricabilibus nodis universa perturbat, ut illo plan-
tinarum litterarum ei possit adaptari : « Has quidem præter
Sibyllam leget nemo. » Quæ sunt hæc portenta verborum ?...
Totum incipit, totum pendet ex altero : nescias quid cohæreat...
et reliquus sermo omni materiæ convenit.)

(SAINT JÉROME. Adversus Jovinianum, I.)

Il semblait difficile d'aller plus loin qu'*Ulysse* dans le bouleversement de la technique romanesque ; c'est pourtant ce que devait
faire *Finnegans Wake,* au delà de toutes les limites concevables. *Ulysse*
semblait avoir épuisé toutes les ressources du langage ; *Finnegans*
Wake devait pourtant conduire le langage au delà de toutes les possibilités de communication. *Ulysse* se présentait comme la plus
audacieuse des tentatives pour donner un visage au chaos ; *Finne-*
gans Wake se définit lui-même : *Chaosmos* et *Microchasm* : il constitue
le plus terrifiant des documents sur l'instabilité formelle et l'ambiguïté sémantique.

A quel dessein Joyce obéit-il lorsqu'il se lance dans une telle
entreprise, en 1923, dix-sept ans avant que son œuvre ne soit
confiée à l'imprimerie ?

Il est bien difficile de répondre à cette question, si l'on considère
la masse d'intentions, d'observations critiques, d'explications que
l'auteur va accumuler autour du *Work in Progress* dans diverses
lettres et déclarations, s'échelonnant entre 1923 et 1939. Si l'on
tente de définir la poétique de *Finnegans Wake* comme le système
de règles ayant présidé à l'élaboration de l'œuvre, on ne tarde pas
à s'apercevoir, en comparant ses rédactions successives, que les dites

règles se sont modifiées chemin faisant, et que le plan définitif est très éloigné du projet initial [109]. Au reste, il n'est pas nécessaire, pour aborder *Finnegans Wake,* de recourir à des textes de poétique extérieurs ou antérieurs à l'œuvre : celle-ci se présente comme une continuelle définition d'elle-même. Chacun de ses fragments est ainsi révélateur de l'idée directrice de l'ensemble. Joyce lui-même déclare : « J'aimerais qu'il fût possible de prendre au hasard une page de mon livre et de voir d'un seul coup quel livre c'est [110]. »

En fait, si l'on s'en tient aux intentions de Joyce et aux déclarations qu'il a pu faire, son dessein apparaît clair, mais incompréhensible; doté d'un sens, mais privé de signification : on comprend ce qu'il fait, mais non pourquoi il le fait [111]. Joyce note qu'il prépare un livre : il n'en révèle pas le titre, mais déjà il y pense et le confie à sa femme. Tim Finnegan est le héros d'une ballade : il tombe d'une échelle et on le croit mort. Ses amis organisent autour du cercueil une joyeuse veillée funèbre et l'un d'eux verse du whisky sur le cadavre; Tim alors se redresse, frais et dispos, et se mêle à la fête. Le titre ne doit pas comporter le génitif saxon (Finnegan's), car il ne s'agit pas de la « Veillée de Finnegan », mais, Joyce lui-même le suggère, de la veillée *des* Finnegans ou, en tout cas, d'un Finnegan indéterminé, non individualisé.

Le héros symbolique du livre n'est donc pas une personne, mais plusieurs à la fois. Il est d'abord « *Finn again* », autrement dit Finn qui revient; et ce Finn n'est autre que Finn Mac Cool (ou Finn Mac Cumhaill), héros mythique de l'Irlande, qui est censé avoir vécu 283 ans, et qui a réellement existé, s'il faut en croire le Livre de Leinster, au IIIe siècle après Jésus-Christ [112]. Mais Finn est, en même temps, la réincarnation de tous les grands héros du passé et son « retour » est comme le perpétuel retour d'un même principe numineux, que Joyce associe aux notions de chute et de résurrection. Selon l'auteur, le livre devait être le rêve de Finn endormi sur les bords de la Liffey; il devait reprendre, sous une forme onirique, toute l'histoire passée, présente et future de l'Irlande et, à travers elle (comme à travers Dublin dans *Ulysse*), l'histoire de l'humanité entière.

Comme l'histoire de Bloom, cette histoire est celle de l'*everyman*. Mais, cette fois, c'est dans un tavernier de Chapelizod, faubourg de Dublin, que doit se produire la réincarnation de l'archétype (et, par conséquent, celle de Finn, de Thor, du Bouddha, du Christ, etc.) : dans H.C.Earwicker. Les initiales de ce nom : H.C.E., signifient, entre beaucoup d'autres choses [113], *Here comes everybody* (« Voici venir Monsieur-Tout-le-monde »). C'est donc l'histoire de l'humanité entière qu'H.C.E. résume avec sa femme, Anna-Livia Plurabelle, qui est encore l'incarnation de la Liffey (celle de la nature, du flux éternel des choses), et ses deux fils : l'un, Shem, est le *penman,* l'homme de lettres, psychologiquement introverti, ouvert cependant à la recherche et au changement — l'autre, Shaun, est le *postman,* extraverti, ouvert aux choses du monde, mais, par là même, conservateur et dogmatique (dans le langage d'aujourd'hui, ils s'opposeraient comme le *beat* au *square*).

Or, à mesure que le livre se développe, on s'aperçoit qu'aucun de ces personnages — à commencer par Finnegan — ne reste identique à lui-même, mais qu'il *se modifie* constamment, comme ferait l'archétype d'une série d'avatars; ainsi, le couple Shem-Shaun, outre qu'il change constamment de nom, incarne successivement Caïn et Abel, Napoléon et Wellington, Joyce et Whyndham Lewis, le temps et l'espace, l'arbre et la pierre.

Au début, les intentions de l'auteur sont encore imprécises : H.C.E. est le héros d'une chute, d'un péché originel qui, dans le déroulement littéral du livre (en admettant qu'il y en ait un), devient un délit obscur de voyeurisme dont Phœnix Park fut le théâtre. (Peut-être, au vrai, s'agit-il d'exhibitionnisme, comme pour Bloom, ou bien d'une autre infraction sexuelle.) Cette faute donne lieu à un procès au cours duquel il est question de quatre vieillards (les quatre Évangélistes, mais aussi les quatre Maîtres de l'histoire irlandaise, qui en rédigèrent les Annales au XVIIe siècle...), de plusieurs plaideurs, de différents témoins et d'une lettre dictée par Anna-Livia, écrite en réalité par Shem, emportée par Shaun, puis retrouvée par une poule sous un tas de fumier. L'histoire se déroulant dans une ambiance nocturne, le jour vient mettre fin au rêve et détermine une sorte de résurrection générale, tandis que le récit se clôt et se referme par un retour au premier mot.

Tel est, simplifié à l'extrême, le schéma de *Finnegans Wake* : on n'a pas tenu compte de la masse de faits historiques, de citations, d'identifications et transformations des personnages de base, de tout ce que Joyce ne cesse d'accumuler en cours de rédaction pour arriver, à partir de la clarté et de la simplicité relative des premières versions, à des textes de plus en plus denses et enchevêtrés, la complexité s'installant au cœur même des mots, dans leur racine étymologique [114]. Au départ, Joyce sait que s'il a voulu faire d'*Ulysse* l'histoire d'une journée, *Finnegans Wake* sera l'histoire d'une *nuit*. L'idée du rêve (et du sommeil) préside, dès le début, au dessein général de l'œuvre, bien que celle-ci s'organise très lentement, selon une méthode que l'auteur compare à la construction d'un puzzle de mah-jong [115].

« J'ai envoyé coucher le langage », « je suis au bout de l'anglais » : c'est en ces termes que Joyce décrit l'opération qu'il poursuit. Il dit encore :

« En écrivant sur la nuit, je ne pouvais réellement pas, je sentais que je ne pouvais pas utiliser les mots dans leurs rapports ordinaires. Ainsi employés, ils n'expriment pas comment sont les choses durant la nuit, dans leurs diverses étapes : conscience, demi-conscience puis inconscience. J'ai découvert que ce n'était pas possible avec des mots employés dans leurs relations et connexions originales. Mais quand le jour se lève, tout redevient clair [116]. »

Joyce a vécu à Zurich à l'époque où Freud et Jung publiaient certaines de leurs œuvres majeures; il manifeste peu d'intérêt pour les pères de la psychanalyse; mais Ellmann note son extrême sensibilité à l'égard de l'expérience onirique. Et *Finnegans Wake* veut obéir à la logique du rêve : l'identité des personnages s'y confond et s'y mêle, tandis qu'une seule idée ou le souvenir d'un seul fait s'image dans une série de symboles, liés les uns aux autres par d'étranges rapports. De même, les mots s'associeront de la manière la plus libre et la plus imprévue, de façon à suggérer une série d'idées absolument disparates : logique onirique encore, mais qui introduit une sorte d'irrationalité linguistique sans précédent. L'Église a été fondée sur un calembour, rappelle Joyce *(Tu es Petrus...)*, et cet exemple était, sans doute, à ses yeux, une justification suffisante.

Joyce décide donc que son livre s'adaptera « à l'esthétique du rêve où les formes se prolongent et se multiplient, où les visions passent du trivial à l'apocalyptique, où le cerveau utilise les racines des mots pour en faire d'autres, capables de nommer ses phantasmes, ses allégories, ses allusions [117] ». Dès l'origine, *Finnegans*

Wake se présente comme une épopée nocturne de l'ambiguïté et de la métamorphose, le mythe d'une mort et d'une renaissance universelle, dans lequel chaque personnage et chaque mot remplace tous les autres, sans que les événements soient clairement répartis, si bien que chaque événement impliquera les autres en une sorte d'unité élémentaire, qui n'exclut pas l'affrontement ni l'opposition des contraires.

LA POÉTIQUE DES CYCLES DE VICO

Après avoir vu ce que Joyce voulait faire, il reste à déterminer les raisons pour lesquelles il s'est engagé dans une telle voie. Dans quelle mesure le projet de *Finnegans Wake* est-il novateur par rapport à *Ulysse* ?

Si *Ulysse* est, ainsi que nous avons tenté de le montrer, l'illustration d'un équilibre paradoxal entre les formes d'un monde rejeté et la substance désordonnée d'un monde neuf, *Finnegans Wake* voudrait être une *représentation du chaos et de la multiplicité même*, à l'intérieur de laquelle l'auteur chercherait les *modules d'ordre* les plus adéquats. Et l'expérience culturelle qui a mené Joyce à cette entreprise est la lecture de Vico.

« Lecture » ne signifie pas « acceptation ». Ainsi qu'il l'a affirmé lui-même de façon explicite (nous l'avons déjà signalé), Vico n'est pas, pour Joyce, un philosophe auquel il « croit », mais un auteur qui stimule son imagination et lui ouvre des horizons nouveaux. Sortant d'*Ulysse* où il a réussi à saisir dans toute sa spontanéité la vie vécue mais en l'enfermant dans le réseau d'un ordre culturel étranger, Joyce découvre avec Vico des perspectives nouvelles. Bien qu'il le connaissant depuis des années, il éprouve le besoin de le lire plus attentivement (en particulier la *Scienza Nuova*) au moment où il entreprend un nouveau livre. En 1926, il écrit qu'il souhaiterait prendre plus à la légère les théories de Vico et s'en servir dans la mesure où elles lui seraient utiles, mais qu'elles ont pris à ses yeux de plus en plus d'importance et ont marqué diverses étapes de sa vie [118]. Malgré lui, il associe les théories de Vico à ce qu'il a assimilé de la philosophie et de la science contemporaines ; dans une lettre datée de 1927, une référence assez obscure associe le nom de Vico non seulement à celui de Croce (ce qui serait naturel), mais à celui d'Einstein [119].

Ce qui l'a frappé chez Vico, c'est d'abord la recherche d'un ordre du monde non à l'extérieur, mais au sein des événements, dans la substance même de l'histoire ; c'est ensuite la considération de l'histoire comme une alternance de progrès et de récurrences (*corsi e ricorsi*). Seulement Joyce associe, non sans désinvolture, cette dernière théorie au thème oriental du caractère *circulaire* du tout ; en sorte que, dans la trame de *Finnegans Wake,* la théorie historique des récurrences apparaît plutôt comme la face ésotérique d'une sorte d'« éternel retour ». L'aspect « développement » est sacrifié à l'identité circulaire, à la continuelle répétition des archétypes originels (Joyce montre ici encore ce syncrétisme philosophique qui est à la racine de chacun de ses choix idéologiques ; il le reconnaît simplement, lorsqu'il déclare que l'œuvre de Vico est un stimulant pour son imagination, mais n'a pas, à ses yeux, valeur de « science »).

Vico lui permet également de soumettre à un schéma de développement les idées qu'il a empruntées à Bruno ou Nicolas de Cuse, et de mettre en branle la ronde des termes antithétiques au sein d'un cadre dynamique.

Enfin, Joyce a certainement été influencé par l'importance qu'accorde Vico au mythe et au *langage ;* par l'idée que la société primitive parvient à élaborer sa conception du monde sous forme de figures, à travers le langage. Sans doute a-t-il été frappé par l'évocation de ces « quelques géants » — et Finn Mac Coll était un géant — qui, les premiers, distinguèrent la voix divine dans le tonnerre (« lorsque le ciel enfin fut parcouru d'éclairs et résonna de coups de tonnerre terrifiants ») et, les premiers, éprouvèrent le besoin de donner un nom à l'inconnu [120]. Dès la première page de *Finnegans Wake,* on retrouve le tonnerre de la *Scienza Nuova ;* et ce tonnerre y a un nom, il a été assimilé par le langage ; mais il s'agit encore d'un langage irrationnel, fait d'onomatopées (et c'est, en même temps, un langage déjà épuisé, celui d'un âge barbare qui succède à des cycles de civilisation, puisque l'onomatopée en question est constituée par la juxtaposition du mot désignant le tonnerre en plusieurs langues) : « *bababadalgharaghtakd-mminarronnkonnbronntonnerronntuonnthunntrovarrhounawnskawn toohoordenenthurnuk !* » Dans l'œuvre de Joyce, le tonnerre coïn-cide avec le bruit de la chute de Finnegan, mais cette chute même marque le point de départ d'une tentative pour donner nom à l'inconnu et au chaos, comme au temps des premiers géants.

Joyce a probablement emprunté à Vico l'exigence d' « une langue mentale commune à toutes les nations », exigence qu'il conçoit et réalise d'une manière très personnelle dans le polyglot-tisme de *Finnegans Wake*. Autres thèmes empruntés à Vico : la valeur des sciences philologiques, qui retrouvent les propriétés et les origines des choses « selon l'ordre des idées, duquel doit pro-céder l'histoire des langues »; le fondement et l'interprétation phi-lologique du mythe; la comparaison des diverses langues; la découverte d'un « vocabulaire mental » dans lequel se manifestent les choses, « senties en substance de façon identique par toutes les nations, mais, du fait de leurs diverses modifications, expliquées diversement par les langues »; l'étude des anciennes traditions comme dépositaires de vérités millénaires; et parallèlement, la col-lection « des grands débris de l'antiquité ». Bien entendu, ici encore, Joyce réalise au niveau même du langage les propositions du phi-losophe napolitain; et bien entendu, on ne saurait réduire sa poé-tique à une application scolaire : il s'agit de réactions très person-nelles à la lecture d'un texte suggestif.

Sans doute aussi Joyce aura-t-il été frappé par la définition que donne Vico de la poésie comme logique « aurorale » où l'on ne parle pas encore selon la nature des choses, où l'on emploie « un langage fantastique de substances animées »; « cette logique poé-tique a pour corollaires les premiers tropes, dont le plus clair et, par conséquent, le plus nécessaire et le plus usuel, est la métaphore, laquelle est encore beaucoup plus appréciée lorsqu'elle donne sens et passion aux choses dépourvues de sens [121] ».

Quand Vico écrit que « l'homme, tombé dans la désespérance à l'égard des secours de la nature, désire être sauvé par quelque chose de supérieur », Joyce est séduit sans doute, mais, avec ce goût du compromis et de la juxtaposition arbitraire que nous avons maintes fois reconnu, il associe à la nécessité d'un *effort* vers la transcendance (qu'il vient de trouver chez Vico) la découverte de

Dieu dans l'*acceptation* de l'unité totale du monde (telle que l'avait décrite Bruno). Le cycle terrestre, avec ses progressions et ses récurrences, devient une voie de salut dès lors qu'est accepté le caractère circulaire de son déroulement infini, sans recours à aucune transcendance. Seulement, dans le même temps, les pages de Vico sur la valeur créatrice du langage incitent Joyce à assimiler la création naturelle aux créations culturelles; il identifie le réel avec le « prononcé », les données de la nature avec les produits de la culture (le *verum* avec le *factum*); il ne reconnaît le monde que dans une dialectique de tropes et de métaphores, n'identifie qu'à travers elle, comme il l'avait déjà fait dans *Ulysse*, la présence des « choses dépourvues de sens », et ne parvient qu'ainsi à conférer aux choses « sens et passion ».

LA POÉTIQUE DU CALEMBOUR

Telles sont les justifications « culturelles » de *Finnegans Wake* : après avoir réduit le réel au monde des mythes, des traditions, des fragments antiques, des mots par lesquels l'homme a désigné et chargé de signification ses expériences, Joyce veut mêler ce matériau, en faire l'amalgame du rêve, pour découvrir enfin dans cette liberté originelle, dans cette zone d'ambiguïté féconde, un nouvel ordre de l'univers, soustrait à la tyrannie des traditions anciennes. La chute initiale a créé les conditions d'une barbarie : une barbarie très civilisée, qui recouvre l'expérience antérieure de l'humanité. Tout se déroule en un flux primordial et désordonné, chaque chose est son contraire, chaque chose peut se rattacher à toutes les autres; aucun événement n'est nouveau, il s'est toujours déjà produit quelque chose de semblable, et un retour en arrière, l'établissement d'une relation, est toujours possible [122]; tout est décomposé et, par suite, tout peut être interverti. Si l'histoire est un cycle incessant de successions et de retours, elle perd ce caractère d'irréversibilité qu'on lui reconnaît habituellement. Tous les événements sont simultanés : passé, présent et futur coïncident [123]. Et puisque chaque chose existe dans la mesure où elle est nommée, on va retrouver dans les mots ce même mouvement, ce même jeu de continuelles métamorphoses : le *pun,* le calembour, sera le ressort d'un tel processus. Joyce pénètre ainsi dans l'immense flux du langage pour le dominer et, à travers lui, dominer le monde.

Nous l'avons déjà dit, une telle poétique n'a plus besoin d'une formulation explicite. L'œuvre une fois terminée, chacun de ses mots est une définition du projet total, car en chaque mot se réalise ce que l'auteur entend réaliser à l'échelle du tout : jusqu'en son détail, *Finnegans Wake* est un discours sur *Finnegans Wake.*

Examinons le début — qui pourrait parfaitement être la fin — et qui, structuralement, ne se distingue pas, parce qu'il ne doit pas s'en distinguer, du milieu :

« ... *riverrun, past Eve and Adam's, from swerve of shore to bend of bay, bring us by a commodius vicus of recirculation back to Howth Castle and Environs* [124] ... »

La signification première de la phrase, telle qu'elle pourrait ressortir d'une réduction en *basic English,* serait à peu près celle-ci :

« ... ce cours du fleuve, une fois dépassée l'église d'Adam et d'Ève, depuis le repli de la plage jusqu'à la courbe de la baie, nous ramène par une voie plus aisée, au château de Howth et à ses environs... »

Cette interprétation donnerait seulement la clef géographique du texte, la localisation de l'aventure sur les rives de la Liffey, face à la mer. Mais, à examiner la phrase, on relève que les indications les plus banales y sont ambiguës [125] : Adam et Ève peuvent désigner soit l'église qui se dresse au bord de la Liffey, soit nos premiers parents selon la Bible, placés ici comme une introduction au cycle de l'aventure humaine, qui commence avec cette première page du livre. Leur chute, et la promesse d'une rédemption, rejoint la chute véritable de Tim Finnegan et préfigure celle de Earwicker, auquel les initiales H.C.E. de Howth Castle and Environs font allusion. Ce même sigle signifiant également *Here Comes Everybody* vient rappeler que le livre voudrait être une comédie humaine et cosmique, l'histoire de l'humanité entière. Les noms d'Adam et Ève introduisent également une polarité qui dominera tout le livre, à travers la dialectique des couples de personnages : Shem et Shaun, Mutt et Jute, Butt et Taff, Wellington et Napoléon, et ainsi de suite, réincarnations successives de l'antagonisme amour-haine, guerre-paix, dissonance-harmonie, introversion-extraversion. Chacune de ces allusions est *une* clef pour l'interprétation de tout le contexte, et le choix d'un critère détermine les choix successifs, comme dans la progression binaire de la « diairétique » du *Sophiste* de Platon. Pourtant, un choix n'exclut jamais d'autres choix; il permet, au contraire, une lecture dans laquelle résonnent continuellement les « harmoniques » de diverses coprésences symboliques.

Reste que trois mots clefs sont plus que les autres ici l'expression de directions possibles.

Riverrun introduit à la fluidité de l'univers de *Finnegans Wake* : fluidité des situations spatio-temporelles, superposition des époques historiques, ambiguïté des symboles, rôle interchangeable des personnages, signification multiple des caractères et des situations, fluidité enfin de l'appareil linguistique dans lequel chaque terme a la forme d'un calembour et correspond non à un seul mot, mais à plusieurs, dans lequel chaque chose est son contraire. Cette indétermination constitue la substance même de l'univers joycien comme témoin d'une crise, et le moyen d'en triompher; elle traduit l'ambiguïté et la disparition des centres traditionnels, mais en même temps elle institue une nouvelle vision que Joyce prétend fonder sur la métaphysique de l'histoire qu'il a empruntée à Vico.

Les mots *vicus of recirculation* constituent précisément une introduction à cette dimension cyclique de l'histoire, et permettent de reconsidérer la fluidité confuse de l'univers à travers une métaphysique des éternels retours, donnant une légalité à la superposition continuelle des opposés et à l'écoulement d'un objet dans un autre [126].

Mais le *vicus* qui conduit le lecteur est *commodius*, c'est-à-dire plus commode, parce que plus familier, et plus familier parce qu'intérieur, non extérieur à la crise qu'entraîne la dissolution d'une société et d'une civilisation. Il y a là, en fait, une allusion à l'empereur Commode, au Bas Empire, *l'empire à la fin de la décadence*, celui-là même qui faisait dire au Verlaine de *Langueurs* : « Tout est bu, tout est mangé, plus rien à dire. » *Finnegans Wake* a précisément pour principe de ne rien dire de nouveau; il se développe comme la citation ininterrompue et protéiforme d'une culture passée, comme un immense calembour que l'on ne peut comprendre que si l'on en rapporte toutes les références malicieuses ou érudites au patrimoine du déjà dit. L'important n'est pas ce qui est dit, mais le fait que cela soit dit et que, en le disant, on donne une image des relations possibles entre les événements de l'univers. Ainsi, la première phrase de l'œuvre comporte, entre autres clefs, une synthèse de ses deux orientations contraires : l'interprétation cosmique et métaphysique, d'une part, l'interprétation érudite et alexandrine, d'autre part; l'image de la renaissance et celle de la dissolution; ou mieux encore : l'image de la renaissance à travers l'acceptation totale, sans réserve, de la dissolution — représentée par la décomposition des noyaux élémentaires du langage.

L'appareil linguistique témoigne d'un certain état de la culture et illustre en même temps les relations possibles entre les événements de l'univers; il est une immense métaphore épistémologique, le substitut verbal des rapports que la science utilise de façon opératoire pour fournir ses explications. Toute trace de l'Ordo scolastique a cette fois disparu.

LA POÉTIQUE DE L'ŒUVRE OUVERTE

L'ordre est devenu la présence simultanée d'ordres divers. Il appartient *à chaque lecteur* de choisir le sien : *Finnegans Wake* est une œuvre « ouverte ». A ce titre, elle est définie successivement comme *Scherzarade* (*scherzo*, c'est-à-dire « plaisanterie »; charade; histoire de Schéhérazade), *vicocyclometer, collideoscope* (kaléidoscope de collisions), *proteiformograph, polyhedron of scripture,* ou mieux encore *meanderthale* (récit — *tale* — comportant des méandres, vallée en forme de labyrinthe — *thal* signifie, en allemand, vallée —, labyrinthe primitif, avec une allusion à l'homme de Néanderthal, évidemment, « tout stupeur et férocité » selon la conception qu'a Vico des hommes à l'aube de la conscience), ou enfin comme une œuvre de *doublecrossing twofold truths and devising tingling tail-words :* une œuvre dans laquelle on trouve un appel à la duplicité et à l'enchevêtrement des significations.

Mais la définition la plus complète de l'œuvre — qui est ailleurs décrite comme *slipping beauty,* par association de l'idée de lapsus

avec le conte de la Belle au Bois dormant et le délire onirique —
se trouve dans la fameuse lettre illisible. Lettre illisible, parce que
précisément on peut l'interpréter selon une multitude de sens, tout
comme le livre lui-même et l'univers dont le livre — dont la lettre
— est l'image. On peut s'interroger indéfiniment sur le sens de
toute la lettre, sur celui de chaque phrase, de chaque mot à l'intérieur de la phrase et en lui-même, bien que l'ensemble possède une
autorité indiscutable. Voici :

« *every person, place and thing in the chaosmos of Alle anyway con-
nected with the gobblydumped turkey was moving and changing every part of
the time* » ; et, dans ce « *steady-monologuy of the interiors* », on trouve
« *the Ostrogothic kakography affected for certain phrases of Etruscan sta-
bletalk and, in short, the learning betrayed at almost every line's end* » ;
dans cet « *utterly unespected sinistrogyric return to one peculiar sore point
in the past... with some half-halted suggestion... indicating that the words
which follow may be taken in any order desired... unconnected, principial,
medial or final...* » où s'opère la « *lubricitous conjugation of the last with
the first* », on peut trouver « *a word as cunningly hiden in its maze of
confused drapery as a fieldmouse in a nest of coloured ribbons* ». L'œuvre
peut également être définie comme un « *prepronominal funferal,
engraved and retouched and edgewiped and puddempadded, very like a
whale's egg farced with pemmican, as were it sentenced to be nuzzled over
a full million times for ever and a night till his noddle sink or swim by that
ideal reader suffering from an ideal insomnia* [127] ».

Il est manifeste que cet enchaînement des citations leur impose
un ordre arbitraire, mais le livre est écrit de façon à supporter, à
favoriser même une telle reconstitution. Il est non moins évident
que les allusions contenues dans un mot, ou nées de la juxtaposition de deux mots, échappent en grande partie à qui lit ou donne
à lire ces citations. Sans doute ont-elles échappé à l'auteur lui-
même (lequel avait mis au point une machine à suggérer susceptible,
comme toute machine dotée d'une certaine complexité, de dépasser
les intentions premières de son constructeur). Mais rien n'oblige le
lecteur à saisir la signification exacte de chaque phrase, ni celle de
chaque mot, quand bien même, parmi tous les sens entrevus, l'un
d'eux semblerait plus satisfaisant ; la force du texte réside précisément dans cette ambiguïté permanente, dans la continuelle réso-

nance d'un grand nombre de sens qui tous autorisent la sélection sans se laisser jamais dominer par elle.

Prenons un mot tel que *sansglorians*. Il se situe dans le contexte d'une confuse et très ancienne bataille (opposant grenouilles, Ostrogoths, Wisigoths, clans celtiques, en une sarabande d'armes, de cris de guerre, de coups de canon). On y trouve les racines *sang*, *sanglot*, *gloria*, *glory*, et *glorians*, neutralisées par la suggestion du *sans*. Il peut signifier : « vous qui combattez sans gloire », ou bien : « dans le sang et la gloire », ou encore : « dans les sanglots, le sang et la gloire », à moins que ce ne soit : « sans sanglots, ni sang, ni gloire ». Etc. Que reste-t-il de tout cela ? Le sentiment de la bataille, l'idée de bataille, avec toutes les contradictions qu'elle comporte, la bataille comme présence de bruits, opposition de valeurs et de passions [128]. Il en va de même pour les diverses oppositions entre Shem et Shaun, ainsi que pour leurs diverses manifestations : Shem s'identifie à l'arbre et l'arbre est croissance, changement, ouverture continuelle sur l'avenir; il incarne enfin l'idée de développement historique. Shaun, au contraire, est la pierre sur laquelle repose l'immutabilité du dogme chrétien, il est la stabilité, la *Summa* et, en même temps, l'entêtement philistin et bourgeois, l'incapacité de comprendre et d'évoluer. Dans tout cela, Joyce n'établit aucune hiérarchie : l'opposition reste l'unique valeur.

LA « COINCIDENTIA OPPOSITORUM »

Dans le chapitre au cours duquel Shaun *the postman* plaide contre Shem *the penman*, il raconte la fable de *The Ondt and the Gracehoper* (*The Ant and the Grasshopper*) : la Cigale et la Fourmi. Shaun s'identifie à la prévoyante fourmi et flétrit en Shem l'insouciance de la cigale; mais au cœur même des discours de Shaun, Joyce exalte le « *Grace-hoper* », l'artiste tourné vers l'avenir, vers la croissance, vers le développement : Shem est de fait symbolisé par l'arbre, tandis que l'immobilisme traditionaliste de la fourmi a pour symbole la pierre, et « *ant* » devient ainsi « *ondt* » qui signifie en danois « mal [129] ».

Le *Gracehoper* passe tout le jour à chanter des ballades comme celle de Tim Finnegan (autrement dit, à composer *Finnegans Wake*) : si la science ne peut rien nous dire sur la divinité, l'art peut, au moins, célébrer la création, donc dire quelque chose sur le monde [130]. C'est pour cela que la cigale chante « *hoppy... of his joycity* ». La fourmi, elle, est sérieuse, elle est un parfait *chairman* et s'oppose à l'aventure temporelle, revendiquant la primauté, la solidité, le caractère inaltérable de l'espace [131]. Encore une fois, c'est la pierre opposée à l'arbre qui parle et se demande pourquoi la cigale vit ainsi, en dilapidant et en s'endettant [132]. La fourmi est un « *conformed acetist and aristotaller* » ; on parle, à son propos, d'« *aquinatance* ». La cigale et la fourmi sont «*unsummables*», la dialectique de l'arbre et de la pierre ne saurait rentrer dans l'éventuelle «*Summa*» d'une philosophie aristotélicienne. La cigale est une « *veripatetic imago... actually and presumptuably sinctifyng chronic's despair* » (son désespoir chronique est dû à ce qu'elle erre, dans le temps — *chronos* —, à ce qu'elle accepte le flux de l'histoire et du péché — *sin* — par opposition à l'immobilité de la pierre, à la solidité de l'espace). Néanmoins, il n'y a pas d'option définitive en faveur de l'idéal de la fourmi ou de celui de la cigale. S'ils sont « insommables », ils sont complémentaires : « *the prize of your save is the price of my spend* ». La dialectique de l'ordre et de l'aventure est la condition même de l'aventure, qui ne va pas sans remettre définitivement l'ordre en question.

Si l'on entend donner un statut philosophique à la poétique de *Finnegans Wake,* le mieux est de recourir encore une fois aux définitions que donnent de la réalité cosmique Nicolas de Cuse et Giordano Bruno [133]. *Finnegans Wake* est une œuvre dans laquelle la *coincidentia oppositorum* se fond dans l'identité des contraires — « *... by the coincidence of their contraries reamalgamerge in that identify of undiscernibles* »... (p. 49) — sans que, dans ce flot de totalité, la *coincidentia* fasse place à la confusion : bien plutôt, elle émerge, elle réapparaît constamment. Refus et antipathies se polarisent (« *equal of opposites... and polarised for reunion by the symphysis of their antipathies* »... (p. 92) — de même que, pour Bruno, chaque corps a un « sens interne » par quoi l'être fini et limité participe à la vie du tout sans perdre pour autant son individualité, attiré et repoussé par d'autres en vertu des lois de sympathie et d'antipathie. Aucune règle de poétique ne définit mieux la dernière œuvre de Joyce que ce conseil de Bruno :

« Tu découvriras en toi-même le moyen de réaliser véritablement ce progrès lorsque tu parviendras à une unité distincte à partir d'une pluralité confuse... A partir d'éléments sans forme et multiples, adapter à soi-même le tout qui a eu forme et unité [134]. »

De l'acceptation — et même de la démultiplication — de la *pluralité* à l'âme *unificatrice* qui régit le tout, voilà ce que réalise *Finnegans Wake,* et par quoi il constitue lui-même sa propre poétique.

Dans *Finnegans Wake,* il faut, pour éclairer la signification d'un mot et sa relation avec tous les autres, avoir présente à l'esprit l'explication possible de l'ensemble de l'œuvre; cependant, chaque mot éclaire le sens du livre, ouvre sur lui une perspective, donne un sens et une direction à l'une de ses interprétations possibles. Une telle situation semble être la réalisation esthétique de la théorie de la *complicatio* qu'on trouve chez Nicolas de Cuse : dans chaque chose s'actualise le tout et le tout est en chaque chose, chaque chose étant, en définitive, une perspective sur l'univers et sa *contraction.* L'actualisation-contraction fait qu'il ne peut exister deux êtres identiques, chacun conservant une singularité irréductible qui lui permet de refléter le cosmos d'une manière inédite et individuelle [135].

Ce n'est pas par hasard que Joyce cite à plusieurs reprises Nicolas de Cuse : car c'est chez celui-ci précisément, en ce moment crucial de l'histoire où l'on assiste à la dissolution de la scolastique et à la naissance d'une sensibilité humaniste et moderne, que se fait jour la notion du caractère multidirectionnel du réel, de l'infinité des perspectives possibles, d'une Forme universelle qui peut être mise au point selon différents angles visuels correspondant à ses innombrables aspects complémentaires. L'apparition de cette nouvelle sensibilité (encore imprégnée d'un souffle métaphysique chargé de réminiscences médiévales, et aussi éloignée de l'esprit moderne que peut l'être la sensibilité cabalistique et magique de Bruno) marque l'anéantissement de la confiance médiévale en l'inaltérabilité et l'univocité des formes.

Lorsqu'il se tourne vers Nicolas de Cuse, c'est toute l'esthétique thomiste de sa jeunesse que Joyce sacrifie de façon définitive. Chez saint Thomas, une forme peut posséder une sorte d'*appetitus* vers une forme ultérieure et n'en demeurer pas moins identique à elle-même; en elle, chaque *nisus* formatif trouve son terme, constituant ainsi un apport inébranlable, univoque, compact, à la solidité de l'univers. Au contraire, dans la pensée de Nicolas de Cuse courent quantité de pressentiments nouveaux, le cosmos éclate en facettes aux mille possibilités : le monde perd son caractère défini et commence à devenir ce qu'il sera plus tard chez Bruno, une infinité de mondes possibles.

L'univers de Bruno est, de fait, animé par une tendance incessante à la transformation; chaque individu fini, dans sa tension vers l'infini, évolue vers d'autres formes, et la dialectique du fini et de l'infini se réalise véritablement dans le processus irrésistible de la métamorphose cosmique; chaque être possède en lui-même le germe des formes futures qui sont la garantie de son caractère infini. De Bruno, Joyce a lu *De l'infinito universo e mondi* [136]; et on retrouve précisément, parmi les axiomes implicites et explicites de *Finnegans Wake,* celui de l'infinité des mondes, uni à celui de la nature métamorphique de chaque mot, de chaque étymologie, toujours prêts à devenir « autres », à exploser selon de nouvelles directions sémantiques. Si Bruno est parvenu à cette vision du monde à travers la découverte de Copernic (dans laquelle il a vu l'écroulement d'une conception statique et limitée du Cosmos), Joyce a découvert, lui, à travers Bruno (et dès sa jeunesse) le moyen de remettre en question l'univers stable et circonscrit de la Scolastique [137].

Mais ici encore, l'œuvre de Joyce est un mélange de diverses poétiques, de courants culturels opposés. On retrouve, dans *Finnegans Wake,* à la fois le cosmos de Nicolas de Cuse et de Bruno, l'influence d'un romantisme tardif, l'univers des *correspondances* baudelairiennes et des équivalences rimbaldiennes, la fusion ultime du son, du mot et de l'action dont rêvait Wagner, et à quoi renvoie la technique du leitmotiv; on y trouve encore toutes les suggestions de type symboliste que Joyce avait puisées dans ses lectures de jeunesse et dans les révélations du livre de Symons, ainsi que la traduction, dans un contexte culturel différent et dans un contexte métaphysique plus imprécis, de ce souffle cosmique propre aux grands maîtres de la Renaissance qui avaient arraché Stephen à son sommeil dogmatique.

L'ÉPIPHANIE COMME MÉTAPHORE ÉPISTÉMOLOGIQUE

Cependant, dans cet univers qui est à la fois celui de la Renaissance et de la fin du Romantisme, se produisent des phénomènes que ni Bruno ni les Symbolistes ne pouvaient prévoir; voici qu'une poétique apparemment conforme à leurs indications aboutit à des résultats structuraux qui rappellent davantage certains aspects de la science contemporaine que de vénérables visions du monde. *Finnegans Wake* réalise — comme *Ulysse* l'avait fait, encore qu'en des termes plus limités — la transposition, dans la structure même du langage, de données élaborées par les sciences contemporaines : l'œuvre devient ainsi une imposante *métaphore épistémologique*. Nous disons, une fois de plus, métaphore : il ne s'agit pas d'une traduction littérale des situations épistémologiques, mais de l'énoncé de situations formellement analogues. Ainsi conçue, l'œuvre ne peut, ni ne doit, être considérée comme un modèle déterminé, qui donnerait une image orthodoxe. Il s'agit plutôt d'y reconnaître des motifs se rattachant à des acquisitions scientifiques souvent divergentes, comme si l'auteur avait entrevu confusément la possibilité de saisir les choses selon plusieurs perspectives non traditionnelles, et avait progressivement appliqué ces « optiques » diverses au langage — trouvant dans ce dernier une gamme de possibilités susceptibles de coexister, alors que, dans le cadre de définitions conceptuelles rigoureuses, le choix de l'une de ces possibilités aurait dû exclure les autres.

On peut ainsi découvrir dans l'œuvre de Joyce une remise en question des notions de temps, d'identité et de rapport causal, qui évoque certaines des hypothèses les plus hardies de la cosmologie, au delà même des perspectives déjà inquiétantes de la relativité. Prenons le cas d'une chaîne causale dans laquelle, à partir de

deux événements A et B, on peut déterminer que B naît de A et
que, par conséquent, entre A et B s'établit une ligne de succession
conforme à un ordre temporel (« ordre » qui ne coïncide pas encore
avec l' « irréversibilité » du temps lui-même). Les épistémologues
qualifient d' « ouvert » ce type de chaîne causale, entendant par là
qu'on peut le parcourir sans jamais être obligé de revenir au point
de départ. C'est dire que, lorsqu'il parle de chaîne causale « ouverte », le savant donne à ce terme un sens bien différent de celui
que nous lui avons donné en parlant d' « œuvre ouverte » : une
chaîne causale ouverte est précisément garante d'un ordre fermé
des événements; les rapports s'établissent selon un ordre donné,
qu'il est impossible d'altérer. Si, en revanche, on établit une chaîne
causale « fermée », telle qu'un événement puisse devenir la cause
d'autres événements, qui n'en ont pas moins été sa cause lointaine,
il devient alors impossible d'imposer un ordre au temps. Du
même coup est remis en question le principe d'identité, à la lumière
duquel on pouvait établir la différence entre deux événements.
Dans une chaîne causale fermée, explique Reichenbach, il peut très
bien se faire que je rencontre mon propre moi d'il y a dix ans et
que je puisse converser avec lui; nécessairement, la même situation
se répète dix ans plus tard; à partir de quoi il est impossible de
déterminer si je suis le moi le plus vieux qui rencontre le plus
jeune, ou le moi le plus jeune qui rencontre le plus vieux, ou s'il
y a une multiplication de moi à l'infini. Il en va autrement dans
l'univers physique qui est le nôtre, et la théorie d'Einstein elle-
même n'implique pas l'existence de chaînes causales fermées;
cependant, un tel univers est logiquement concevable et, du point
de vue formel, l'idée n'est nullement contradictoire [138].

Si l'on applique ce qui vient d'être dit aux rapports narratifs, on
trouve, dans le roman traditionnel, l'établissement de chaînes causales ouvertes : un événement A (par exemple, le propos de
Julien Sorel) est considéré de façon non équivoque comme la
cause d'une série d'événements B, C, D (le meurtre de Mme de
Rênal, le supplice de Julien, la douleur de Mathilde) et il n'est
pas possible d'attribuer, par exemple, le coup de pistolet tiré par
Julien au fait que Mlle de la Môle ira plus tard rechercher
sa tête coupée. Dans un livre comme *Finnegans Wake,* il en va tout
autrement. Selon la manière dont un mot est interprété, la situation

envisagée dans les pages précédentes se trouve complètement modifiée ; de même, suivant la façon dont on interprète une allusion, l'identité d'un personnage est remise en question et déformée. La fin du livre n'est pas déterminée par la manière dont il commence, et on peut dire que son commencement est déterminé par la manière dont il finit. La phrase terminale conditionne la phrase initiale, non pas au sens d'une nécessité artistique (pour l'unité stylistique de l'œuvre), mais au sens le plus banal, au sens grammatical et syntaxique. Il n'est pas difficile, en littérature, au niveau de l'intrigue, d'abolir les individus et de provoquer la présence simultanée de personnages historiquement très éloignés : c'est exactement ce qui se passe dans maint roman de science-fiction ; une fois admis le principe de la réversibilité du temps, le héros peut parfaitement rencontrer Napoléon et s'entretenir avec lui. Mais dans *Finnegans Wake,* la coprésence de diverses personnalités historiques s'effectue en vertu de conditions proprement structurales et sémantiques ; c'est au niveau du discours qu'est né l'ordre causal auquel nous sommes habitués, et que sont instaurées les chaînes sémantiques fermées en vertu desquelles l'œuvre, dans son ensemble, apparaît comme extrêmement « ouverte » (au sens que *nous* donnons à ce mot.)

Nous l'avons dit, diverses interprétations épistémologiques sont possibles. Ainsi, on a pu voir également dans *Finnegans Wake,* plus encore que dans *Ulysse,* un univers relativiste, où chaque mot devient un événement spatio-temporel [139], dont les relations avec les autres événements se modifient selon la position de l'observateur (selon sa réaction devant la provocation sémantique que contient chaque terme). On affirmera dès lors que l'univers de *Finnegans Wake* est un univers dominé par l'*isotropie* : on sait que « dans un système de coordonnées convenablement choisies, pour un observateur qui regarde selon plusieurs directions, aucune de ces directions ne semble privilégiée ; dans ce système, l'univers idéalement construit, échappant à la discontinuité, semble identique selon n'importe quelle direction : il sera dit isotrope ; un tel univers est, en même temps, *homogène* : des observateurs placés en différents lieux de l'univers, qui décrivent son histoire selon des systèmes de coordonnées différentes, mais convenablement choisies, trouveront ces histoires identiques quant à leur contenu, en sorte qu'il devient impossible de distinguer dans l'univers un lieu d'un autre [140] ». Une telle hypothèse cosmologique semble trouver sa réalisation dans une œuvre où chaque clef interprétative utilisée détermine une autre direction de lecture, mais ramène obstinément le lecteur à un même thème fondamental.

Il est bien entendu qu'il ne faut pas chercher, chez Joyce, la transposition figurée d'*une* science; il serait absurde de se demander s'il s'agit vraiment de l'univers d'Einstein ou de celui de De Sitter; ou de chercher dans quelle mesure le pouvoir qu'a le livre de croître et de proliférer à chaque lecture confirme l'hypothèse d'un « déplacement vers le rouge ». Les déclarations de Joyce à propos de la *Scienza Nuova* doivent nous inciter à la prudence : *Finnegans Wake* n'est qu'une réaction de l'imagination à certaines données culturelles — non pas une traduction, mais une paraphrase. Et puisqu'il paraphrase non pas un mais plusieurs systèmes conceptuels, qu'il n'est pas toujours possible de rendre homogènes, ses suggestions ne sont pas réductibles à un schéma culturel unique. L'identification des influences et des rapports divers ne peut se faire au moyen d'une grille schématique qui permettrait d'établir point par point un système de correspondances — ce qui serait non seulement inutile, mais méthodologiquement fort dangereux. Il faut partir de la masse de suggestions qu'ont tirée de l'œuvre les lecteurs, chacun d'entre eux identifiant un rappel, une allusion, le reflet de quelque chose qui était dans l'air. Si des critiques différents ont trouvé dans *Finnegans Wake* des références différentes, c'est que ces références y sont, qu'elles ne sont pas réductibles à une unité systématique, mais évoquées dans l'explosion vertigineuse d'un matériau linguistique. Et ce matériau, précisément parce qu'il se plie à des règles inédites, témoigne d'une condition fondamentale de toute la culture contemporaine : nous avons le sentiment de nous trouver devant une image du monde qui n'est plus ce qu'elle était et qui se modifie sous nos yeux, opposant l'imagination et l'intelligence, les sens et la raison, les formes de l'imagination et les formules de la logique.

En ce sens, *Finnegans Wake* est une œuvre de médiation; il nous apprend que les formules d'une logique nouvelle peuvent trouver la *figure* qui leur correspond. Mais la figure n'étant pas toujours apte à traduire la forme abstraite de la proposition, on aboutit, dans certains cas, à des figures « ambiguës » : parce qu'elles semblent refléter quelque chose d'impossible à imaginer, elles en proposent un équivalent émotif, la conviction diffuse qui accompagnerait son appréhension, ainsi que le sentiment que cette appréhension est impossible. Par là, l'œuvre de Joyce démontre qu'une vision du monde exprimable selon les seules hypothèses de la raison (et vérifiable seulement à travers des instruments dépassant les possibilités des sens) peut néanmoins s'accompagner d'une expérience émotive et trouve, en fait, une sorte de *réceptacle* dans un autre type de structure : la structure linguistique. La structure narrative, bien que différente de la structure logique, véhicule le même contenu émotif, le même vertige religieux face au mystère d'un monde que nous ne parvenons pas encore à élucider [141].

En d'autres termes, l'œuvre laisse entrevoir une nouvelle forme du monde, mais ne prétend pas raconter cette forme : ainsi que le suggérait Samuel Beckett, *Finnegans Wake* ne traite pas de quelque chose, il *est* lui-même *quelque chose* [142]. C'est une construction « impersonnelle » qui constitue le « corrélatif objectif » d'une expérience personnelle. Joyce, animé par une intention dont il est difficile de savoir si elle est d'ordre religieux ou sarcastique, semble dire : chacun de nous se rend compte que la forme de l'univers a changé, mais vous ne la comprenez plus, et il en est de même pour moi; vous savez qu'il est devenu impossible de se mouvoir dans le monde selon les critères millénaires consacrés par toute une culture, et je partage avec vous ce sentiment. Eh bien! Je vous propose donc un *ersatz* du monde, tout aussi divin, éternel et incompréhensible, mais d'une autre manière, un « *whorled without aimed* », un monde sans fin, un tourbillon (*whirl*) sans but. Ce monde a, au moins, le mérite d'être une chose à nous; il repose sur l'ordre humain du langage, non sur l'ordre incompréhensible des événements cosmiques; dans ce cadre, il devient possible de l'affronter et de le comprendre [143].

Quel rapport y a-t-il entre ce monde et le monde réel ? Là encore, et bien qu'elle soit difficilement reconnaissable, la poétique des épiphanies peut nous venir en aide : le poète a, une fois de plus, dégagé d'un contexte d'événements ce qui lui semblait être le plus significatif, en l'occurrence l'univers des rapports linguistiques, et nous a ainsi proposé ce qu'il tenait pour l'essence compréhensible, la *quidditas,* de l'expérience réelle. *Finnegans Wake* est une épiphanie de la structure cosmique devenue langage [144].

LA POÉTIQUE HISPÉRIQUE

Ce jeu sans fin de péripéties et de reconnaissances, auquel se trouve livré quiconque cherche à identifier les thèmes et les poétiques de l'œuvre de Joyce, nous réserve une dernière surprise : celle-ci va, bien entendu, éclairer de façon ambiguë et contradictoire tout ce qui a été dit jusqu'à présent.

A quel mobile obéit l'auteur, lorsqu'il décide de se retirer du monde des choses pour se replier sur celui de la page et y reconstruire la forme du monde ? Sans doute convient-il, ici encore, de se référer à la fameuse description de la *Lettre* qui constitue une définition à la fois du livre et de l'univers. Le discours ne s'y déroule pas seulement sur le triple plan lettre-livre-monde; il s'alimente également de références érudites et archéologiques : il constitue une sorte d'analyse minutieuse, riche en images (et nettement parodique à l'égard de certaines analyses critiques déjà parues) du *Livre de Kells,* ce fameux manuscrit irlandais, orné d'enluminures, qui fut exécuté entre le VIIe et le VIIIe siècles de notre ère. Les phrases de *Finnegans Wake* que nous avons citées plus haut comme des propositions pour une poétique se réfèrent à la page du manuscrit médiéval qui commence par le mot « *Tunc* », établissant un parallèle évident entre cette œuvre et celle de Joyce [145]. Or, le *Livre de Kells* est la plus étonnante illustration de cet art du Moyen Age irlandais qui nous frappe aujourd'hui encore par sa fantaisie biscornue et effrénée, par son goût tortueux de l'abstraction, par le caractère paradoxal de son invention. Tous caractères qui font également du *Livre de Durrow,* de l'*Antiphonaire de Bangor,* de l'*Évangéliaire de Saint-Gall,* et d'autres œuvres de la même veine, diffusées dans l'Europe entière, les premières manifestations d'un génie irlandais toujours aux frontières de la folie, et dont le terrain d'élection est la provocation et la rupture. Notre civilisation lui doit le premier, l'inquiétant héraut du platonisme médiéval, avec Scot Erigène; et avec Swift, un critique impitoyable de la société, le créateur de mondes paradoxaux et parallèles; avec Berkeley, la première déclaration de guerre de l'idéalisme contre la notion commune de réalité matérielle; avec Shaw, le contestateur de toute loi sociale acquise; avec Wilde, le destructeur courtois, mais redoutable, de la morale courante; avec Joyce, enfin, le responsable de la désagrégation du langage parlé, le suprême metteur en scène du désarroi contemporain.

Or, au moment où les manuscrits irlandais voient le jour, l'Irlande, devenue chrétienne et civilisée, doit se défendre contre le paganisme qui a reconquis l'Angleterre, contre une renaissance de la barbarie en Gaule, et contre un processus de désagrégation qui affecte l'ensemble de la culture occidentale, entre la mort de Boèce (déjà témoin du déclin du monde) et la renaissance carolingienne. Cette Irlande peuplée de moines visionnaires, de saints aventureux et extravagants, verra naître le premier élan d'un renouveau culturel et artistique. Il est difficile de déterminer ce que la civilisation occidentale doit à ce travail obscur de conservation et de maturation qui s'accomplit dans les couvents et les cours irlandaises. Ce qu'on sait, en tout cas, c'est que cette tâche s'accomplit sur un double plan d'érudition et d'imagination, selon une démarche à la fois folle et lucide, civilisée et barbare, à travers une perpétuelle décomposition et réorganisation du langage parlé et des formes figuratives. Poètes et enlumineurs recréaient, dans l'exil, en silence et avec une ruse qui eût ravi Stephen Dedalus, les symboles expressifs de leur race [146].

Dans un refus absolu du réalisme, prolifèrent les *entrelacs,* toute une floraison de formes animales élégantes et stylisées, des multitudes de petits personnages simiesques évoluant au milieu d'un invraisemblable feuillage géométrique, qui couvre parfois des pages entières; on pourrait croire qu'il s'agit, comme dans un tapis, de la répétition des mêmes motifs ornementaux, alors qu'en fait, chaque ligne, chaque corymbe, est une création originale. C'est un enchevêtrement de figures abstraites en forme de spirales, qui ignorent volontairement la régularité géométrique et la symétrie, et dont les teintes délicates vont du rose au jaune orangé et du jaune citron au mauve. Quadrupèdes et oiseaux, chiens, lions qui ont emprunté leur corps à d'autres bêtes sauvages, lévriers au bec de cygne, incroyables figures humanoïdes, contorsionnées comme un athlète de cirque qui introduirait sa tête entre ses genoux, le corps renversé en arrière, et composerait ainsi une initiale — des êtres malléables et souples comme des élastiques de couleur s'introduisent dans l'enchevêtrement des lignes, passent la tête derrière les décors abstraits, s'enroulent autour des initiales, s'insinuent entre les paragraphes. La page n'est plus immobile. Sous le regard, elle semble posséder une vie propre et le lecteur doit renoncer à y fixer un point de repère. Il n'y a plus de frontière entre animal, spirale, entrelacs : tout se confond avec tout. On voit pourtant se détacher des figures ou, en tout cas, des ébauches de figures ; et la page raconte une histoire ; mais une histoire inconcevable, irréelle, abstraite et fabuleuse à la fois, qui a pour héros des personnages protéens, dont l'identité s'évanouit à chaque instant. Le voilà bien, le *Méanderthale* qui servit de modèle à Joyce pour la composition de son livre. Le Moyen Age ne cesse d'être pour lui une vocation, un destin, et *Finnegans Wake* est plein de références aux Pères de l'Église comme aux scolastiques ; le chapitre d'Anna-Livia rappelle, par sa composition, un mystère médiéval. Joyce avait coutume de dire qu'il emmenait partout avec lui une reproduction du *Livre de Kells* et qu'il en avait étudié la technique pendant des heures. Il ajoutait : « C'est la chose la plus purement irlandaise que nous ayons, et quelques-unes des grandes initiales... ont l'essentielle qualité d'un chapitre d'*Ulysse*. Vous pouvez comparer bien des passages de mon œuvre avec ces enluminures compliquées [147]... »

Tandis que les enlumineurs se lançaient dans l'aventure des entrelacs, les poètes de la tradition hispérique prolongeaient, aux extrémités connues de la terre, la poétique africaine, baroque et savante de la décadence latine. Leur entreprise apparaît comme une anticipation exacte de celle de Joyce. On invente des mots nouveaux : ces siècles de transition ont vu la création de termes comme *collamen, congelamen, sonoreus, gaudifluus, glaucicomus, frangorieo* ; on inventait dix manières différentes de désigner le feu, l'une d'elles étant *siluleus*, « *eo quod de silice siliat, unde et silex non recte dicitur, nisi ex qua scintilla silit* ». Le goût pour la discussion de questions purement verbales atteint une sorte de paroxysme : Virgile le Grammairien rapporte que les rhéteurs Gubundus et Terentius restèrent sans manger ni dormir pendant quinze jours afin de discuter du vocatif de *ego*, pour, finalement, en venir aux armes. L'Anglais Adhelm de Malmesbury réussit à écrire un long passage où tous les mots commencent par « *p* » (*Primitus pantorum procerum poematorum pio potissimum paternoque præsertim privilegio panegiricum poemataque passim prosatori sub polo promulgatus...*). Dans cette espèce de texte ésotérique qu'est la *Hisperica Famina*, on trouve des descriptions à base d'onomatopées; en voici une qui cherche à traduire le bruit des flots, et que Joyce n'aurait pas désavouée :

> *Hoc spumans mundanas obvallat Pelagus oras,*
> *terrestres anniosis fluctibus cudit margines.*
> *Saxeas undosis molibus irruit avionias.*
> *Infima bomboso vertice miscet glareas*
> *asprifero spergit spumas sulco,*
> *sonoreis frequenter quatitur flabris* [148]...

C'est encore l'époque où l'on mélange systématiquement les mots latins aux mots grecs ou hébreux; où Virgile le Grammairien propose que l'on considère comme une science la « *leporia* », l'art de l'image originale (belle parce que précieuse et contraire à la tradition); où, donc, se développe un goût extrême pour l'hermétisme : le poème, pour être apprécié, doit constituer une énigme [149]. On voit se multiplier (comme à l'époque d'Ausone, et durant toute la décadence romaine) les acrostiches, les calligrammes, les centons, tous n'étant en définitive qu'une tentative pour faire jaillir ce qui restait de beauté dans les débris d'une culture classique épuisée, en les soumettant à des compositions nouvelles [150].

Tel est le Moyen Age auquel se rattache *Finnegans Wake* : une période de crise, de retrait, de divertissement intellectuel, mais aussi de conservation et de maturation, où (tandis que, de son côté, la langue vulgaire commence péniblement à prendre corps) la langue latine découvre ses possibilités érudites, s'affine et se prépare comme un instrument poli, précis, essentiel pour la grande époque de la philosophie scolastique.

C'est ce Moyen Age qui donne à Joyce son goût de l'étymologie, qu'il retrouvera par la suite chez Vico. Joyce l'emprunte, par des voies mystérieuses, à Isidore de Séville : la technique consiste, lorsqu'on se heurte à une ressemblance fortuite entre deux mots, à ériger cette ressemblance en nécessité profonde, à découvrir une parenté essentielle, non seulement entre les termes, mais entre les deux réalités. Ainsi procède effectivement Joyce pour créer ses propres calembours, faisant d'une musique de sons une musique d'idées [151].

Tout aussi médiéval est le goût joycien du *labor* interprétatif : le plaisir esthétique y est conçu non comme l'exercice foudroyant d'une faculté intuitive, mais comme une démarche de l'intelligence qui déchiffre et raisonne, et que la difficulté de la communication exalte. Il y a là un élément essentiel de l'esthétique médiévale, indispensable à la compréhension d'œuvres telles que *le Roman de la Rose* et *la Divine comédie* [152]. La dissimulation sous 216 déguisements verbaux différents de la figure de H.C.E., le goût d'une mnémotechnie de type lullien, la conception de l'œuvre comme exercice constant d'une mémoire toujours en éveil, tout cela est typiquement médiéval [153].

Ce qui l'est plus encore, c'est le syncrétisme culturel de Joyce, cette manière d'accueillir toute la sagesse déjà existante pour l'exposer dans sa propre encyclopédie, moins par souci de vérification critique que par un goût fabuleux du recueil. Si un chapitre comme celui d'*Ithaque,* dans *Ulysse,* n'était pas sans rapports avec une *Imago Mundi* à la manière d'Honorius d'Autun, on peut à plus forte raison dire que *Finnegans Wake* étale aux yeux du lecteur tout le trésor de la culture humaine, sans respect pour les limites propres à chaque système, infléchissant chaque citation vers la démonstration de la vérité éternelle — une vérité, cela va de soi, bien différente de celle que moines et scolastiques entendaient démontrer en utilisant à leur manière l'arsenal de la culture classique.

La mesure rythmique qui, de manière invisible, court sous tout le livre est, elle aussi, et pour finir, d'origine médiévale. Lorsqu'on écoute le texte de Joyce tel qu'il l'enregistra lui-même, on perçoit très nettement cette sorte de chant, de rythme uniforme, qui est, en définitive, la réintroduction diabolique d'un module de *proportio* au sein même du désordre; comme une sorte de filtrage, de coloration du « bruit blanc », par quoi est dépassé, fût-ce de peu, le seuil qui sépare bruit et discours musical... Il s'agit d'une mesure à trois temps — un dactyle ou un anapeste — sur laquelle jouent les variations majeures [154]. Ainsi, au moment même où nous nous apprêtons à saluer en lui « le poète d'une nouvelle phase de la conscience humaine », Joyce échappe encore à notre définition pour révéler ce qu'il n'est pas moins, ce qu'en tout cas il voulait et savait être : le dernier des moines du Moyen Age, enfermé dans son propre silence, occupé à enluminer des mots illisibles et fascinants, sans qu'on sache s'il travaille pour lui-même ou pour les hommes de demain [155].

LE POÈME DE LA TRANSITION

La recherche d'*une* poétique joycienne nous a ainsi amenés à découvrir chez Joyce l'existence de *plusieurs* poétiques opposées. Les unes et les autres sont en fait complémentaires et Joyce était parfaitement conscient de la diversité des motifs culturels qui déterminaient sa démarche. Une œuvre comme *Finnegans Wake* se justifie précisément si on la considère comme une sorte de terrain de rencontre de toutes ces poétiques, et comme un raisonnement critique sur cette rencontre. Sans cela — exception faite de quelques moments privilégiés où le lyrisme atteint à une particulière transparence, comme dans l'épisode d'Anna-Livia et dans le finale — on pourrait estimer, avec Harry Levin, que personne n'étant apte à traduire les allusions ultraviolettes de l'auteur ni à improviser sur ses accords perdus, le lecteur se trouve dégagé de toute responsabilité et peut se borner à goûter les plaisirs superficiels que lui offre l'œuvre, les fragments qui lui sont compréhensibles en vertu d'affinités particulières, les allusions qui le concernent, s'attacher en somme à un jeu tout individuel à l'intérieur du grand jeu.

Mais même en admettant qu'on l'interprète comme ce miroir

de soi-même qu'elle prétend être, l'œuvre a-t-elle véritablement quelque chose à nous dire ? La réduction du monde au langage et l'affrontement des cultures au sein du mot ont-ils, pour l'homme d'aujourd'hui, une signification, ou bien le livre n'est-il que l'illustration d'un Moyen Age attardé, une reprise anachronique de la poétique hispérique, une expérience au niveau des *nomina* — analogue à celle qui permit aux maîtres de la scolastique tardive de se soustraire à la tyrannie de l'*ens in quantum ens* par le choix nominaliste du *flatus vocis,* alors que d'autres, au même moment, commençaient de se soumettre à l'observation directe des choses ? S'il en était ainsi, Joyce n'aurait renié son Moyen Age qu'en apparence; d'une part, il n'aurait refusé la scolastique que pour se réfugier dans les rhétoriques précarolingiennes; de l'autre, il aurait bien dépassé l'esprit scolastique d'*Ulysse,* mais à travers une Renaissance par excès, s'inspirant des intempérances salutaires de Rabelais, et restant indifférent au sens de la mesure humaine retrouvé par Erasme ou Montaigne. Joyce se serait tourné dans son dernier livre vers les formes labyrinthiques d'un humanisme expérimental et fantastique, écrivant son *Hypnerothomachia Polyphyli,* ou plutôt recherchant pour son livre une symbolique de type magique et cabalistique conforme aux schémas emblématiques du XVe et du XVIe siècles (symbolique qu'il avait entrevue chez Bruno et qui lui était revenue, à travers la lecture de Yeats, mêlée de théosophie et d'autres apports ésotériques). Il aurait écrit un nouveau *Pimandre* pour l'époque de la relativité [156].

Or de même, le premier mouvement de la culture moderne, dans son effort pour se soustraire à une vision dogmatique de l'univers, n'a pas été de se tourner vers des formes de pensée plus rationnelles. Pour nier une conception du monde trop statique et dessinée, penseurs et lettrés sont revenus à la tradition mystique hébraïque, aux révélations ésotériques des Égyptiens, aux reflux d'un Néoplatonisme plus ou moins hermétique. Pour passer des définitions nettes de saint Thomas ou des claires réductions nominalistes de la dernière Scolastique (qui s'appliquaient à des thèmes impossibles à vérifier expérimentalement, à des essences immuables, dont la contemplation et la définition excluaient donc tout accroissement dynamique des perspectives) aux définitions galiléennes (qui ne sont pas moins claires et précises, mais dont l'objet est le matériau changeant de l'observation expérimentale, et qui sont donc ouvertes à une série indéfinie de revisions et de compléments), pour faire le saut, donc, entre ces deux dimensions de l'intelligence, la culture moderne a dû traverser la forêt mystique : c'est là que, au milieu des symboles, des emblèmes et des tétragrammes, ont erré Lulle et Bruno, Pic de la Mirandole et Ficin, les rénovateurs d'Hermès Trismégiste, les déchiffreurs du *Zohar,* les alchimistes partagés entre l'expérimentalisme et la magie. Il ne s'agit pas encore de la science nouvelle, mais déjà on la pressent; à travers les écrits des mages et des auteurs cabalistes, à travers les mnémotechnies et les emblématologies, sans oublier les métaphysiques de la nature les plus vastes et les plus réfléchies, ni les ultimes ramifications d'une philosophie tendant à la domination et à la définition du tout par un agglomérat de techniques et de révélations — ce qui prend forme est cette conscience moderne de l'univers que la science définira par la suite : l'idée d'un mystère qu'on évoque par des figures y sera remplacé par celle d'un inconnu qu'il faut découvrir peu à peu, par la recherche et la définition mathématiques. A ce carrefour historique, les modernes découvrent, l'imagination précédant la formulation mathématique, que l'univers n'est plus une hiérarchie rigide de modules d'ordre immuables et définitifs. L'univers est devenu mobile et changeant : contradiction et opposition ne sont plus le mal qu'il faut éliminer par les formules abstraites de l'ordre, mais le ressort même d'une vie qui exige sans cesse de nouvelles explications de la part de qui veut s'adapter pas à pas aux formes mouvantes que prennent les choses à la lumière de la recherche.

En ce sens, *Finnegans Wake* apparaît comme le livre d'une période de transition : la science et l'évolution des rapports sociaux proposent à l'homme contemporain une vision du monde qui ne répond plus aux schémas d'époques plus achevées et plus stables, sans que pourtant on possède les formules qui permettraient d'élucider ce qui est en train de se produire. Selon une attitude culturelle caractéristique qui, on vient de le voir, a des équivalents dans le passé, le livre tente paradoxalement de définir le monde nouveau par une chaotique et vertigineuse encyclopédie du monde ancien, pleine de toutes les explications qui autrefois s'excluaient l'une l'autre, et dont on découvre maintenant qu'elles peuvent coexister en une opposition dont il devrait néanmoins sortir quelque chose.

Finnegans Wake — sous un de ses aspects — tente de reproduire, sur le mode imaginaire et métaphorique, les procédés, les méthodes, les conclusions purement conceptuelles de la science nouvelle, en appliquant les formes de la recherche et de la définition mathématiques aux formes du langage et aux rapports sémantiques. Sous un autre aspect, l'œuvre de Joyce se présente comme une révolte contre l'étroitesse de vue et la prudence des méthodologies actuelles (qui se bornent à définir les aspects partiels du réel, en niant la possibilité d'une définition ultime et totale) et tente d'y suppléer en établissant une sorte de répertoire : Joyce réunit définitions partielles et provisoires en une espèce de syncrétisme et compose ainsi un gigantesque « théâtre du monde », une « clef universelle » où les différentes notions sont disposées de façon que la structure de l'œuvre soit le « miroir » du cosmos, la réduction artificielle mais fidèle de la réalité [157]. Tandis que la philosophie affirme qu'il faut taire ce dont on ne peut parler, *Finnegans Wake* prétend rendre le langage apte à « tout » exprimer. Pour ce faire, il utilise tous les termes et références compromis par une doctrine, un système ou une sédimentation quelconques, dans la mesure où ils sont susceptibles de manifester et de faire coexister les diverses affirmations dont le monde a été l'objet, et il les unifie grâce au tissu conjonctif d'un langage devenu ainsi apte à établir des relations entre toute chose, à déterminer les courts-circuits les plus imprévus, à réunir, par une sorte de violence étymologique, les références les plus disparates.

Une telle démarche serait profondément équivoque si Joyce avait eu l'intention de réunir en un même livre et d'offrir au public la tradition patristique, Einstein, les occultistes, Shakespeare, l'histoire de l'humanité, les recherches ethnologiques de Lévy-Bruhl, saint Thomas, Vico, Bruno et Nicolas de Cuse, Freud et Krafft-Ebing, Aulu-Gelle et Bouddha, le Coran et la Bible, l'Irlande et le monde entier, Paracelse et Whitehead, la relativité et la kabbale, la théosophie et les sagas nordiques, les mystères d'Isis et l'espace-temps... à seule fin de démontrer que, selon le principe de l'hermétisme, ce qui est dessus est égal à ce qui est dessous, et qu'au delà des oppositions stériles de plusieurs millénaires de culture, il subsiste dans la trame du monde une unité profonde, immuable, mystérieuse, que seul son livre peut révéler, parce qu'il est *le Livre*, le reste n'étant que l'affabulation de misérables techniques opérant aux niveaux insignifiants du réel. Si tel était le projet, l'œuvre de Joyce ne serait même pas une mauvaise copie des encyclopédies médiévales ou des grands théâtres du monde renaissants; elle constituerait tout au plus le produit le plus remarquable de la tradition occultiste du XIXe et du XXe siècles, le fruit le plus étrange de l'arbre planté par Mme Blavatsky, le livre d'or des théosophes autodidactes, qui s'adonnent à la recherche d'une sagesse intemporelle et cachée par manque de culture ou par déficience naturelle du sens critique.

Mais, sans parler des déclarations explicites, des lettres, des interviews de l'auteur, le ton même de l'œuvre révèle l'ironie et le détachement avec lesquels Joyce considérait le matériau culturel qu'il utilisait — l'extraordinaire cynisme avec lequel il accumulait des éléments dont la forme l'enthousiasmait, mais dont le contenu le laissait incrédule.

Le propos de Joyce paraît bien différent : Voici — semble-t-il nous dire — un répertoire de la sagesse de l'humanité; derrière se dissimule peut-être une réalité unique et éternelle, puisque ce qui arrive aujourd'hui n'est au fond pas très différent de ce qui est arrivé hier; l'humanité est infiniment moins originale dans sa manière de jouer la comédie qu'elle ne voudrait le faire croire. Cependant, cet héritage culturel, ces fragments sur quoi repose notre existence d'hommes civilisés, sont à l'origine de la crise actuelle : aujourd'hui, nous avons la possibilité de plonger les mains dans ce trésor de notions et de solutions, pour en jouir avec la complaisance de l'homme déchu qui se résigne à célébrer les fastes d'un empire disparu, sans réussir à leur imposer un ordre. Une seule possibilité est dès lors envisageable, une seule me tente : assumer en bloc la sagesse de l'humanité et lui conférer un ordre nouveau dans le cadre du langage. J'assume le monde par l'intermédiaire de tout ce qui en a été dit et je l'organise selon des règles qui sont valables non au regard des choses, mais au regard des mots qui les expriment. Je vous propose, réalisée dans le langage, la forme d'un monde nouveau, aux relations multiples, se déroulant suivant un rythme de mutations incessantes qui, toutes, viennent confirmer la forme du tout. J'avance une hypothèse sur le monde, mais par l'intermédiaire du langage. Le monde en tant que tel n'est pas mon affaire.

Finnegans Wake entend fonder dans le langage — comme niveau « transcendantal » — les formes qui lui permettront de définir notre univers. Pour cela, *Joyce a renoncé aux choses en faveur du langage.* Autrement dit, il a choisi un cadre opératoire qui lui permette de tracer un modèle de la réalité, puisque la réalité, dans son ensemble, ne pouvait que lui échapper comme elle échappe à chacun de nous, et puisqu'une réduction définitive de cette réalité n'aurait appartenu ni à la science, ni à la littérature, mais — si seulement elle avait été possible — à la métaphysique (et précisément, c'est l'échec de cette réduction qui est à l'origine de la crise de la métaphysique).

En ce sens, l'entreprise de Joyce a bien une signification et une justification. Il convient pourtant de se demander si le modèle élaboré par Joyce est compréhensible pour nous ou si, au contraire, son auteur n'a pas été tellement loin dans l'utilisation des possibilités du langage qu'il aboutit à un résultat plus qu'inutile, dangereux, une redoutable tentation, l'image d'une solution susceptible d'interdire toute démarche ultérieure. On se demande en somme si ce répertoire de définitions à n dimensions a une valeur pour nous, pour d'autres, pour son auteur, pour Dieu, pour le rêve d'un fou, ou bien pour les lecteurs de demain, pour les lecteurs d'une société éventuelle dans laquelle cet exercice, à partir du signe à plusieurs significations, ne se présenterait plus comme une sorte de jeu réservé à une élite intellectuelle, mais comme l'exercice naturel et constructif d'une faculté de perception renouvelée et plus agile [158]...

CONCLUSION

En réalité, redisons-le, la principale leçon que l'on peut tirer de l'expérience joycienne est une leçon de poétique, une définition implicite de la situation de l'art contemporain. Des premières œuvres jusqu'à la dernière, on voit se dessiner une dialectique qui ne coïncide pas seulement avec l'itinéraire intellectuel de Joyce, mais avec l'évolution de notre culture dans son ensemble.

Si *Ulysse* était l'image d'une forme possible de notre monde, entre cette image et le monde réel subsistait une sorte de cordon ombilical. Les affirmations concernant la forme du monde se traduisaient dans des comportements humains, et le lecteur saisissait un discours général sur les choses à travers une descente au cœur de ces mêmes choses. Traité de métaphysique, *Ulysse* était également un manuel d'anthropologie et de psychologie, le *Baedeker* d'une ville dans laquelle tout être humain pouvait reconnaître sa patrie et ses compatriotes [159].

Finnegans Wake est moins un traité de métaphysique qu'un traité de logique formelle. L'univers attend notre définition : le livre nous fournit les instruments pour une définition de l'infinité des formes possibles de l'univers. Entre l'image du monde qu'il nous propose et le projet que nous pouvons former de nous mouvoir dans le monde, il n'y a plus aucun rapport. *Finnegans Wake* définit notre monde sans aucun compromis ; il en donne comme la fonction propositionnelle, à laquelle on a latitude d'attribuer tous les contenus possibles. En revanche, il ne nous fournit plus aucun moyen d'avoir prise sur le monde. Le développement de l'art moderne est à partir d'ici lié à une sorte de principe d'indétermination, en vertu duquel les formes, lorsqu'elles *représentent* avec le maximum de clarté une structure possible du cosmos (ou les modèles ouverts qui permettent de le définir), ne fournissent plus aucune indication concrète quant à la manière dont on peut *modifier* ce cosmos.

Tandis que Joyce, en silence et dans l'obscurité, rédige sa dernière œuvre, indifférent au raz de marée qui en ce même moment submerge le monde, une autre grande figure de la littérature va choisir une voie bien différente. Bertolt Brecht décide qu'on ne peut plus parler d'arbres, qu'il faut s'engager à fond dans une action pédagogique et révolutionnaire. Brecht sait d'ailleurs bien que son choix ne supprime pas ce qu'il nie et qu'il se trouve ainsi placé dans une situation de crise et de tension à laquelle il ne pourra se soustraire : les arbres représentent quelque chose pour nous et il viendra sans doute un jour où l'humanité pourra de nouveau les contempler et les décrire (il y a un univers possible dans lequel les rapports de gentillesse seraient admis, dans lequel il serait permis à une âme pitoyable de poser des cales de bois sous les pieds des *coolies* qui glissent dans la boue). Mais notre époque exige que l'on prenne parti ; Brecht choisit sa voie, tout en ne cessant de raconter, parallèlement à l'histoire de son choix, celle de son regret.

James Joyce représente exactement l'autre face du dilemme. Lorsqu'on lui parle des événements politiques, de la guerre qui se déchaîne sur l'Europe, il répond : « Ne me parlez pas de politique, je ne m'intéresse qu'au style. » Voilà qui peut laisser perplexe devant le personnage, mais qui correspond à un type de choix dont l'ascétisme et la rigueur sans demi-mesure sont propres à inspirer, sinon l'admiration, du moins l'effroi [160]. Car il faut bien le comprendre. L'action pédagogique de Brecht a dû, pour se réaliser, s'appuyer sur un fond d'expériences expressives que lui fournissait un passé d'avant-garde, et que sa passion vivifiait et pliait à de nouveaux usages ; l'action stylistique de Joyce, si elle avait été contrainte de se plier à des fins de communication immédiate, aurait perdu sa portée de représentation cosmique, de forme simplement possible. Cette aporie résume la crise d'une société dans laquelle les différents niveaux d'élaboration culturelle suivent des rythmes différents et, assujettis chacun à la dialectique de son propre développement, ne peuvent attendre, pour que soit déterminée leur valeur historique, une comparaison avec d'autres phénomènes culturels qui sont en avance ou en retard par rapport à eux, qui se situent en tout cas à des niveaux entre lesquels la confrontation n'est plus possible.

Avec Joyce s'établit donc de façon presque constitutive un principe qui déterminera toute l'évolution de l'art contemporain. Il y a désormais deux domaines du discours absolument distincts : celui d'une communication qui a pour objet les actes de l'homme et ses rapports *concrets* — les termes de sujet, de récit, d'intrigue y ont un sens —, et celui où l'art engendre, au niveau des structures techniques, un énoncé de type absolument *formel*. De la même façon, la technique détermine des secteurs concrets dans les limites desquels se réalise une modification de notre rapport aux choses, tandis que la science se réserve à certains niveaux la liberté d'un langage purement hypothétique et « imaginaire », circonscrivant (ainsi dans les géométries non-euclidiennes et dans la logique mathématique) des univers possibles dont le rapport avec l'univers réel ne doit pas nécessairement être démontré sur-le-champ et peut se trouver confirmé en un deuxième temps seulement, à travers une série de médiations successives et non programmées au départ [161]. La seule loi qui régisse l'existence de ces univers formels est leur cohérence interne.

Finnegans Wake est le premier et le plus remarquable exemple *littéraire* de cette tendance de l'art contemporain, explorée par ailleurs depuis longtemps par les arts plastiques. Constater que ces univers du langage artistique ne sont pas immédiatement traduisibles en termes d' « utilisation » concrète, ne signifie pas qu'on souscrive à l'axiome trop connu de la divine inutilité de l'art; on enregistre seulement l'apparition — dans un contexte culturel déterminé — d'une nouvelle dimension du langage humain; l'existence d'un langage qui ne se contente plus d'*affirmations sur le monde* à partir de réalités (des référents) que les signes organisent selon des modes définis de rapports; d'un langage qui devient *lui-même reflet du monde* et organise dans ce but les rapports, à lui internes, des signes — les réalités signifiées ne jouant plus qu'un rôle secondaire de support des signes, comme si c'était à présent la *chose* désignée qui faisait fonction de *signe* conventionnel pour que soit signifié le *terme* qui la désigne. En même temps qu'il fonde la possibilité d'un tel langage, *Finnegans Wake* en montre toutes les contradictions; puisque, dans le royaume du mot, l'organisation des signes ne peut éviter de renvoyer sans cesse à des référents concrets (impliqués ainsi dans l'organisation générale de ses structures), il peut arriver, comme il arrive effectivement dans *Finnegans Wake,* que si la forme des *signifiants* exprime une nouvelle vue possible des rapports entre les choses, les *signifiés* relèvent d'une vision déjà compromise et « usée » — en l'occurence, la conviction mystico-théosophique teintée d'orientalisme selon laquelle tout est dans tout, le monde n'étant qu'une danse d'éternels recommencements sans but.

Et en définitive, l'utilisation des référents n'est pas une conséquence purement accidentelle de l'utilisation des signes : ces référents existant avec toutes leurs compromissions, il fallait les faire entrer dans le jeu et en tirer le meilleur parti possible, les utiliser en les jetant tous en bloc sur le tapis, pour ensuite les exorciser; si notre civilisation est née de cette accumulation de culture, l'entreprise de Joyce ne fut rien d'autre qu'un parricide rituel [162].

Finnegans Wake et, vue à travers ce dernier livre, toute l'évolution de l'œuvre joycienne ne nous promettent pas la solution de nos problèmes artistiques — et à travers eux de nos problèmes épistémologiques ou pratiques. L'œuvre de Joyce n'est ni une bible, ni un livre prophétique dont le message serait définitif. En faisant converger et en amalgamant une série de poétiques autrement inconciliables, l'auteur a exclu d'autres possibilités de vie et d'art, révélant ainsi encore une fois que notre personnalité est dissociée, que nos possibilités sont complémentaires, que notre prise sur le réel comporte des inconciliables, que toute tentative pour définir la totalité des choses et les dominer est tragique, pour une part, parce que vouée à l'échec ou à une réussite seulement partielle.

Finnegans Wake ne constitue pas *le* choix mais seulement *un* des choix possibles — valable dans la mesure où demeure présent à l'arrière-plan l'autre terme de ce choix : l'impossibilité de maîtriser à travers le seul langage notre situation dans le monde, et la nécessité de modifier les choses mêmes. Dans les limites de son choix, et du fait même que, en le proposant comme unique définition du monde, il s'engage dans une série de contradictions insolubles, le livre de Joyce nous montre notre propre image au miroir du langage.

En façonnant cette image, Joyce, homme du Moyen Age, se retrouve prisonnier de contradictions qu'il n'a pas les moyens de résoudre. Du moins, retranché derrière l'ultime rempart du *flatus vocis,* il a cherché sans cesse à se libérer, comme d'une tentation, de cet ordre commode qui constituait son héritage. Il a eu le courage de tenter l'aventure du désordre, supprimant délibérément tous les points de repère, toutes les planches de salut que lui fournissait la tradition : il a nivelé toutes les catégories et tous les paramètres, les acceptant en bloc pour les suspendre en bloc par une sorte d'*épochè* railleuse et désenchantée. L'image orientale du serpent qui se mord la queue, la structure cyclique et apparemment parfaite du livre ne doivent pas nous tromper : *Finnegans Wake* n'est pas le triomphe d'un Verbe qui serait parvenu à définir pour toujours, dans ses rythmes et ses lois, l'univers et son histoire idéale, éternelle. Joyce lui-même indique bien la portée de son message, lorsqu'il se définit en ces termes : « *condemned fool, anarch, egoarch, hiresiarch, you have reared your desunite kingdom on the vacuum of your own most intensely doubtful soul* [163] ». Si *Finnegans Wake* est un livre sacré, il enseigne qu'au commencement était le chaos. A cette condition seulement, il nous livre les fondements d'une foi nouvelle, en même temps que les raisons de notre damnation.

Quoi qu'il en soit, il fait disparaître un cosmos auquel on ne peut plus se référer, met fin à l'équivoque de schémas devenus inutilisables. Il fait de nous les héritiers du transfuge Stephen, il nous laisse disponibles et responsables, devant la provocation du chaos et ses possibilités.

NOTES

109. Sur les rédactions successives et le développement du *Work in Progress*, Cf. Litz, ch. 3 et Appendice C. Pour avoir un exemple d'analyse comparée de fragments successifs, Cf. Fred H. Higginson, *Anna Livia Plurabelle - The Making of a Chapter*, Un. of Minnesota Press, 1960. En ce qui concerne cette laborieuse construction, réalisée à partir d'une série de notes fragmentaires et éparses, Cf. *James Joyce's « Scribbledehobble » - The Ur - Woorkbook for Finnegans Wake* édité par Th. E. Connolly, Northwestern Un. Press, 1961 : « F. W. ne fut pas écrit : il fut construit. » Sur l'incertitude initiale du dessein de Joyce, Cf. entretien avec August Suber (rapporté par F. Budgen, *James Joyce* in « Horizon », 3-1941); Joyce déclare à Suber : « C'est comme une montagne que j'aborderais par différentes voies, sans savoir ce que je vais y trouver. »

110. ELLMANN, *James Joyce*, trad. fr., p. 546.

111. Les témoignages que nous allons utiliser sont extraits de la biographie d'Ellmann, ch. XXXI et XXXII où l'on trouvera beaucoup plus de détails.

112. Cf. FRANCES MOTZ BOLDEREFF, *Reading F. W.*, London, Constable & C°, 1959, II, *Idioglossary*, p. 99.

113. Cf. H. M. ROBINSON, *Hardest Crux Ever* dans *A J. J. Miscellany*, *op. cit.*, p. 197-204 avec la liste des 216 interprétations du monogramme HCE.

114. A travers l'analyse de Litz *(op. cit.)*, on note dans la rédaction de *F.W.* la même évolution de la simplicité à la complexité qui avait déjà été signalée à propos d'*Ulysse* (Cf. plus haut, note 98).

115. Cf. par ex. lettre à Harriet Shaw Weaver du 9 octobre 1923, *Corr.*, trad. fr., p. 244.

116. ELLMANN, trad. fr., p. 546.

117. ELLMANN, trad. fr., p. 547.

118. Lettre à Harriet Shaw Weaver du 21 mai 1926, *Corr.*, trad. fr., p. 293.

119. Lettre à Harriet Shaw Weaver du 1er février 1927, *Corr.*, trad. fr., p. 305.

120. *Scienza Nuova*, Livre II.

121. *Ibid.*

122. « ... Quand on citait à Joyce une nouvelle atrocité, il en indiquait aussitôt une autre plus ancienne, par exemple un acte de l'Inquisition en Hollande. » (Ellmann, trad. fr., p. 550). On trouvera dans le même passage diverses allusions à cette conviction, profondément enracinée chez Joyce, que le réel n'est que la continuelle variation d'une règle éternelle.

123. La métaphysique de *F.W.* a de nombreux points communs avec celle des *Quatuors* d'Eliot : « *Time present and time past — Are both perhaps present in time future — And time future contained time past...* »

124. Citons ici la traduction française de A. du Bouchet (*F.W.*, fragments, Gallimard, 1962) : « coursive, passé notre Adame, des courbes de la côte aux bras de la baie nous rame par commode vicus de recirculation, vers Howth, Château et Environs ».

125. Pour l'exégèse suivante, nous renvoyons à J. Campbell et H. M. Robinson, *A Skeleton Key to « Finnegans Wake »*, London, Faber & Faber, 1947.

126. On retrouve constamment, dans un mot ou dans une phrase de *F.W.*, des références à Vico, destinées à rappeler le schéma cyclique. A la 4e ligne de la première page, lorsque Joyce écrit que Sir Tristram « *had passencore rearrived* » il entend par là « *pas encore and ricorsi storici of Vico* » (ainsi qu'il l'écrit à Harriet Shaw Weaver le 15 novembre 1926. *Corr.*, trad. fr., p. 303). Prenons un autre exemple : « *Teams of time and happy return. The seim anew. Ordovico or viricordo* » (*F.W.* p. 215, épisode d'Anna Livia). Ou encore : « *an admirable verbivicovisual presentment* » (p. 341). Etc.

127. *F.W.* p. 118-121. Destiné à un lecteur idéal, affligé d'une insomnie idéale, *Finnegans Wake* doit être compris progressivement : la manifestation simultanée de ses diverses significations est non seulement impensable sur le plan pratique, mais inconcevable sur le plan théorique. La poétique de *F.W.* est celle d'une œuvre-univers où la dimension « temps » a place au même titre que les trois dimensions spatiales, donnant à l'œuvre une épaisseur nouvelle. Remarquons qu'il ne s'agit pas du *temps de lecture* dont parlent Poe dans sa *Philosophy of Composition* et l'esthétique classique en général; ni même du *temps narratif* (avec toutes les différences qu'il institue entre temps de l'intrigue et temps de l'action, temps réel et temps psychologique, temps-durée du spectacle et temps de l'histoire); il s'agit cette fois du temps au cours duquel se rangent *les relectures successives* qui conditionnent le devenir de la physionomie de l'œuvre : un temps qui *modifie* l'œuvre, un temps d'*évolution*, une sorte de déplacement de l'œuvre depuis sa physionomie A jusqu'à sa physio-

nomie B, et ainsi de suite, sans que cette évolution ait un terme, ni ces possibilités une conclusion.

128. On pourrait citer quantité d'autres exemples.

La guerre de Sir Tristram est dite « *peninsolate war* », expression qui synthétise « *late war of penis* », « *pen isolate war* » et « *peninsular war* » : la première allusion concerne Shaun, la seconde Shem et la troisième marque leur caractère antithétique en évoquant la rivalité de Wellington et de Napoléon.

L'invocation « *O phœnix culprit* », p. 23, est elle aussi pleine d'allusions : depuis « *O fenice colpevole* » jusqu'au « *felix culpa* » augustinien, un réseau de références évoque la faute commise par H.C.E. dans Phœnix Park, heureuse faute, comme celle d'Adam, puisqu'elle rend possible le commencement de l'histoire (l'histoire non de la rédemption, mais de *F.W.*), une histoire cyclique et qui, par conséquent, se renouvelle constamment, comme le phénix. Il y a donc ici à la fois une référence christologique, une allusion à Vico, une à Dublin, et même un renvoi à la liturgie du Samedi Saint. Levin (*op. cit.*, p. 157) y voit la superposition parfaite des « quatre sens » dantesques : littéral, moral, allégorique, anagogique.

La définition de *F.W.* comme « *jungfraud Messongebook* » est une autre mine d'allusions : *jungfrau, Jung, Freud, fraud, mensonge* et *message*... Si on tente une interprétation résumée, on aura : « livre qui, s'appuyant sur les suggestions de l'inconscient, à travers une série de mensonges frauduleux, propose un message pur et virginal » ; mais cette « lecture » ne vaut pas plus qu'une autre. Le lecteur reste libre devant un *morphème ouvert*.

« Pour beaucoup de gens qui parlent anglais, le mot *ambush* évoque quelque chose qui se cache dans les *bushes*. De même dans *hierarchy* on entend l'élément *higer* » (Dwight L. Bolinger, *Rime assonance and morpheme analysis* in « Word », août 1950). Le même phénomène peut se produire dans d'autres langues, mais la structure de la langue anglaise lui est particulièrement favorable. Pour une bonne initiation à la lecture des *puns* joyciens, Cf. Michel Butor, *Petite croisière préliminaire à une reconnaissance de l'archipel Joyce* et *Esquisse d'un seuil pour Finnegan*, dans *Répertoire*, éd. de Minuit, 1959.

129. *F.W.*, p. 415 « *Tell me tell me of stem* (branche) *or stone* », lit-on dans l'épisode d'Anna Livia.

130. « *For if sciencium... can mute uns nought, a thought, abought the Great Sommboddy within the Omniboss, perhops an artsaccord... might sing unis tumtim abuti the Little Newbuddies that ring his panch* » (p. 415).

131. L'*Ondt*, qui n'est pas « *sommerfool* », « *was thothfolly making chilly spaces at bisphex affront of the icinglass of his windhame* » (p. 415). Joyce fait ici allusion à Windham Lewis qui dans *Time and the Western man* avait conduit une polémique néo-classique contre l'invasion de la littérature par la valeur « temps », lui opposant le classicisme et le caractère mesurable de l'espace.

132. « ...*jingled through a jungle of love and debts and jangled through a jumble of life in doubts...* » (p. 416).

133. Joyce découvre Bruno entre seize et dix-huit ans ; on trouve des traces de cette découverte dans la conversation avec le Père Ghezzi rapportée dans *Stephen le Héros* et dans *Dedalus*. La référence biographique est donnée par Stanislas Joyce (*op. cit.*, p. 151-153) et par Ellmann (trad. fr., p. 75). Joyce lui-même, en dehors des citations et des allusions à Bruno que l'on trouve dans l'ensemble de son œuvre, depuis *The Day of Rabblement* jusqu'à *Finnegans Wake*, parle explicitement de Bruno dans un compte rendu du *Giordano Bruno* de J. Lewis Mc Intyre, paru en 1903 dans le *Daily Express* de Dublin (et reproduit dans *Critical Writings*). Joyce s'y montre parfaitement conscient de ce que chez Bruno l'opposition des contraires est finalement moins importante que l'appel à l'unité ; pourtant il ne reste pas insensible au mouvement dialectique (les citations de *F. W.* iront presque toutes dans ce sens) et garde présente à l'esprit une interprétation de Bruno due à Coleridge, qui met en valeur ce dernier aspect : « *Every power in nature or in spirit must evolve an opposite as the sole condition and means of its manifestation ; and every opposition is, therefore, a tendency to reunion* » (*Essays* XIII, in *The Friend* ; la citation de Joyce n'est pas absolument exacte mais ce qui importe davantage est sa référence, en même temps qu'à Bruno, à Coleridge, qui devait contribuer à lui faire découvrir Vico). Dans ce même essai de 1903, une phrase indique clairement la position centrale de Bruno dans l'évolution de Joyce : « Plus que Bacon ou Descartes, c'est lui (Bruno) qu'il faut considérer comme le père de ce qu'on a appelé la philosophie moderne. » Dans une lettre à H.S. Weaver du 1er janvier 1925, Joyce note : « Sa philosophie implique une sorte de dualisme — chaque force de la nature doit élaborer son contraire pour se réaliser ; l'opposition amène la réunion... » (*Corr.*, trad. fr., p. 271).

On trouve dans *F. W.* des citations explicites de Nicolas de Cuse p. 63 et 163. Bruno est cité plus de cent fois (p. ex. : « Trionfante di Bestia », p. 305, allusion à l'œuvre de Bruno *Lo Spaccio della Bestia Trionfante*).

134. *Libri physicorum Aristotelis explanati, Opera Latina* III.

135. « *Hinc omnia in omnibus esse constat et quodlibet in quolibet... In qualibet enim creatura universum est ipsa creatura, et ita quodlibet recipit omnia, ut in ipso sint ipsum contractæ. Cum quodlibet non possit esse actu omnia, cum sit contractum, contrahit omnia, ut sint ipsum* » (*De docta ignorantia*, II, 5) ; et « *omnia igitur ab invicem differre necesse est... ut nullum cum alio coincidat* » (*Ibid.*, III, 1).

136. Il l'a lu dans la traduction de J. Toland (*A collection of Several Pieces with an account of Jordano Bruno's Of the Infinite Universe and Innumerable Worlds*, London, 1726). Joyce se réfère à Toland en deux passages de *F. W.* (Cf. J. Atherton, *The Books at the Wake, op. cit.*, p. 286 ; on trouvera p. 36-37 une analyse des références à Bruno et Nicolas de Cuse.)

137. Sur les rapports de Bruno et de Copernic et sur l'infinité du monde Cf. Emile Namer, *la Nature chez G. Bruno* in « Atti del XII Congr. int. di Fil. » Florence, Sansoni, 1961, p. 345 sqq. Atherton (*op. cit.*, p. 52-53) énumère une série de propositions touchant à la fois à la métaphysique et à la poétique opératoire, sur lesquelles repose *F.W.*, et qui remontent incontestablement à Bruno et à Nicolas de Cuse : *Il y a une éternité de mondes ; chaque entité distincte possède une vie individuelle ; chaque mot tend à refléter dans sa propre structure la structure de l'œuvre ; chaque mot a une tendance naturelle à passer d'un état à un autre et par suite possède — allusion à Freud — une ambiguïté originelle.*

138. Cf. Hans Reichenbach, *The Direction of Time,* Un. of California Press, 1956, ch. II, par. 5 (Cf. également *Philosophie der Raum-Zeit-Lehre,* Berlin & Leipzig, 1928, p. 167). Pour une vue d'ensemble du problème, Cf. *l'Avènement de la philosophie scientifique,* Paris, Flammarion, 1955. Dans cet ouvrage, Reichenbach rappelle que la science abstraite propose des structures du monde qui n'ont pas d'équivalent dans l'imagination commune, qui, pour cette raison, ne peuvent être pensées sur le mode imaginaire et ne provoquent aucune émotion particulière; cette impossibilité (en ce qui concerne, par exemple, la relativité de la simultanéité) est susceptible cependant de disparaître pour les générations futures auxquelles de nouvelles réalisations concrètes (vols spatiaux, communications interplanétaires) auront rendu immédiatement perceptibles certaines situations spatio-temporelles qui pour l'instant ne sont accessibles qu'à l'hypothèse théorique : « Il est vrai que les sciences procèdent à l'analyse logique en réalisant une abstraction des contenus émotifs, mais il est non moins vrai qu'elles nous ouvrent des possibilités nouvelles qui peut-être un jour nous permettront d'éprouver des émotions absolument nouvelles (p. 153). »
Il ressort justement de tout ce que nous avons dit jusqu'ici, qu'une des fonctions de l'art est, non certes de précéder au niveau de l'imagination les acquisitions de la science, mais d'opérer une médiation entre ces acquisitions et celles de la sensibilité commune, en rendant accessibles au niveau « figuratif » certaines situations qu'à l'heure actuelle la raison seule peut se représenter. La participation émotive devient possible par cette même médiation.

139. Cf. par ex. JOHN PEALE BISHOP, *Finnegans Wake* in *The Collected Essays of J.P.B.,* London-New York, Ch. Scribner's Sons, 1948 : les mots changent de sens en fonction de l'observateur, il s'établit une simultanéité sémantique qui rompt l'enchaînement de cause à effet (p. 500 sqq.). Tindall souligne que si Bloom est un solide à trois dimensions (les personnages du roman traditionnel sont, eux, à deux dimensions), Earwicker est une réalité à quatre dimensions.

140. LEOPOLD INFELD in *Albert Einstein : Philosopher-Scientist,* The Library of Living Philosophers, Evanston III, 1949.

141. WILLIAM TROY (*Notes on F. W.*, in « Partisan Rev »., été 1939), définissant *F. W.* comme « une sorte de logos adapté à la vision einsteinienne de l'univers », ajoute : « Nous avons oublié que le rôle spécifique de la poésie est moins de décrire et d'analyser une situation que d'exprimer notre attitude comme synthèse affective des diverses émotions engendrées par cette situation. » Une telle affirmation conduit à une notion lyrico-sentimentale de la poésie et réduit considérablement le champ du poétique. Nous ne voulons, quant à nous, pas dire que l'œuvre propose seulement un équivalent émotif d'une forme des choses que d'autres facultés nous permettent de connaître; ni même que cette « connaissance », réalisée dans l'émotion et à travers l'émotion, précède l'autre (Cf. note 138). Dans un cas comme celui de *F. W.*, l'art engendre une forme, une structure *concrète ;* cette forme est ensuite comprise et pénétrée par le lecteur en une série d'opérations *intellectuelles* qui impliquent un raisonnement, souvent même une argumentation érudite; et une fois la forme artistique saisie dans toute sa complexité organique, elle nous suggère l'existence d'une structure (scientifique) analogue, que jusqu'ici nous pouvions *penser* en formules, mais non *imaginer* sur le mode iconique; au moment où l'on entrevoit l'image possible de réalités jusque-là inimaginables, se déclenche tout un processus de participation *émotive* (postérieur à cet autre processus de participation émotive qui s'exerce normalement dans la découverte et l'interprétation d'une forme artistique).

142. *Our Exagmination Round His Factification for Incamination of* « *Work in Progress* », Paris, Shakespeare & C⁰, 1929.

143. « Ce qui est terrible, c'est de vivre aujourd'hui avec la mentalité du dix-neuvième siècle... Tandis que la conscience de nouvelles dimensions et de nouvelles obligations venues du monde de la science s'impose à nous, nous préférons nous retirer dans un monde familier et tranquille. Joyce, Pound et Eliot ont été les pionniers de cette terre nouvelle; ils nous ont montré comment l'intelligence triomphe de la peur. » (Thornton Wilder, *Joyce and the Modern Novel* in *A J. J. Miscellany*, éd. v. Magalaner, 1ᵉ Série, New York, 1957, p. 11-19.) « La philosophie s'est cantonnée pour diverses raisons dans le domaine de la logique pure, et tout en demeurant attachée à son point de vue, elle s'est vue obligée d'exclure de ses attributions le domaine de l'éthique et celui de la métaphysique. Elle a elle-même mis un terme à l'ère de son universalité, à l'ère des grandes synthèses; elle a dû écarter de son espace logique les questions les plus urgentes ou, comme dit Wittgenstein, les renvoyer à la mystique. C'est justement ici que commence le rôle du poétique, qui est de connaître la totalité, et en se plaçant au-dessus de tout conditionnement empirique ou social, d'atteindre à une connaissance au sein de laquelle il devient indifférent à l'homme de vivre à l'époque féodale, ou à celle de la bourgeoisie ou à celle du prolétariat : tel est le simple devoir de la littérature au regard du caractère absolu de la connaissance. » (Hermann Broch,

J. J. und die Gegenwart, op. cit.). On pourra encore voir dans *F. W.* (comme déjà dans *Ulysse*) la « reconstruction artificielle d'une vision transcendante de l'expérience » (H. Levin, *op. cit.*, p. 29). Il y a différentes manières de concevoir la fonction du Livre : conceptions souvent discordantes, parfois difficilement acceptables, mais qui toutes nous amènent en définitive à voir en lui une contribution à une connaissance du monde.

144. Cf. les conclusions de Litz (*op. cit.*, p. 124) et de Noon (*op. cit.*, p. 152) qui parle de la « réduction au geste linguistique de ce qui était connexion du réel ».

145. Le *Livre de Kells* est conservé à la Bibliothèque de *Trinity College* à Dublin. L'ouvrage que Joyce parodie dans la description de la *Lettre* est *The Book of Kells, described by Sir Edward Sullivan, Bart., and illustrated with twenty four plates in colour,* 2e éd., London-Paris-New York, Studio Press, 1920. En ce qui concerne les rapports du texte de Joyce avec celui de Sullivan, Cf. Robinson-Campbell, *A Skeleton Key to F.W.*, *op. cit.*, p. 90 sqq. Sur Joyce et le *Livre de Kells* en général, Cf. Atherton, *op. cit.*, 2e partie, ch. 1. Joyce lui-même parle du livre dans une lettre à H.S. Weaver du 6 février 1923 (*Corr.*, trad. fr., p. 239). Sur les activités de miniaturiste de la fille de Joyce, Cf. Stuart Gilbert dans l'*Introduction* au recueil de la *Corr.* de Joyce, éd. fr., p. 20-21.

146. Sur cette floraison de la civilisation irlandaise, pendant le haut Moyen Age, Cf. surtout Edgard De Bruyne, *Etudes d'Esthétique médiévale*, Bruges, 1946, vol. I, livre I, ch. IV; E. Gilson, *la Philosophie au Moyen Age*, Paris, Payot, 1952, ch. 3; Helen Waddel, *The Wandering Scholars*, London, Constable & Cᵒ, 1927, ch. 2. Joyce consacra à la civilisation irlandaise du Moyen Age une grande partie de la conférence *Irlanda, isola dei santi e dei savi* qu'il prononça à Trieste en 1907 (Cf. *Critical Writings, op. cit.*, p. 153 sqq.). Joyce montre en la circonstance une culture quelque peu déficiente, confondant (comme le fait remarquer Ellmann) le Pseudo Denys l'Aréopagite avec saint Denis de France, et — erreur plus grave qui a échappé à Ellmann — Scot Erigène avec Duns Scot.

147. ELLMANN, *James Joyce,* trad. fr., p. 546. Sur les rapports entre Anna Livia et le mystère médiéval, Cf. lettre à H. S. Weaver du 13 janvier 1925 (*Corr.*, trad. fr., p. 272). Quant aux Pères et aux Docteurs cités dans *F.W.*, ce sont en particulier (comme l'a montré Atherton, *op. cit.*) Augustin, Minucius Felix, Jérome, Irénée; sans parler des écrivains du Bas-Empire ou du Moyen Age comme Aulu-Gelle et Macrobe; et des saints tels que Colomban, Malachie, Patrice, etc.

148. Sur la poétique de l'*Anthologia Africana* (*Ant. lat.*, Riese, n. 19) Cf. De Bruyne, *op. cit.*; en partant des Africains Florus, Fronton, Apulée, Marcianus Capella et Fulgence, en passant par les Gaulois Sidoine Apollinaire et Fortunatus, on arrive aux poètes de souche celtique, irlandais et bretons.

C'est contre le Breton Pélage que saint Jérôme se déchaîne, l'accusant d'obscurité et de complexité voulues, en venant presque à identifier hérésie religieuse et hérésie littéraire (« *prægravatus scotorum pultibus* », Cf. *P.L.*, xxiv, C. 682); c'est ici la lointaine origine du *trobar clus*, né d'une réaction de défense, dans la retraite et dans l'exil.

Manifestation typique et extrême de cet état de la culture, la *Hisperica Famina* (éd. F.J.H. Jenkinson, Cambridge, 1908) fut rédigée aux alentours du VIIe siècle (« enfant qu'aucun peuple ne se soucie de revendiquer », Waddel, *op. cit.*, p. 40); il semble impossible d'y établir des constructions syntaxiques raisonnables, et sans doute est-il préférable d'accueillir ce torrent d'épithètes, d'onomatopées, d'allitérations, comme une succession d'images plutôt que comme une série d'idées coordonnées : c'est ce que note E.K. Rand (*The Irish Flavour of « Hisperica Famina »*, in « Ehrengabe K. Strecker », Dresden, 1931). Rand fait en outre un rapprochement explicite avec *F.W.* et note que l'œuvre de Joyce « offre une nouvelle preuve de ce que la liberté de l'*Hisperica Famina*, désormais terriblement dépassée, est bien irlandaise, sauvagement irlandaise ».

149. « *Leporia est ars quædam locuplex atque amœnitatem mordacitatemque in sua facie præferens, mendacitatem tamen in sua internitate non devitans ; non enim formidat maiorum metas excedere sed nulla reprehensione confunditur* » (in *Virgili Maronis grammatici opera,* éd. Huemer, Leipzig, 1886). Sur l'invraisemblable figure de ce fumiste, natif de Bigorre, à moins que ce ne soit de Toulouse, qui vécut aux environs du VIe siècle, Cf. D. Tarde, *les Epitomes de Virgile de Toulouse,* Paris, 1928. Cf. également, De Bruyne et Waddel, déjà cités; sur les rapports de ce Virgile avec la poésie irlandaise (et, par cet intermédiaire, avec Joyce) Cf. F.M. Boldereff, *op. cit.*, p. 15.

150. On retrouve dans toute la tradition africaine et celtique les énigmes de Symphosius qui firent leur apparition entre le IVe et le Ve siècle et se répandirent sous forme de *silloges* (recueils) irlandais. Mais ce goût de la formule énigmatique (qui dans la poésie du Bas-Empire s'exprime encore en termes compréhensibles) affecte, dans la première poésie anglo-saxonne rédigée en langue vulgaire, la structure même des mots, la conception même de la métaphore. Dans l'ancienne poésie irlandaise on voit apparaître les *kenningar,* métaphores ésotériques, circonlocutions qui désorientent.le lecteur et masquent le discours sous une série de figures emblématiques : le propre du *kenningar* est d'exprimer la pensée au moyen d'une combinaison de mots qui associe à l'idée centrale une série d'idées secondaires (Cf. F. Wagner, *Etude sur l'ancienne poésie nordique,* Paris, Hermès, 1937; Cf. également Legouis-Cazamian, *History of English Literature,* London, Dent & Sons, 1926, ch. 1, pp. 3 à 54). Legouis note que la métaphore se condense souvent en un mot composé, et De Bruyne rappelle qu'en vieil anglais comme en vieux gaëlique les mots composés, les périphrases et les épithètes s'accumulent souvent au point de donner l'impression qu'on est devant une parure rutilante et

barbare. « Si l'anglais moderne est une langue nettement analytique, le vieil anglais était une langue extrêmement complexe, comparable dans sa structure à l'allemand moderne... Cet idiome... était naturellement apte à donner des mots composés, parfois très complexes, comme fait aujourd'hui l'allemand. Aussi vit-on se développer jusqu'à la démesure, dans la poésie anglo-saxonne, l'usage de la périphrase; les *kennings* prétendaient rendre une image, suggérer une idée au lecteur ou à l'auditeur par une circonlocution ou une savante interversion de mots. Une telle pratique, liée à la structure même de la langue et à l'esprit qui la gouvernait, explique également la fortune des *riddles* auprès d'un peuple pour lequel le langage de tous les jours contenait déjà, en puissance, une série d'énigmes et de petites devinettes à résoudre » (Aurelio Zanco, *Storia della lett. inglese*, Turin, Loescher, 1958, p. 14). Sur les *kenningar* Cf. le bel essai de Jorge Luis Borges in *Histoire de l'éternité* (trad. fr., éd. du Rocher, 1951). Sur les rapports de Joyce et de l'ancienne poésie irlandaise (technique de l'allitération et de l'assonance) Cf. Boldereff, *op. cit.*, p. 11; Cf. également Vivian Mercier, *The Irish Comic Tradition*, Oxford, Clarendon Press, 1962.

151. « La règle, pour tout penseur médiéval, est que lorsque deux mots se ressemblent, les choses qu'ils désignent se ressemblent, de sorte que l'on peut toujours passer de l'un de ces mots à la signification de l'autre. » (E. Gilson, *les Idées et les Lettres,* Paris, Vrin, 1932, p. 166). En définitive (pensons à la manière de procéder d'Isidore de Séville et à sa science basée exclusivement sur la similitude de deux termes), la notion médiévale d' « étymologie » rejoint la notion moderne de *pun* et de *calembour*. Pour l'homme du Moyen Age (et pour Joyce), le *pun* devient instrument de révélation métaphysique. Cf. encore Noon, p. 144-152, et Marshall Mc Luhan, *James Joyce : Trivial and Quadrivial* in « Thought », 28, 1953.

152. Cf. notre *Sviluppo dell' estetica medievale, op. cit.*, ch. VI, § 3. Ce goût d'une lecture laborieuse convient précisément à *an ideal lector suffering from an ideal insomnia.*

153. Si Bruno plaît à Joyce, c'est qu'il est « *so fantastical and middle-aged* » (Cf. le compte rendu de 1903, in *Critical Writings*, p. 133).

154. Cf. W. Troy, *Notes on F.W.*, *op. cit.*; et Boldereff, *op. cit.*, p. 19-21, où l'on trouve une analyse comparée de la structure rythmique de textes joyciens et de poèmes latins médiévaux. Ajoutons à tout ce qui précède le goût de l'énumération qui apparaît dans toute la poésie latine du Bas-Empire, et chez Joyce (nous pensons à l'énumération de tous les fleuves du monde qui se cache derrière les étymologies de l'épisode d'*Anna Livia*).

155. La définition que donne Wilson (*op. cit.*, p. 187) de *F.W.*, comme d'un énorme palimpseste dans lequel plusieurs textes se super-

posent les uns aux autres, est intéressante dans la perspective de ce parallèle médiéval.

156. Sur l'idée du Livre telle qu'on la trouve d'une part chez Joyce, pénétré d'occultisme (ne serait-ce qu'à travers Yeats, Cf. à ce sujet Boldereff, *op. cit.*, p. 74 sqq.), et d'autre part dans l'humanisme magique et cabalistique, et sur leurs rapports nombreux, Cf. un essai comme celui d'Eugenio Garin, *Alcune osservazioni sul Libro come simbolo*, in *Umanesimo e Simbolismo* (Actes du IVe Congrès intern. des Etudes humanistes), Padoue, Cedam, 1958, p. 92 sqq.

157. Sur l'exigence propre à la Renaissance (et à la post-Renaissance) du « miroir », du « théâtre du monde », du mécanisme verbal comme résumé de tout l'univers, Cf. Paolo Rossi, *Clavis Universalis*, Milan-Naples, Ricciardi, 1960.

158. Joyce a dit de *F. W.* : « Peut-être est-ce de l'insanité. On pourra juger dans un siècle » (rapporté par Louis Gillet dans *Transition*, 1932.)

CONCLUSION

159. En ce sens, *Ulysse* a une fonction négative pas seulement comme acte d'accusation mais déjà comme symptôme. Si l'art est, comme on l'a dit, « la mise en valeur des valeurs », il est en même temps la mise en valeur des non-valeurs, et donc la clarification la plus efficace de toute situation axiologique. On s'explique alors qu'en pleine période stalinienne, en 1931, l'*Encyclopédie soviétique*, par la voix de E. Laum, ait rendu hommage à *Ulysse* en ces termes : « Ce roman est une parfaite expression de la conception du monde des élites culturelles européennes à l'heure du déclin du capitalisme. Le relativisme gnoséologique et éthique de l'intelligentsia bourgeoise, voilà ce qui représente pour l'Occident décadent le riche édifice des valeurs culturelles. En signalant, avec la perspicacité d'un véritable artiste, la transformation imminente de toutes les valeurs, en dirigeant les coups de sa critique contre toutes les bases idéologiques et les coutumes du monde contemporain, en cherchant à rendre aussi violent que possible son acte d'accusation contre la morale et la conception bourgeoises, Joyce n'a pas réussi à échapper à leur influence et son œuvre reflète de la sorte le tragique manque d'idées de l'intelligentsia européenne, même la plus avancée. Sous cet angle, *Ulysse* constitue un extraordinaire document sur l'époque... »

160. Cf. l'Introduction de Richard Ellmann à Stanislas Joyce, *My Brother Keeper, op. cit.*

161. En ce qui concerne l'espace logique comme cadre de mondes possibles, Cf. par ex. Erik Stenius, *Wittgenstein's Tractatus*, Oxford, Blackwell, 1959, ch. IV, § 7. De son côté, Einstein, distinguant la géométrie axiomatique de la géométrie de l'expérience, affirme : « Dans la mesure où les lois mathématiques se réfèrent à la réalité, elles sont incertaines; et dans la mesure où elles sont certaines, elles ne se réfèrent pas à la réalité. » (*Geometrie und Erfahrung*, Springer, Berlin, 1921.)

162. Cette manière de reconnaître et d'assumer toute une culture, sans réserves, et précisément parce qu'elle est en crise, est sans doute l'un des aspects de l'œuvre de Joyce qui a le plus séduit par la suite l'avant-garde poétique. Lorsque Édoardo Sanguineti (*Poesia Informale ?* in *I Novissimi,* anthologie de textes poétiques de Nanni Balestrini, Alfredo Giuliani, Elio Pagliarani, Edoardo Sanguineti et Antonio Porta; Milan, Rusconi et Paolazzi, 1961) affirme qu'il faut faire de l'art d'avant-garde un art de musée, il entend réserver à la poésie la tâche d'enregistrer un état objectif d'aliénation en prenant le langage dans un moment de crise, d'épuisement historique qui a toutes les caractéristiques d'un épuisement nerveux individuel; c'est seulement en traversant complètement la *palus putredinis* de la crise et de l'aliénation que le poète peut espérer sortir de cette situation, après l'avoir vécue dans sa personne.

Il est curieux de constater que si on l'applique à la poétique de *F.W.*, cette attitude apparaît seulement comme l'un des innombrables sédiments syncrétistes de la culture et de la *forma mentis* joycienne, savoir : comme une réminiscence *gnostique* à travers une métaphysique occultiste que Joyce utilise sans y croire ou en y croyant, et qui s'enracine historiquement dans le mouvement culturel hellénistique. Pour Carpocrate, en effet, la seule façon de se libérer de la tyrannie des anges, maîtres du cosmos, est de se livrer à toutes les ignominies, de façon à s'acquitter en quelque sorte des dettes contractées envers chacun d'eux. C'est seulement en commettant *toutes* les actions que l'âme peut s'en libérer et retrouver sa pureté originelle; Jésus serait ainsi celui qui a connu toutes les formes possibles du mal et a su en triompher. (Cf. Serge Hutin, *les Gnostiques,* Paris, P.U.F., 1959, ch. v). H.C.E. - Jésus a de nombreux points communs avec ce Christ gnostique.

163. *F.W.*, p. 188.

APPENDICE A L'ÉDITION FRANÇAISE

Opera Aperta a paru en Italie en 1962. Depuis lors, nous avons eu plusieurs occasions de réexaminer nos questions et nos réponses, et cette traduction française se présente comme une révision, même si des modifications nombreuses n'ont pas altéré la nature de nos hypothèses et de nos conclusions.

Notre texte s'est vu opposer, depuis la première édition italienne, plusieurs objections — dont nous avons naturellement tenu compte, *sauf l'honneur,* c'est-à-dire sans renoncer à des points de vue que nous considérons comme fondamentaux alors même qu'ils n'ont pas rencontré l'approbation universelle ou qu'ils peuvent se prêter (et ils se sont prêtés) à des interprétations aberrantes.

Au terme de ces débats, nous croyons utile de déterminer plus rigoureusement :

1. La *valeur* de la notion d'œuvre « ouverte ».
2. La signification qu'il faut attribuer à nos *rapprochements* entre différents aspects de la culture, rapprochements qui, bien souvent, ont été jugés comme des courts-circuits analogiques abusifs.
3. La mesure dans laquelle notre recherche est à elle-même sa propre fin ou doit préluder à d'ultérieures enquêtes plus générales, intégrant *l'histoire* en particulier.

Autant de points qui ont été plus ou moins bien comp.is et que nous voudrions éclaircir. Que le lecteur français nous pardonne ces précisions, peut-être inutiles, auxquelles nous ont obligé certaines erreurs d'interprétation qui ne sont pas son fait. Il reste que les contresens furent dus pour une part à la nature encore imprécise de nos définitions, amorces et non aboutissements d'une recherche.

1. Dire que ce livre n'est pas un ouvrage d'esthétique, et encore moins un ouvrage de critique, *c'est retirer à la notion d'œuvre « ouverte » toute valeur*

axiologique. Ces essais n'ont pas la prétention (comme on l'a affirmé pour s'en scandaliser ensuite) de diviser les œuvres d'art en œuvres valables (« ouvertes ») et œuvres non valables, dépassées, laides (« fermées »); nous avons dit suffisamment, nous semble-t-il, que l'ouverture, au sens d'ambiguïté fondamentale du message, est une constante de l'œuvre d'art, et nous voyons mal quel sens pourrait avoir l'expression « une œuvre fermée ».

Inversement, quand des peintres ou des romanciers, après avoir lu ce livre, nous ont présenté leurs productions en nous demandant s'il s'agissait bien d' « œuvres ouvertes » nous avons été obligé de leur répondre, non sans raideur, que des « œuvres ouvertes », nous n'en avions jamais vu et que, selon toute vraisemblance, il n'en existe pas. Cela revenait à remarquer, sous une forme paradoxale, que la notion d' « œuvre ouverte » n'est pas une catégorie critique, mais *un modèle hypothétique,* élaboré à partir d'un grand nombre d'analyses concrètes, et permettant de désigner plus commodément l'une des tendances de l'art contemporain.

En d'autres termes, on doit voir dans l'œuvre « ouverte » ce que Riegl nomme *Kunstwollen* et qu'Erwin Panofski définit plus justement (en écartant toute trace d'idéalisme) comme « un sens ultime et définitif, inhérent à divers phénomènes artistiques, indépendamment des intentions conscientes et des attitudes psychologiques de l'auteur »; encore faut-il ajouter qu'une telle notion désigne moins la manière dont les problèmes artistiques sont *résolus* que celle dont ils sont *posés.* Dans une perspective plus empirique, nous dirons qu'il s'agit d'une catégorie explicative destinée à illustrer une tendance commune à différentes poétiques. Et, comme il s'agit d'une tendance opératoire, on la rencontrera sous des formes variées, dans de multiples contextes idéologiques, réalisée de façon plus ou moins explicite; à tel point que pour la mettre en lumière, il s'est révélé nécessaire de la figer en une abstraction qui, comme telle, ne se rencontre concrètement nulle part. Cette abstraction, c'est précisément le *modèle de l'œuvre ouverte.*

On s'est scandalisé de voir appliquer la notion d'œuvre ouverte à un tableau abstrait aussi bien qu'à une pièce de Brecht, sous prétexte que l'invitation à jouir des rapports entre des données matérielles et l'invitation à une discussion rationnelle sur des problèmes politiques ne pouvaient avoir aucun point commun. En réalité, nous n'avions, en analysant un tableau abstrait, d'autre but que de mettre en lumière un certain type de rapports entre l'œuvre et le «consommateur» — un moment déterminé de la dialectique entre la structure de l'objet comme système fixe de relations et la réponse du «consommateur» comme libre insertion à, et récapitulation active de, ce même système. Citons à l'appui de ce que nous venons de dire, l'interview accordée par Roland Barthes à *Tel Quel* et dans laquelle il analyse clairement ce même rapport fondamental chez Brecht : « Au moment où il liait ce théâtre de la signification à une pensée politique, Brecht, si l'on peut dire, affirmait le sens mais ne le remplissait pas. Certes, son théâtre est idéologique, plus franchement que beaucoup d'autres : il prend parti sur la nature, le travail, le racisme, le fascisme, l'histoire, la guerre, l'aliénation; cependant c'est un théâtre de la conscience, non de l'action, du problème, non de la réponse; comme tout langage littéraire, il sert à « formuler », non à « faire »; toutes les pièces de Brecht se terminent implicitement par un « Cherchez l'issue » adressé au spectateur au nom de ce déchiffrement auquel la matérialité du spectacle doit le conduire... Le rôle du système n'est pas ici de transmettre un message positif (ce n'est pas un théâtre des signifiés), mais de faire comprendre que le monde est un objet qui doit être déchiffré (c'est un théâtre des signifiants). »

Si, dans le présent ouvrage, nous avons élaboré le modèle de l'œuvre ouverte en nous référant, plutôt qu'à des œuvres comme celle de Brecht, à des œuvres dans lesquelles est explicite et délibérée la recherche sur les structures considérées comme fins, c'est qu'il nous a semblé plus facile de préciser notre modèle à partir de telles œuvres. En fait, Brecht reste à nos yeux le seul exemple d'œuvre ouverte se résolvant en un appel idéologique concret; ou mieux : le seul exemple d'appel idéologique se résolvant en œuvre ouverte, et devenant ainsi apte à traduire une nouvelle vision du monde non seulement dans l'ordre du contenu mais dans celui des structures de communication.

Une autre remarque est à partir de là nécessaire. Si nous avons été conduit à proposer un modèle, c'est que le rapport *production-œuvre-jouissance* nous a semblé présenter dans différents cas une *structure* analogue. Mais sans doute n'est-il pas inutile de préciser le sens que nous attribuons habituellement dans ce livre au terme de « structure », et qui n'est pas exactement le sens le plus courant aujourd'hui en français.

Structure est ici souvent synonyme de *forme* : et par « forme », nous n'entendons pas un archétype esthétique (une Forme platonicienne avec un F majuscule), ni un revêtement externe apte à rendre agréable des contenus qui lui restent étrangers, encore moins une idée antérieure à l'œuvre et qu'on pourrait en extraire. La « forme » est pour nous un tout organique, né de la fusion entre différents niveaux de l'expérience (idées, émotions, dispositions créatrices, matériaux, modules d'organisation, thèmes, sujets, stylèmes préexistants et actes d'invention). « Forme » est donc synonyme d'œuvre accomplie ; c'est un fait concret, *le terme d'une production et le point de départ d'une consommation* qui lui redonne vie sans cesse (selon différentes perspectives). Il s'agissait pour nous de déterminer si l'on peut encore parler de forme, à partir du moment où il ne s'agit plus d'un tout accompli et terminé une fois pour toutes, mais d'une invitation à une activité interprétative, d'un nœud de possibilités tel qu'une seule forme initiale peut donner naissance chez le consommateur à cent formes diverses.

Le terme de « structure » est donc au long de ces pages synonyme de « forme » en ce sens-là : une œuvre est une structure dans la mesure où elle est un système de relations entre différents niveaux (sémantique, syntaxique, physique, émotif ; niveau des thèmes et niveau des contenus d'idées ; niveau des formes de l'objet et niveau de la réponse structurée du « consommateur », etc.). La structure ne se présente pas pour nous comme le « noyau de l'objet », ni comme le « système relationnel latent dans l'objet », mais plutôt comme *l'objet même, en tant que système relationnel* — puisque aussi bien les relations qui constituent une œuvre d'art ne font pas un système abstrait, puisqu'il s'agit plutôt d'un système liant les éléments externes auxquels l'œuvre se réfère avec la matière même qui leur donne corps. (Autrement dit, puisqu'il y a ici rapport non seulement entre divers signifiés, mais entre des signifiés et des sons, des couleurs ou des volumes plastiques.)

Nous avons employé le terme de « structure » de préférence à celui de « forme » lorsqu'il s'agissait de mettre en valeur moins la consistance de l'objet que son caractère *analysable*, sa capacité d'être décomposé en relations parmi lesquelles on peut isoler un certain type de *rapports entre l'œuvre et « le consommateur »* dont le concept d'œuvre « ouverte » serait comme l'illustration.

Soulignons-le bien. Lorsqu'on parle d'œuvre d'art, c'est toujours comme d'une structure élaborée, d'un message à déchiffrer ; aussi peut-on difficilement imaginer (et encore moins affirmer) *en premier lieu* l'existence d'une structure objective, *et puis* — *après* seulement — l'ordre des interprétations. On ne peut décrire une structure artistique qu'en l'interprétant, et toute indication sur la structure du message constitue déjà une interprétation de ce message. C'est seulement à travers la constatation empirique d'une pluralité d'interprétations (qui coïncident en vertu de certaines constantes) que l'on peut inférer et postuler la constance de l'œuvre. C'est seulement parce que l'ordre des « ouvertures » renvoie toujours à un schéma de base qu'on peut parler de l'ordre de l'œuvre et établir une dialectique entre ces deux ordres.

2. Lorsque nous parlons de *similitude de structure* entre différentes œuvres (il s'agit en l'occurrence d'une similitude portant sur les modalités structurales qui permettent une consommation plurivoque), cela ne signifie pas que nous avons des *faits* objectifs présentant des caractères semblables, mais qu'il semble possible et utile de définir une multiplicité de messages à l'aide des mêmes *instruments,* en les réduisant par conséquent à des *paramètres* semblables. Cette précision nous permettra d'apporter la seconde série d'éclaircissements annoncés.

De même que nous avons parlé de la structure d'un objet (en l'occurrence l'œuvre d'art), il nous semble possible de parler de la structure d'une *opération* ou d'un procédé : qu'il s'agisse de l'opération qui produit une œuvre (et du projet de poétique qui la définit) ou de la recherche du savant (qui aboutit à des définitions, à des objets hypothétiques, ou encore à des réalités considérées provisoirement comme stables). C'est en ce sens que nous avons pu parler de l'œuvre « ouverte » comme *métaphore épistémologique :* les poétiques de l'œuvre « ouverte » présentent des caractères structuraux semblables à ceux d'autres opérations culturelles. Pour mettre en valeur ces similitudes de structure, on réduit l'opération poétique à un modèle (le projet d'œuvre « ouverte ») et l'on cherche si ce modèle possède des caractères semblables à ceux d'autres modèles de recherche : modèles d'organisation logique, modèles de processus perceptifs. Dire que l'artiste contemporain, lorsqu'il donne corps à une œuvre, prévoit entre celle-ci, lui-même et le consommateur un rapport non-univoque, équivalent au rapport que le savant prévoit entre le fait qu'il décrit et la description qu'il en donne, ne signifie pas qu'on veuille rechercher à tout prix une profonde et substantielle unité entre les formes présumées de l'art et la forme présumée du réel. On cherche seulement à déterminer dans quelle mesure on peut recourir, ici et là, à des instruments analogues. Le résultat n'est pas une révélation sur la nature des choses mais l'élucidation d'une situation culturelle concrète, faisant apparaître, entre les différentes branches du savoir et les différentes activités humaines, des rapports qui restent à approfondir.

Quoiqu'il en soit, disons-le clairement, les essais qui composent ce livre ne prétendent nullement fournir les modèles définitifs qui permettraient de poursuivre pareille recherche de manière rigoureuse (comme on l'a fait dans d'autres domaines, comparant par exemple les structures sociales aux structures linguistiques). A l'époque où nous avons écrit ces essais, nous n'étions pas absolument conscient de toutes les possibilités, ni de toutes les implications méthodologiques qui nous apparaissent aujourd'hui. Il reste que ces essais marquent une direction dans laquelle l'entreprise pourrait être poursuivie, par nous ou par d'autres. C'est seulement chemin faisant que pourront être réfutées certaines objections selon lesquelles tout rapprochement entre les procédés de l'art et ceux de la science relèverait d'une analogie gratuite.

On a souvent, dans le passé, adapté avec désinvolture des catégories élaborées par la science à d'autres contextes (morale, esthétique, métaphysique, etc.) et les savants ont à juste titre protesté : ces catégories n'étaient que des instruments empiriques, valables dans le contexte étroit qui était le leur. Cela dit, nous ne devons pas renoncer à savoir s'il existe ou non, entre diverses attitudes culturelles, une unité de comportement. Noter cette unité pourrait nous aider à déterminer jusqu'à quel point une culture est homogène, et à réaliser sur une base interdisciplinaire, au niveau des *comportements* culturels, cette unité du savoir qui au niveau *métaphysique*, est apparue illusoire — mais qui doit cependant être poursuivie à d'autres niveaux si l'on veut rendre homogènes et traduisibles tous les propos qui concernent le monde. Naturellement, ce but peut être réalisé soit par l'identification de structures universelles, soit par l'élaboration d'un métalangage : sans être étranger à notre étude, ce problème la dépasse incontestablement. Des recherches comme la nôtre ont précisément pour but de réunir les éléments qui permettront un jour d'y répondre. Pour l'instant, nous serions porté à voir dans le modèle de l'œuvre « ouverte » une sorte de catégorie *métalinguistique*, plutôt que le « signe » d'une réalité objective.

3. Dernier problème : celui des limites de notre propos. La notion d'œuvre « ouverte » répond-elle à toutes les questions que posent la nature et la fonction de l'art contemporain, voire de l'art en général ? Non, évidemment. Mais en limitant notre recherche au champ de l'*interprétation* de l'œuvre, n'avons-nous pas réduit la problématique de l'art à une stérile dissertation sur les structures formelles, en laissant dans l'ombre les rapports de l'œuvre avec l'*histoire*, la situation concrète, les valeurs qui nous tiennent le plus à cœur ?

Personne ne songerait à reprocher à un entomologiste de s'attarder à analyser les modalités du vol d'une abeille avant d'avoir étudié son ontogenèse, sa phylogenèse et son aptitude à produire du miel, sans parler du rôle que joue le miel dans l'économie mondiale. Il est vrai qu'une œuvre d'art n'est pas un insecte, et que ses rapports avec le monde de l'histoire ne sont ni accessoires ni fortuits, mais contribuent à la constituer : de telle sorte qu'il peut paraître risqué de ne voir en elle qu'un équilibre abstrait de structures de communication dans lequel signifiés, références à l'histoire, efficacité pragmatique entreraient comme des éléments sans plus, sigles parmi d'autres sigles, inconnues d'une équation.

Beaucoup ont refusé d'admettre que notre description des structures de communication soit une première démarche nécessaire pour l'établissement d'un rapport avec le *background,* bien plus vaste, de l'œuvre comme fait inséré dans l'histoire. Cependant, à la réflexion, il nous a semblé impossible de procéder autrement sans risquer l'improvisation. L'opposition entre *processus* et *structure* n'est pas facile à maîtriser : Lévi-Strauss note que dans l'étude des groupes humains, « il a fallu attendre les anthropologues pour découvrir que les phénomènes sociaux obéissaient à des arrangements structuraux. La raison en est simple : c'est que les structures n'apparaissent qu'à une observation pratiquée du dehors. » En esthétique, le rapport entre l'interprète et l'œuvre étant depuis toujours un rapport d'altérité, on est parvenu beaucoup plus vite à la même constatation : nul ne conteste que l'art soit une manière de structurer un certain matériau (par matériau, il faut entendre encore une fois la personnalité même de l'artiste, l'histoire, une langue, une tradition, un thème spécifique, une hypothèse formelle, un monde idéologique). Ce qui en revanche a été souvent contesté, c'est que l'art ne puisse poursuivre son discours sur le monde, réagir devant l'histoire qui lui donne naissance, l'interpréter, la juger, en tirer des projets, qu'à travers cette *manière d'informer* (au sens de : donner forme).

C'est pourtant seulement en considérant l'œuvre comme une manière d'informer (devenue *manière d'être informée* puisque nous l'informons en l'interprétant) que l'on peut retrouver, à travers sa physionomie spécifique, l'histoire dont elle procède. Le monde idéologique de Brecht est celui de bien des gens auxquels peuvent nous lier des options politiques ou un plan d'action; il reste que l'univers brechtien commence avec l'expression d'un type de communication théâtrale dotée de caractéristiques structurales précises. A ce niveau seulement, il devient quelque chose de plus qu'un monde idéologique : une manière de le juger et de le rendre exemplaire; il permet à ceux qui ne lui appartiennent pas de le comprendre, il en révèle des possibilités et des richesses que dissimulait le langage doctrinal; mieux encore: précisément par cette structure qui est sienne, il nous invite à l'enrichir de notre collaboration. Ramené à une *manière d'informer* et envisagé comme tel, il ne dissimule pas pour autant l'idéologie : il permet d'y accéder par une adhésion émotive ou une recherche critique. Encore faut-il se soumettre à l'ordre des valeurs structurales. Comme le soulignaient Jakobson et Tynianov, réagissant contre certains durcissements de la technicité du premier formalisme russe, « l'histoire littéraire est intimement liée aux autres *séries* historiques. Chacune de ces séries est caractérisée par des lois structurales propres. En dehors de l'étude de ces lois, il est impossible d'établir des connexions entre la *série* littéraire et les autres ensembles de phénomènes culturels. Étudier le système des systèmes en ignorant les lois internes de chaque système individuel serait commettre une grave erreur méthodologique. »

Comme on voit, une telle position peut donner naissance à une dialectique : examiner les œuvres d'art à la lumière de leurs lois structurales spécifiques ne signifie pas que l'on renonce à élaborer un « système des systèmes » ; on peut au contraire dire que le souci d'une confrontation entre les différents modèles structuraux propres à différents secteurs du savoir constitue une première invitation à une recherche de caractère plus nettement historique.

Les différents univers culturels naissent d'un contexte historique et économique sans lequel on voit mal comment on pourrait les comprendre : l'une des plus fécondes leçons du marxisme est l'importance donnée au rapport base-superstructure, entendu naturellement comme un rapport dialectique, non comme rapport déterministe à sens unique. Mais une œuvre d'art, tout comme un projet scientifique ou un système philosophique, ne se réfère pas immédiatement au contexte historique — à moins qu'on n'ait recours à de déplorables déductions biographiques (tel artiste appartient à tel groupe ou est hostile à tel groupe, par conséquent son art exprime tel groupe). Une œuvre d'art ou un système de pensée naissent d'un réseau complexe d'influences, s'exerçant pour la plupart au niveau spécifique qui est celui de l'œuvre ou du système. Le monde intérieur d'un poète est influencé et déterminé par la tradition stylistique des poètes qui l'ont précédé, autant et même davantage que par les circonstances historiques auxquelles se réfère son idéologie ; ce qu'il assimile à travers les influences stylistiques, c'est une manière de voir le monde liée à la manière dont on lui a donné forme. Son œuvre pourra avoir des rapports extrêmement ténus avec le moment historique auquel elle appartient, elle pourra exprimer une phase postérieure de l'évolution générale, ou des niveaux profonds de la phase présente et qui n'apparaissent pas encore clairement aux yeux des contemporains. Et la recherche historique, si elle tente dans l'immédiat de reconstituer tous les liens qui unissent l'œuvre à son temps (ou au passé, ou à l'avenir), aboutit inévitablement à des résultats approximatifs. C'est seulement en comparant chaque *modus operandi* à d'autres attitudes culturelles contemporaines (ou d'époques différentes, selon un rapport de décalage qu'en termes marxistes on pourrait appeler « inégalité de développement »), c'est seulement en y retrouvant des éléments communs, réductibles aux mêmes catégories descriptives, qu'on frayera la voie où pourra s'engager ultérieurement la recherche historique visant à identifier des rapports plus profonds et plus étroits, sous-jacents aux similitudes relevées en un premier temps.

Lorsque — comme c'est le cas pour ce livre — un écrit se situe dans la période même dont il est à la fois juge et produit, le jeu des rapports entre les phénomènes culturels et leur contexte historique devient évidemment plus compliqué. Chaque fois que, pour des raisons polémiques ou par dogmatisme, on tente de poser un rapport immédiat, on déforme la réalité historique, toujours plus riche et plus subtile qu'on ne la fait. La simplification qui résulte d'une description en termes de modèles structuraux ne signifie pas que nous voulions dissimuler la réalité : elle représente seulement un premier pas vers sa compréhension. Nous retrouvons à ce point, mais à un niveau plus empirique, la vieille opposition entre logique formelle et logique dialectique (car telle nous paraît être, en dernière analyse, la signification de l'actuelle opposition entre les méthodologies synchronique et diachronique). Nous avons la conviction que ces deux univers ne sont pas incompatibles. Nous pensons que dans une certaine mesure, parfois malgré l'auteur, la conscience de l'histoire exerce une influence sur toute recherche visant les configurations formelles des phénomènes; elle pourra continuer d'agir lorsque, les modèles formels étant introduits dans le cadre d'une étude historique beaucoup plus vaste, nous serons amenés à les y retrouver par des vérifications successives.

Porter notre attention, ainsi que nous l'avons fait, sur le rapport de jouissance œuvre-consommateur, tel qu'il apparaît dans les poétiques de l'œuvre « ouverte », ne signifie pas, comme le voudraient certains, que notre rapport avec l'art se réduise à un jeu relevant de la technicité pure. Nous avons choisi cette méthode, parmi beaucoup d'autres, parce qu'elle répondait à notre vocation de recherche; et pour réunir, pour coordonner les éléments nécessaires à une étude sur le moment historique que nous vivons.

Je veux, en finissant, remercier Luciano Berio qui fut très proche de moi pendant toute la préparation de ce livre; c'est à travers les entretiens sur la musique nouvelle que j'ai eus avec lui, Henri Pousseur et André Boucourechliev, que les problèmes généraux de l'œuvre « ouverte » me sont apparus dans leur clarté. Les pages sur la physique contemporaine et sur la théorie de l'information doivent beaucoup à l'assistance

de G. B. Zorzoli, professeur à l'École polytechnique de Milan. Si la
présente édition française me paraît aujourd'hui donner de mon livre
une version plus définitive que l'édition italienne, je le dois à François
Wahl; il m'a incité à une révision commune qui n'a pas concerné seulement les questions de langage mais aussi les exigences de la clarté philosophique. Quant au thème des rapports entre la forme et le processus de
son interprétation, thème central pour ma recherche, je le dois pour
beaucoup à l'école d'esthétique de l'Université de Turin; c'est-à-dire à la
pensée de Luigi Pareyson.

U. E.
Paris. 1965

Table

Du même auteur

La Structure absente
Introduction à la recherche sémantique
Mercure de France, 1972

Le Nom de la rose
Grasset, 1983
LGF, « Le Livre de poche », 1986
édition revue et augmentée d'un Apostille
Grasset, 1985
LGF, « Le Livre de poche », 1987

Lector in fabula
Grasset, 1985
LGF, « Le Livre de poche », 1989

La Guerre du faux
Grasset, 1985
LGF, « Le Livre de poche », 1987

De Bibliotheca
L'Échoppe, 1986

Sémiotique et Philosophie du langage
PUF, 1988

Pastiches et Postiches
Messidor, 1988
LGF, « Le Livre de poche », 2005

La Bombe du général
(avec Eugenio Carmi)
Grasset, 1989

Les Trois Cosmonautes
(avec Eugenio Carmi)
Grasset, 1989

Le Pendule de Foucault
Grasset, 1990
LGF, « Le Livre de poche », 1992

Le Signe
Histoire et analyse d'un concept
Labor, 1990
LGF, « Le Livre de poche », 1992

La Production des signes
LGF, « Le Livre de poche », 1992

Les Limites de l'interprétation
Grasset, 1992
LGF, « Le Livre de poche », 1994

Les Gnomes de Gnou
(avec Eugenio Carmi)
Grasset, 1993

Le Problème esthétique chez Thomas d'Aquin
PUF, 1993

Sémiotique et philosophie du langage
PUF, 1993

De Superman au surhomme
Grasset, 1993
LGF, « Le Livre de poche », 1995

La Recherche de la langue parfaite
dans la culture européenne
Seuil, « Faire l'Europe », 1994
et « Points Essais », n° 351, 1997

Interprétation et surinterprétation
(avec R. Rorty, J. Culler et Ch. Brooke-Rose)
PUF, 1996

L'Île du jour d'avant
Grasset, 1996
LGF, « Le Livre de poche », 1998

Six promenades dans les bois du roman et d'ailleurs
Grasset, 1996
LGF, « Le Livre de poche », 1998

Art et Beauté dans l'esthétique médiévale
Grasset, 1997
LGF, « Le Livre de poche », 2002

Croire en quoi ?
(avec Carlo Maria Martini)
Rivages, 1998

Comment voyager avec un saumon
Nouveaux pastiches et postiches
Grasset, 1998
LGF, « Le Livre de poche »", 2000

Kant et l'ornithorynque
Grasset, 1999
LGF, « Le Livre de poche », 2001

Cinq questions de morale
Grasset, 2000
LGF, « Le Livre de poche », 2002

Baudolino
Grasset, 2002
LGF, « Le Livre de poche », 2004

De la littérature
Grasset, 2003
LGF, « Le Livre de poche », 2005

Histoire de la beauté
(direction)
Flammarion, 2004

La Mystérieuse Flamme de la reine Loana
Grasset, 2005
LGF, « Le Livre de poche », 2006

À reculons comme une écrevisse
Guerres chaudes et populisme médiatique
Grasset, 2006

Dire presque la même chose
Expériences de traduction
Grasset, 2007

Histoire de la laideur
(direction)
Flammarion, 2007